Bewegende Jahre:

Deutschland seit 1945

zerstört – geteilt – aufgebaut – vereint

erarbeitet von
Rolf Heiderich und Gerhart Rohr

Cornelsen

Vorwort

Wir haben die Arbeit an diesem Buch nicht nur als Reise durch die deutsche Geschichte nach 1945, sondern auch als Reise durch unsere eigene Geschichte erlebt. Schon deshalb war es eine bewegende Arbeit über bewegende Jahre der deutschen Zeitgeschichte.
Als Autoren, die den behandelten Zeitraum von der Jugend an selbst erlebt haben, ist es uns schwer gefallen auszuwählen. Vielleicht haben wir deshalb manchmal Schwerpunkte gesetzt, die andere so nicht gesetzt hätten. Obwohl wir uns bemüht haben, die zentralen Stationen der Entwicklung Deutschlands – und dabei besonders die Entwicklung in *beiden* deutschen Staaten während der Teilung – nachzuzeichnen, wird es deshalb Auslassungen geben. Das Konzept dieses Buches ist aber so angelegt, dass diese Auslassungen entsprechend den eigenen Vorstellungen gefüllt werden können. Denn alle Kapitel und Unterkapitel sind offen für Ergänzungen: Die aus jeweils vier in sich abgeschlossenen Seiten bestehenden Unterkapitel können durch weitere selbst erstellte Blätter ergänzt werden. Nach dem Motto „Was sonst noch geschah" lassen sich Themen und Aspekte, aber auch eigene Zeitzeugenbefragungen und regionalgeschichtliche Projekte hinzufügen.
Mit den Zeitzeugen, die in dem Buch zu Wort kommen, haben wir größtenteils lange Gespräche geführt. Nur einen kleinen Ausschnitt davon können wir leider in diesem Buch abdrucken. Wir hoffen dafür auf Verständnis bei den Zeitzeugen und können nur versichern: Wir hätten gern die Gespräche ausführlicher dokumentiert, schon um die Authentizität und Betroffenheit vermitteln zu können. Wir waren von den Aussagen der Zeitzeugen tief beeindruckt. Einige waren so sehr ergriffen, dass sie ihren Bericht nur mit Mühe zu Ende bringen konnten. Wir haben dabei unmittelbar erfahren, dass nicht nur die eigene Geschichte die Menschen ein Leben lang begleitet, sondern die subjektive Lebensgeschichte und der „objektive" Geschichtsprozess (soweit es ihn überhaupt gibt) ein kaum auflösbares Geflecht bilden. Beispiele für diesen Zusammenhang haben uns die Gespräche mit den Zeitzeugen vermittelt. Wir möchten allen Zeitzeugen dafür und für die Bereitschaft zum Gespräch danken.
Die Gespräche mit den Zeitzeugen haben uns eindrucksvoll vor Augen geführt, dass man aus der eigenen Geschichte lernen kann und dass jeder Einzelne Mitverantwortung für die Gegenwart und Zukunft unserer Republik trägt. Verantwortung zu übernehmen bedeutet auch, nicht tatenlos zuzusehen, sondern aktiv mitzuwirken. Ein Appell, den wir aus eigener Lebenserfahrung, speziell auch der Erfahrung beim Erarbeiten dieses Buches und als Lehre aus der Geschichte Deutschlands seit 1945 an alle jungen Bürgerinnen und Bürger – gleich ob Deutsche aus Ost und West, Migranten, Aussiedler, Flüchtlinge, gleich welcher Religion oder Weltanschauung – richten möchten: Wirkt mit an der Gestaltung der Gegenwart und Zukunft des demokratischen Lebens in unserem Land, indem ihr euch für die Grundrechte jedes Einzelnen einsetzt und gegen Krieg, Diktatur, Antisemitismus, Rassismus, Neonazismus gewaltfrei engagiert!

Dortmund 2009
Rolf Heiderich und Gerhart Rohr

Unterrichtseinheiten

Anhang

	Politik	**Kultur**	**Alltag/Wirtschaft**
bis 2010	12. 2009: Inkrafttreten des EU-Reformvertrags von Lissabon 10. 2009: CDU/CSU-FDP Koalition unter Bundeskanzlerin Merkel	2008 ff.: Studentenproteste gegen Bachelor-Studium	9. 2008 ff.: Globale Finanz- und Wirtschaftskrise
	6. 2007: G8-Gipfel in Heiligendamm 6. 2007: Gründung der Partei „Die Linke“	2006: Klimaschutzprogramm der Bundesregierung 9. 2006: Einberufung der Deutschen Islamkonferenz 2004: Neues Zuwanderungsgesetz	2006 f.: Föderalismusreform
	11. 2005: Nach vorgezogenen Neuwahlen Bildung der Großen Koalition unter Bundeskanzlerin Angela Merkel 2002: Nach Wahlsieg Erneuerung der rot-grünen Regierung unter G. Schröder		2003 ff.: Agenda 2010 mit Arbeitsmarkt- und Sozialreform (Hartz-Gesetze) 1. 1. 2002: Euro löst DM als Zahlungsmittel ab.
	11. 9. 2001: Terroranschlag in USA führt in BRD zu Antiterrorgesetzen und Beteilung an NATO-Schutztruppen in Afghanistan	2001 ff.: PISA-Schock führt zu Beginn von Bildungsreformmaßnahmen	2001: Vertrag zum schrittweisen Ausstieg aus der Atomenergie 2001: Solidarpakt II zur Förderung von Infrastrukturmaßnahmen in der ehem. DDR 2005–2020
2000	1999: BRD beteiligt sich am NATO-Militäreinsatz im Kosovo 1998: Wahl Gerhard Schröders zum Bundeskanzler einer rot-grünen Koalition	2000: BSE-Krise 1998/99: Umzug von Bundespräsident, Bundesregierung u. Bundestag nach Berlin 1997: Oder-Hochwasser	1999: Einführung der Ökosteuer
	1994: Bundesregierung Kohl wird bei Bundestagswahlen bestätigt	1992 f.: Prozess gegen DDR-Führung 1991 ff.: Zunahme des Rechtsextremismus 1991 ff. „Ossi“-„Wessi“-Vorurteile nehmen zu 20. 12. 1991: Einrichtung der Behörde zur Verwahrung der Stasi-Akten	1991 ff.: Starke Zunahme der Arbeitslosigkeit in den östlichen Bundesländern 1991 ff.: Wirtschaftliche Strukturkrise und Firmenzusammenbrüche in den östlichen Bundesländern
1990	3. 12. 1990: Bundestagswahl bestätigt H. Kohl als Bundeskanzler 3. 10. 1990: Tag der deutschen Wiedervereinigung 12. 9. 1990: 2+4-Vertrag: Ende der Rechte der Alliierten und Souveränität für Deutschland 23. 8. 1990: DDR-Volkskammer beschließt Beitritt zur BRD nach Art. 23 GG 20. 7. 1990 Wiedererrichtung der Länder in der DDR	3. 9. 1990: Diskussionen über das zukünftige Gesellschafts- und Wirtschaftssystem in der DDR	3. 10. 1990: Freudenfeiern in ganz Deutschland über die Wiedervereinigung 1. 7. 1990: Treuhandanstalt soll volkseigene Betriebe sanieren, privatisieren oder stilllegen 1. 7. 1990 : Wirtschafts-, Währungs- und Sozialunion zwischen DDR und BRD
	18. 3. 1990: Erste freie Volkskammerwahl in der DDR 28. 11. 1989 „Zehn-Punkte-Programm“ von Bundeskanzler Helmut Kohl 9. 11. 1989: Fall der Mauer in Berlin, Öffnung der Grenze zwischen DDR und BRD 18. 10. 1989: Sturz Honeckers 5. 1989: Öffnung der ungarischen Grenze nach Österreich	7. 12. 1989–12. 3. 1990: „Runder Tisch“ in der DDR 4. 11. 1989: Demonstration von über 500 000 Bürgern in Berlin 9. 10. 1989: 70 000 DDR-Bürger demonstrieren in Leipzig 7. 10. 1989: Vierzigjahrfeier der DDR Sommer 1989: Massendemonstrationen in der DDR, Gründung von Oppositionsgruppen	9. 10. 1989: Massenflucht von DDR-Bürgern über die österreichisch-ungarische Grenze 7. 9. 1989: Besetzung der bundesdeutschen Botschaften in Ost-Berlin, Budapest, Prag und Warschau durch DDR-Bürger 1988: Wachsende Zahl von Ausreiseanträgen in der DDR

	Politik	Kultur	Alltag/Wirtschaft
	1987: Staatsbesuch Honeckers in der BRD		
1985	3. 1985: Amtsantritt Gorbatschows als Generalsekretär der KPdSU		1985 ff.: „Glasnost" und „Perestroika" in der UdSSR
	1982: Regierungswechsel in Bonn: H. Kohl wird Kanzler		1981 ff.: Starker Anstieg der Ausreiseanträge in der DDR
		1980 ff.: Entstehung einer Friedensbewegung in beiden Teilen Deutschlands	1980er-Jahre: Wirtschaftliche Stagnation und Staatsverschuldung in der DDR
		1978: Einführung des „Wehrkundeunterrichts" in der DDR	
		1976: Ausbürgerung des Liedermachers W. Biermann aus der DDR	
1975	1975: KSZE-Schlussakte von Helsinki		1975/77: Terroranschläge und Entführungen in der Bundesrepublik durch die RAF
			1974/76: Wirtschaftliches Reformprogramm in der DDR
		1973: Weltjugendfestspiele in Ostberlin	1973: Erster Ölpreisschock
	1972: Grundlagenvertrag zwischen der DDR und der BRD		1972 ff.: Der innerdeutsche Reiseverkehr steigt mit Abschluss des Grundlagenvertrags
	1971: in der DDR löst E. Honecker W. Ulbricht ab		
	1970/71: Ostverträge		
	1969: Regierungswechsel in Bonn, W. Brandt wird Bundeskanzler		
	1967 ff.: Studentenproteste, Entstehung einer Außerparlamentarischen Opposition (APO)		1966/67: Erste Wirtschaftskrise in der BRD
1965			
		1964: „Deutschlandtreffen der Jugend" in Ostberlin	
	1963: L. Erhard wird Nachfolger Adenauers als Kanzler der BRD		
		1962: „Spiegelaffäre"/Diskussion über Pressefreiheit in der BRD	
	13. 8. 1961: Bau der Berliner Mauer		
1955	1955: Beitritt der Bundesrepublik zur NATO, der DDR zum Warschauer Pakt	1955 ff.: Zunahme der Urlaubsreisen von Bundesbürgern; Rückzug ins Private	1955 ff.: Anwerbung von „Gastarbeitern" in der BRD
			1955 ff.: Arbeitskräftemangel in der DDR durch die Flucht v. a. junger Menschen
	17. 6. 1953: Volksaufstand in der DDR		1953 ff.: „Wirtschaftswunder" in der Bundesrepublik
			1952 ff.: Kollektivierung der Landwirtschaft in der DDR
			1950 ff.: Anbindung der DDR-Massenorganisationen an die SED
	1949: Gründung der BRD und der DDR		1949 ff.: Einführung der zentralen Planwirtschaft in der DDR, der sozialen Marktwirtschaft in der BRD
	1948: Berlinblockade und Luftbrücke		Juni 1948: Währungsreform Juni
			1947 ff.: Marshall-Plan-Hilfe für Westzonen
		1946 ff.: Politische Kontrolle von Presse, Rundfunk, Schule und Universitäten in der SBZ	
1945	1945: Wiedergründung politischer Parteien	1945 ff.: Errichtung des öffentlich-rechtlichen Rundfunksystems in den Westzonen	1945 ff.: Bodenreform und Verstaatlichungen in der SBZ
	1945/46: Nürnberger Kriegsverbrecherprozesse	1945 ff.: Entnazifizierung	1945 ff.: Lebensmittelrationierung, Schwarzmarkthandel
	2. 8. 1945: Potsdamer Abkommen	1945 ff.: Integration von über 12 Mio. Heimatvertriebenen	
	8. 5. 1945: Ende des Zweiten Weltkriegs in Europa	1945 ff.: Aufbauleistung der „Trümmerfrauen"	

1. Das zerstörte Deutschland

In der Nacht vom 16. März 1945 steuerten 200 Bomber die historische Stadt Würzburg an. In weniger als 20 Minuten wurde die Stadt fast völlig zerstört. 256 Spreng- und 397 650 Brandbomben wurden abgeworfen. 5000 Menschen verloren ihr Leben, die Verletzten und Verkrüppelten blieben ungezählt. Am 8. Mai 1945 kapitulierte die deutsche Wehrmacht bedingungslos.

Die schrecklichen Folgen des menschenverachtenden Regimes lassen sich kaum in Worte fassen. Die folgende Statistik lässt das Entsetzen nur erahnen:

- 1,4 Millionen Tonnen Bomben wurden über dem Deutschen Reich abgeworfen.
- Zwischen 400 000 und 570 000 Zivilisten kamen ums Leben.
- Millionen Menschen verloren ihre Wohnung mit all ihrer Habe.
- 161 große Städte und 850 kleinere sind bombardiert worden.

In Städten über 100 000 Einwohnern wurden etwa 50 Prozent der Häuser zerstört.

Zerstört wurden z. B. Düren zu 99 Prozent, Hanau zu 87 Prozent, Würzburg 74 Prozent, Köln zu 76 Prozent oder Groß-Berlin zu über 50 Prozent. Frankfurt/Oder, Prenzlau, Hanau, Kassel, Mainz und Pforzheim wurden neben vielen anderen Städten zu über 75 Prozent zerstört.

Das ganze Ausmaß der Schäden des Krieges wird durch die folgenden Angaben noch deutlicher: 1,86 Millionen Wohnungen waren unbewohnbar, 2,6 Millionen waren stark beschädigt.

Etwa 20 Millionen Menschen waren direkt von den Zerstörungen betroffen. 50 Prozent der Verkehrswege wurden zerstört. Eisenbahn und Post funktionierten nicht mehr. Es fehlte überall an Gas, Wasser, Kohle und Strom. Bei der Besetzung Kölns lebten noch 40 000 Menschen in der Stadt gegenüber 750 000 vor dem Krieg.

Q1 *Berta Sch., überliefert: Kassel, Juli 1945*

Ich war nicht dagegen. Nun muss ich leben, in dauernder Angst, ohne Selbstachtung und in tiefer Scham. Ich habe drei kleine Kinder. Unter welchen Trümmern liegt der Vater?

Q2 *Paul M., überliefert: November 1945 in Arolsen*

Am 7. Mai 1945 liefen wir mit unserem Flugsicherungsschiff in Wesermünde ein. Gegen Ende des Krieges haben wir Flüchtlinge gerettet. Ich musste mit 17 Jahren auf ein Kriegsschiff und war nun 21 Jahre alt. Unser Kommandant hatte uns durch eine Irrfahrt in den Hafen gerettet. Unser Ziel war: überleben. Wir hatten Angst vor „Kettenhunden“ und der SS. Am 8. Mai haben uns die Engländer gefangen genommen. Sie hatten keine Unterkunft für uns und konnten auch mit uns nichts anfangen. Ich erhielt Marschpapiere nach Arolsen in Nordhessen. Dorthin waren meine Mutter und meine Tante evakuiert, da sie in Essen ausgebombt wurden. In Arol-

1 **Mit Kindern und der wenigen Habe auf der Flucht**

Arbeitsfragen

1. *Schildere, wie man sich ein Leben unter diesen Bedingungen vorstellen kann.*
2. *Diskutiert, wie die Menschen angesichts dieser Lebensbedingungen, gekennzeichnet durch Not und Elend, zur historischen Wahrheit über das Dritte Reich finden konnten.*
3. *Erörtert, dass heute Neonazis das Unheil und die Folgen des Naziregimes verklären und dadurch die Geschichte verfälschen?*

sen wurde ich zur Kartoffelkäferbekämpfung eingesetzt. Dann musste ich für 68 Pfennige in der Stunde in einem Hammerwerk arbeiten. Eine Schachtel Zigaretten kostete damals 200 Reichsmark. Da ich gut Akkordeon spielen konnte, setzte ich mich vor eine Kirche. Ich wurde von amerikanischen Soldaten entdeckt. Nun spielte ich mit anderen gelegentlich im Soldatenkasino. Bezahlt wurden wir in Naturalien. Der große Hunger war vorbei.

Q3 *Erna M., Bonn 2008*
Die ungeheuere Gewalt der Bombardierung von Kassel konnten wir 60 Kilometer entfernt als eine riesige Feuerwand sehen. Meine schwangere Schwester aus Kassel fiel vor Schreck um und verlor ihr Kind. Auch die Bombardierung der Edertalsperre führte zu einem fürchterlichen Chaos. Ganze Dörfer verschwanden. Hunderte von toten Menschen und Tieren schwammen auf dem Wasser. Wir Frauen mussten alles fast alleine durchstehen. Die Männer waren Soldaten oder beim Volkssturm.
Ende des Krieges war ich 17 Jahre alt. Bei uns marschierten die Amerikaner ein. Wir haben sie mit Jubel begrüßt. Bevor es Lebensmittelkarten gab, war ich mit meinen Eltern und den vier Geschwistern bei den Bauern betteln, weil wir nichts zu tauschen hatten. [...] Wir haben unendlich gehungert. Holz zum Kochen haben wir im Wald geklaut. Wir waren keine Nazi-Familie. Je mehr uns das Elend bewusst wurde, desto mehr hassten wir das braune Pack. Wir hassten auch die reichen Bauern, denen nur noch die Teppiche in den Kuhställen fehlten.

2 **Aus dem Krieg entlassen**

3 **Zukunft?**

Arbeitsfragen

1. *Die Zeitzeugen schildern ihr persönliches Schicksal. Bringe diese Schilderungen mit den Bildern in einen Zusammenhang.*
2. *Versetze dich in einen 17-Jährigen, der in den Krieg musste und danach seine Zukunft planen sollte. Schreibe dazu einen kurzen Bericht.*
3. *Erläutere, in wieweit sich aus den Aussagen Wut, Leid, Angst und Hoffnung herauslesen lassen.*

PROKLAMATION NR. I: MILITÄRREGIERUNG – DEUTSCHLAND

I. Wir kommen als siegreiches Heer, jedoch nicht als Unterdrücker. Wir werden den Nationalsozialismus und den deutschen Militarismus vernichten, die NSDAP auflösen und ungerechte Rechtsätze und Einrichtungen aufheben. Personen, die verdächtig sind, Verbrechen und Grausamkeiten begangen zu haben, werden ihrer gerechten Strafe zugeführt.

II. Alle Personen in den besetzten Gebieten haben unverzüglich und widerspruchslos allen Befehlen und Veröffentlichungen der Militärregierung zu folgen.

III. Alle deutschen Gerichte, Unterrichts- und Erziehungsanstalten werden bis auf Weiteres geschlossen.

IV. Alle Beamten sind verpflichtet, bis auf weiteres auf ihren Posten zu verbleiben und alle Befehle und Anordnungen der Militärregierung auszuführen.

Dwight D. Eisenhower, General, Oberster Befehlshaber der Alliierten Streitkräfte, 1945

4 **Zusammenfassung der Anweisungen der Alliiertenstreitkräfte als ersten Schritt für einen Neuanfang aus Trümmern und Chaos.**

Die meisten Straßen und Gehwege waren kaum passierbar, ein geregelter Verkehr war unmöglich. Millionen Tonnen von Schutt und Trümmerbergen, unter denen sich oft noch Tote befanden, mussten beseitigt werden. Die Hauptlast trugen Frauen, die „Trümmerfrauen". Insbesondere in Berlin wurden sie zum Sinnbild des Neuanfangs.

Als Notunterkünfte wurden aus Wellblech zehntausende Nissenhütten (nach dem britischen Konstrukteur Peter Norman Nissen benannt) gebaut. Auf 40 Quadratmetern drängelten sich meistens bis zu zwölf Menschen. Fließend Wasser gab es nur außerhalb. Ein „Kanonenofen" sorgte für Wärme.

5 **Trümmerfrauen**

6 **Nissenhütten**

Arbeitsfragen

1. *Überlege, aus welchen Gründen die „Proklamation Nr. I" bei vielen Deutschen Hoffnungen weckte.*
2. *Analysiere, wie nach dieser Proklamation bei den Deutschen zwischen Opfern und Tätern unterschieden wird.*
3. *Erkläre, warum alle Unterrichts- und Erziehungsanstalten geschlossen wurden?*
4. *Warum sollten die Beamten auf ihren Posten bleiben? Gab es unter ihnen keine Nazis?*
5. *Erläutere, warum das Kriegsende, die „Stunde Null", auch als „die Stunde der Frauen" bezeichnet wurde.*
6. *Diskutiert die Auswirkungen, die diese Notgemeinschaften auf das Familienleben, besonders auf das Leben der Kinder hatten.*

Die Menschen irrten durch die Straßen. Auf Häusertrümmern fand man Hinweise für Verwandte und Freunde wie z. B.: „Hilde und die Kinder leben noch. Wir sind im Lager der Bismarck-Schule. Oma Ida“
Ein organisiertes Such- und Meldesystem gab es zunächst noch nicht.
Kinder und Jugendliche wurden aus einem strengen Regime entlassen. In vielen Köpfen befand sich noch die nationalsozialistische Indoktrinierung. Ein geregelter Schulunterricht fand nicht statt oder war sogar verboten.

8 **Plakat 1945**

7 **Heimgekehrter Soldat vor dem Reichstag**

9 **Trümmerkinder in Berlin**

Arbeitsfragen

1. *Recherchiere, wie sich die Anhänger und Handlanger des Naziregimes zu Ende des Krieges verhielten.*
2. *Beschreibe die Situation der Kinder und Jugendlichen, wie sie aus den Materialien hervorgeht.*
3. *Das Ziel der Alliierten war eine demokratische Erziehung der Schülerinnen und Schüler. Welche Personen standen dafür als Lehrer zur Verfügung?*
4. *Stelle Vermutungen darüber an, welche Gedanken den Heimkehrer, der auf den Trümmern vor dem Reichstagsgebäude sitzt, bewegt haben können*

Nützliche Hinweise

- Spielfilm: Deutschland im Jahre Null, 1948, Regie: Roberto Rossellini
- www.zdf.de/ZDFxt/module/Kriegsende/index
- Zeitzeugenbörse, Eberswalder Str. 1, 10437 Berlin www.zeitzeugenboerse.de
- Spielfilm: Die Brücke, Regie Bernhard Wicki mit Fritz Wepper, Volker Lechtenbrink u. a.
- Wolfgang Borchert, Draußen vor der Tür, Drama, Hörspiel 1947

2. Flucht und Vertreibung

1 **Ostpreußische Flüchtlinge**

Die Parolen vom Endsieg und vom nationalsozialistischen Durchhaltewahn nahmen keine Rücksicht auf die Bevölkerung. Besonders im Osten des Deutschen Reiches wurden ganze Landstriche und Städte zu Festungen erklärt. Wer versuchte, sich zu verstecken und in Sicherheit zu bringen, wurde erschossen oder aufgehängt. Die große Flucht setzte deshalb erst inmitten von Kämpfen des letzten Kriegswinters ein.

Die Vertreibung der Menschen in den Ostgebieten Deutschlands begann nach Kriegsende. Sie waren ohne geordnetes Transportwesen mit Pferdewagen, Schlitten, Kinderwagen und Handkarren unterwegs. Begleitet waren sie von Hunger und von ständiger Angst vor Tieffliegern und der vorrückenden russischen Armee.

Etwa 12 Millionen Flüchtlinge und Vertriebene suchten 1945 und 1946 im zerstörten Restdeutschland meist ohne Ziel und orientierungslos eine Bleibe. Die Flüchtlingsströme bewegten sich kreuz und quer durch das Land. Sie trafen auf Menschen, die selbst größte Not litten. Familien wurden auseinander gerissen, Kinder suchten ihre Mütter und Großeltern, Frauen wussten nicht, wo ihre Männer waren, zurückkehrende Soldaten fanden ihre Angehörigen in den zerstörten Häusern nicht an.

Das Elend wurde noch dadurch vergrößert, dass die Westalliierten es neben dem Flüchtlingselend Ende Mai 1945 noch mit etwa sieben Millionen „Displaced Persons“ (DPs) zu tun hatten, die ohne Wohnsitz ebenfalls umherirrten. Das waren ehemalige Kriegsgefangene, Zwangsarbeiter, KZ-Häftlinge und wenige jüdische Überlebende.

Für die Displaced Persons war die Zeit der Tyrannei vorbei, aber die aus den KZ befreiten Juden hatten bis auf ihr Leben alles verloren. Viele russische Kriegsgefangene wollten nicht mehr in ihre Heimat zurück, obwohl sie in der Gefangenschaft unermessliches Leid erfahren hatten. In Stalins Augen galten sie als Verräter und Feiglinge.

Die französische Philosophin Simone Weil schrieb: „Wer entwurzelt ist, entwurzelt. Wer verwurzelt ist, entwurzelt nicht. Die Verwurzelung ist vielleicht das wichtigste Bedürfnis der menschlichen Seele.“

Q1 *Elfriede P., Dortmund, Februar 1946*

Nach Wochen im Freien und wechselnden Massenunterkünften wurden wir bei einer Familie zwangseinquartiert. Die Wohnung bestand aus zwei Räumen mit Küche und einer Toilette. Die Fenster waren mit Pappe vernagelt. Es gab nur den Ofen in der Küche. Mit fünf Erwachsenen und vier Kindern mussten wir uns die Räume teilen. Trotzdem waren wir glücklich, ein Dach über dem Kopf zu haben.

Arbeitsfragen

1. *Erkläre den Zusammenhang des Gedankens von Simone Weil mit dem Flüchtlingsdrama von 1945.*
2. *Diskutiert die Möglichkeiten, sich in die Lage der Menschen von damals hinein zu versetzen. Können dabei Beispiele aus der Gegenwart helfen?*
3. *Interpretiere die Parole „Schlimmer kann es nicht mehr kommen“.*

Q2 *Christa L., Dortmund, Mai 2008*

Wir lebten in Ostpreußen, etwa 15 km von Königsberg entfernt. Mein Vater war Schweizermeister, und damit verantwortlich für die Rinderwirtschaft eines Gutes. Heimlich in einer Scheune baute er Planwagen, mit denen wir fliehen wollten. Das durfte niemand wissen. Wir hatten Angst als Landesverräter von der SA erschossen zu werden. Ich hatte gesehen, damals 11 Jahre alt, zusammen mit meinem Bruder und Freunden, wie die SA drei russische Kriegsgefangene erschossen hat. Die Leichen wurden in einen Teich geschmissen.
Ende 1943 war der Geschützdonner schon zu hören. Königsberg war eingekesselt. Wir durften immer noch nicht weg. Plötzlich im Januar gab es den Befehl uns in Richtung Westen irgendwie abzusetzen. Mit drei Pferdewagen machten wir uns auf den Weg. In unserem Wagen waren meine Mutter, mein Vater, mein Bruder, meine Tante, ein Baby und ich. Nach drei Tagen und Nächten hatten wir die Danziger Bucht erreicht. Tagsüber beschoss uns die Flak, nachts kamen die Bombenflugzeuge. Bomben und Flak hatten das Eis im Frischen Haff brüchig gemacht. Wagen, Pferde und Menschen versanken in den eisigen Fluten. Kinder und Alte blieben zurück. Es gab viele Tote. Um der russischen Armee zu entkommen haben wir Danzig umfahren. Doch in Potango (Pommern) haben uns die russischen Panzer eingeholt. Wir wurden in den Ort Brandenburg zurückgetrieben. Es kam zu Vergewaltigungen, Gewalttätigkeiten und Plünderungen. Wir erlebten eine Orgie von Gewalt. Ich musste miterleben, wie meine Mutter und meine Tante, die mit mir im gleichen Bett lagen, vergewaltigt wurden. Mein verzweifelter Vater wurde vorher mit einem Ziegelstein bewusstlos geschlagen. Bis 1948 waren wir der Willkür schutzlos ausgeliefert. Wir mussten für die Verbrechen Hitlers fürchterlich büßen. 1948 wurden wir in verplombten Güterwagen ohne Essen und Trinken in drei Tagen nach Schwarzheide in die Ostzone gebracht. Wir hatten Todesangst, weil wir nicht wussten, wohin wir gebracht werden sollten. Viele Kinder und alte Leute sind gestorben. Nach vier Wochen Quarantäne und nach vier Wochen Durchgangslager wurden wir auf Bauernhöfe verteilt. Ich kam mit meiner Familie in die Nähe von Bad Liebenwerder.

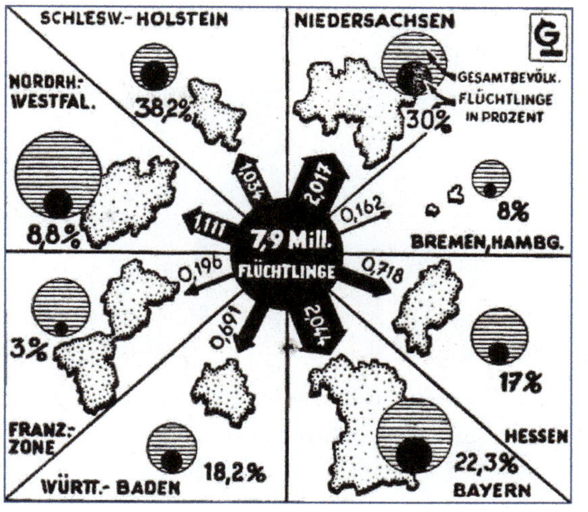

2 **Die Grafik zeigt, wohin sich der Flüchtlingsstrom innerhalb Westdeutschlands bewegte.**

Flucht und Vertreibungen am Ende des Zweiten Weltkrieges sind bis heute heftig diskutierte Themen. Auf der einen Seite sehen unsere östlichen Nachbarn die Gefahr, dass Ursachen und Schuld der Vertreibungen – die Verbrechen des Naziregimes – relativiert werden und sogar Ansprüche auf Entschädigung gestellt werden. Auf der anderen Seite wollen deutsche Vertriebenenverbände die Erinnerung an ihre alte Heimat wachhalten und das Unrecht und die Gewalt bei den Vertreibungen nicht in Vergessenheit geraten lassen. Nicht zu übersehen ist auch, dass rechtsradikale Kräfte Flucht und Vertreibung für ihre Propaganda instrumentalisieren. Zum besseren Verständnis gehört eine genaue Begriffserklärung.

Flüchtlinge sind Menschen, die vor der heranrückenden Front aus den ehemaligen deutschen Ostgebieten Ostpreußen, Schlesien, Pommern und Sudetenland geflohen sind.

Vertriebene sind Menschen, die aufgrund von politischen Beschlüssen wie z. B. auf der Konferenz von Potsdam vom August 1945 „planmäßig" umgesiedelt wurden oder durch Sonderbefehle „ungeregelt" vertrieben wurden.

Displaced Persons (DPs) sind alle Personen, die durch die Folgen des Krieges ihre Heimat verloren haben wie Verschleppte, Kriegsgefangene, KZ-Häftlinge, Zwangsarbeiter und sogenannte Volksdeutsche.

Arbeitsfragen

1. *Vergleiche die Grafik mit dem Bericht der Zeitzeugin Elfriede P.*
2. *Fasse aufgrund des Zeitzeugenberichts von Christa L. die Situation der Menschen in Ostpreußen von 1943 bis 1948 zusammen.*
3. *Diskutiert, welche Auswirkungen die Erlebnisse bei der Vertreibung auf das spätere Leben von Christa L. gehabt haben können.*

3 **Gesucht wird …**

Mit handgeschriebenen Zetteln an Trümmern und Bäumen sowie Kreidenachrichten suchten Millionen ihre Angehörigen oder teilten mit: Wir leben noch!
Schon im Oktober 1945 organisierte das Rote Kreuz einen Suchdienst. Lichtbildplakate, Radiodurchsagen und Befragungen von Heimkehrern, Flüchtlingen und Vertriebenen waren wichtige Hilfsmittel.
Es gab noch kein Fernsehen und das Radio funktionierte nur sehr eingeschränkt. Es war nur in wenigen Haushalten vorhanden.
Die Radiosender standen unter strenger Kontrolle der Alliierten. Deshalb hingen in jedem öffentlichen Gebäude, in Kirchen, auf Plakatwänden und Bahnhöfen Suchbilder.

4 **Zwei Männer lesen Flüchtlings-Suchlisten vor der Meldestelle des Suchdienstes des Deutschen Caritas Verbandes und des Hilfswerks der evangelischen Kirche.**

Arbeitsfragen

1. *Erläutere an Hand von Beispielen den Unterschied zwischen Flüchtlingen, Vertriebenen und Displaced Persons.*
2. *Erkläre, warum es bis heute jährlich bis zu 4000 Anfragen zu Nachkriegsvermissten gibt.*
3. *Welche Erklärung gibt es dafür, dass es bis heute immer noch einen Kindersuchdienst gibt?*

Im Oktober 1945 begann in den Ostgebieten ein harter Winter. Hunger, Angst und Krankheiten waren Begleiter der Flüchtlinge. Die Menschen versuchten mit Pferdewagen und Schlitten über die zum Teil gefrorene Ostsee oder in Güterzügen und Schiffen der Sowjetarmee zu entkommen.
Die meisten Flüchtlinge empfanden ihr Schicksal als Unrecht. Sie fühlten sich für die von Deutschen begangenen Verbrechen und Vertreibungen nicht verantwortlich.

Nützliche Hinweise
- Bund der Vertriebenen (BdV): Godesberger Allee 72–74, 53175 Bonn (www.bund-der-vertriebenen.de)
- Fernsehfilm: „Die Flucht", Regie Kai Wessel mit Maria Furtwängler, Jürgen Hertsch u. a.
- Lev Kopelew: Aufbewahren für alle Zeit, Hamburg 1976. (Nachwort von Heinrich Böll)
- Hans-Ulrich Horster: Suchkind 312, Neuaufl., München 2007 (auch als Fernsehfilm)
- Putzger: Atlas und Chronik zur Weltgeschichte, Berlin 2009, S. 258–261
- www.planet-wissen.de

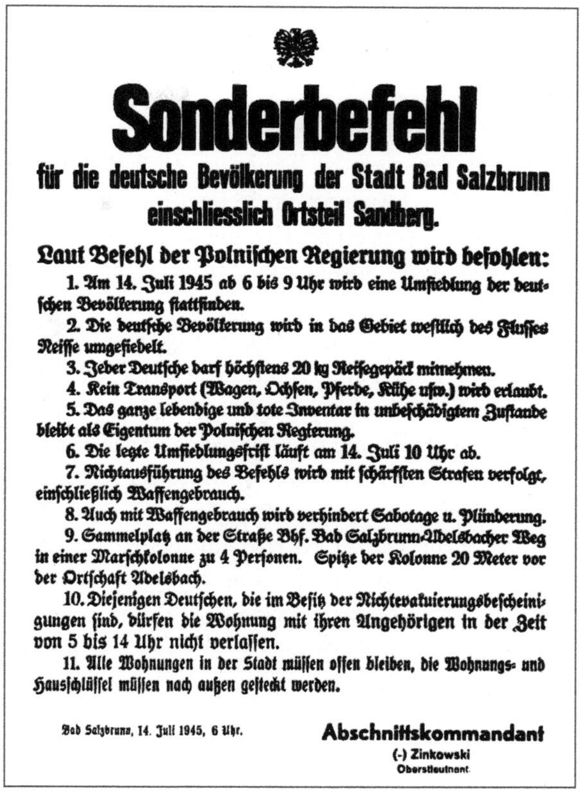

Sonderbefehl

für die deutsche Bevölkerung der Stadt Bad Salzbrunn einschliesslich Ortsteil Sandberg.

Laut Befehl der Polnischen Regierung wird befohlen:

1. Am 14. Juli 1945 ab 6 bis 9 Uhr wird eine Umsiedlung der deutschen Bevölkerung stattfinden.
2. Die deutsche Bevölkerung wird in das Gebiet westlich des Flusses Neisse umgesiedelt.
3. Jeder Deutsche darf höchstens 20 kg Reisegepäck mitnehmen.
4. Kein Transport (Wagen, Ochsen, Pferde, Kühe usw.) wird erlaubt.
5. Das ganze lebendige und tote Inventar in unbeschädigtem Zustande bleibt als Eigentum der Polnischen Regierung.
6. Die letzte Umsiedlungsfrist läuft am 14. Juli 10 Uhr ab.
7. Nichtausführung des Befehls wird mit schärfsten Strafen verfolgt, einschließlich Waffengebrauch.
8. Auch mit Waffengebrauch wird verhindert Sabotage u. Plünderung.
9. Sammelplatz an der Straße Bhf. Bad Salzbrunn-Adelsbacher Weg in einer Marschkolonne zu 4 Personen. Spitze der Kolonne 20 Meter vor der Ortschaft Adelsbach.
10. Diejenigen Deutschen, die im Besitz der Nichtevakuierungsbescheinigungen sind, dürfen die Wohnung mit ihren Angehörigen in der Zeit von 5 bis 14 Uhr nicht verlassen.
11. Alle Wohnungen in der Stadt müssen offen bleiben, die Wohnungs- und Hausschlüssel müssen nach außen gesteckt werden.

Bad Salzbrunn, 14. Juli 1945, 6 Uhr.

Abschnittskommandant
(-) Zinkowski
Oberstleutnant

5 **Sonderbefehl für die deutsche Bevölkerung der niederschlesischen Stadt Bad Salzbrunn vom 14. Juli 1945**

6 **Flucht im Winter**

Arbeitsfragen
1. *Erörtere, ob Flucht und Vertreibung als eine Frage von Schuld und Sühne betrachtet werden dürfen.*
2. *Nimm zu der Ansicht Stellung, dass Flucht und Vertreibung die berechtigte Konsequenz eines verbrecherischen Angriffskrieges war?*
3. *Recherchiere, welche Position dazu heute die politischen Parteien und der Bund der Vertriebenen (BdV) haben.*
4. *Heute gehören die ehemaligen deutschen Ostgebiete zur Europäischen Union (EU). Welche Auswirkungen hat dies für ehemalige Flüchtlinge und Vertriebene?*
5. *Schildere die Tragweite und Folgen der einzelnen Punkte des Sonderbefehls.*
6. *Beurteile die Auswirkungen, die der Sonderbefehl insgesamt für die Betroffenen hatte.*

3. Teilung Deutschlands in Besatzungszonen

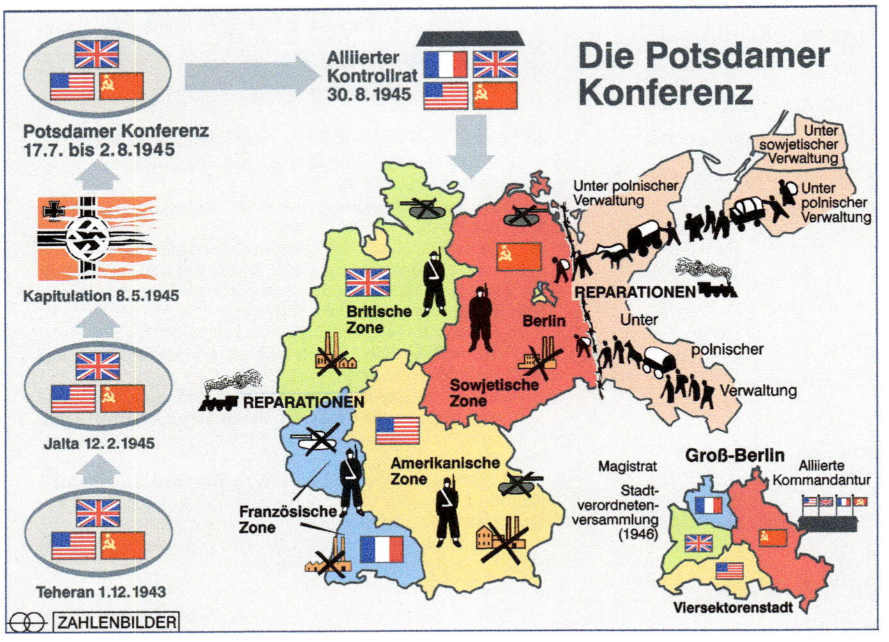

1 **Beschlüsse der Potsdamer Konferenz**

Bereits im Februar 1945 hatten die Alliierten auf der Konferenz von Jalta für Deutschland vier Besatzungszonen vorgesehen. Nach Kriegsende wurde im Juli 1945 auf der Potsdamer Konferenz die Teilung in vier Besatzungszonen und in vier Sektoren Berlins besiegelt. Durch die schwierige wirtschaftliche Lage bedingt, haben die Briten und die Amerikaner am 1. Januar 1947 ihre Zonen zur Bizone zusammengelegt. Im April 1947 entstand die Trizone durch Beitritt der Franzosen. Als Dach für gemeinschaftliche Aufgaben wurde der Alliierte Kontrollrat der vier Siegermächte mit Sitz in Berlin eingerichtet.

Im Vordergrund der Alliierten stand das „Vier-D-Programm“: De-Militarisierung, De-Nazifizierung, De-Zentralisierung, De-Industrialisierung.

Bereits im September 1945 wurden unter dem Einfluss der Amerikaner in deren Besatzungszone neue Länder geschaffen. Ein Jahr später geschah dies auch in der britischen Besatzungszone. Im Februar 1947 wurden durch die Sowjetische Militäradministration in Deutschland (SMAD) im Osten fünf Länder gebildet. Eines der Hauptziele war, das Land Preußen zu zerschlagen. Die Grenzen der neuen Länder hielten sich nicht an gewachsene, historische Gegebenheiten wie die Gründung der Bundesländer Nordrhein-Westfalen, Baden-Württemberg oder Rheinland-Pfalz zeigt.

Schon kurz nach Kriegsende haben die Siegermächte auf dem Weg zur Demokratisierung der Bildung von Parteien zugestimmt. Die meisten Parteien konnten auf noch vorhandenen Strukturen aufbauen. Die Sozialdemokratische Partei Deutschlands (SPD) knüpfte an ihre Tradition an, die Christlich Demokratische Union (CDU) lehnte sich an die katholische Zentrumspartei aus der Weimarer Zeit an. In Bayern wurde die Christlich-Soziale Union (CSU) ins Leben gerufen. Die Liberalen haben sich zur „Freien Demokratischen Partei“ (FDP) zusammengeschlossen. Auch die „Kommunistische Partei Deutschlands“ (KPD) hat sich 1945 nach sowjetischem Vorbild neu etabliert. Daneben gründeten sich noch kleinere Parteien wie die Bayernpartei (BP) mit dem Ziel eines souveränen Bayerns, der Bund der Heimatvertriebenen und Entrechteten (BHE), die konservative und nationale Deutsche Reichspartei (DRP).

Arbeitsfragen

1. *Beschreibe die Ziele und Interessen der Alliierten, die zur Aufteilung Deutschlands in Länder führten.*
2. *Erörtere, warum Berlin, mitten in der sowjetischen Zone gelegen, einen Sonderstatus erhalten hat.*
3. *Erläutere, welche Ziele das „Vier-D-Programm“ hatte.*
4. *Finde heraus, welche Länder neu gegründet worden sind.*
5. *Prüfe, in welcher Weise die frühe Gründung von Parteien zur Demokratisierung beigetragen hat.*

Q1 *Welly H., Korbach, September 1945*

Die Einteilung in vier Besatzungszonen hat die Lage meiner Familie zunächst nicht verändert. Weil wir fürchterliche Angst vor den Russen hatten, waren wir froh, in der amerikanischen Zone zu sein. Ich habe mich gewundert, dass einige Amis deutsch sprechen konnten. Die Amerikaner machten sich sofort daran, das allgemeine Chaos zu beseitigen. Ich hatte den Eindruck, dass sie genau wussten, was sie wollten und dass sie gut vorbereitet waren. Sie hatten Listen, auf denen die Nazigrößen standen. Ohne Erlaubnis durfte niemand die Zone verlassen. Das war schlecht für die Tausch- und Hamsterfahrten. Das Geld war nichts mehr wert. Es galt die „Zigarettenwährung". Die Amerikaner setzten Bürgermeister ein und organisierten die Verwaltung. Wir haben erst allmählich durch Zeitungen, Anschläge und Vorträge der Amerikaner und des neuen Bürgermeisters erfahren, was die vier Besatzungszonen bedeuteten. Der Besuch der Vorträge war Pflicht. Die Einteilung in die neuen Länder interessierte mich und meine Familie wenig. Wir hatten überlebt und in unserer Gemeinde wurde ein neuer Anfang gemacht.

Q2 *Tagebuch der 27-jährigen Liselotte F., Hagen*

20. Mai 1945: Nun ist der Krieg endgültig aus. Der Rundfunk ist von der englischen Besatzung in Beschlag genommen worden. Wir können nur die Nachrichten aus England oder Luxemburg hören. Und daraus erfuhren wir von den Furchtbarkeiten in den Konzentrationslagern. Bei der Besetzung ganz Deutschlands fielen die Lager in die Hand der Alliierten und boten damit der Welt einen Blick in den Abgrund unmenschlicher Grausamkeiten. Mit welcher Schuld ist damit Deutschland belastet!

Eine zentrale deutsche Verwaltung gibt es nicht mehr. Jede Stadt ist auf sich gestellt und muss mit einer vorläufigen Verwaltung unter fremder Oberleitung mit ihren Problemen fertig werden.

Von der Besatzung merken wir im Privatleben wenig. Die Polizeistunde ist auf 21–5 Uhr festgesetzt. Die Verdunkelungsmaßnahmen sind aufgehoben, der Himmelfahrtstag wurde wieder als Feiertag eingesetzt. Und schließlich sind die Nazi-Straßennahmen ausgewechselt worden.

10. Juni 1945: Radio hört man nicht mehr. Die Zeitung, die alle zwei bis vier Tage „nach Bedarf" erscheint, bringt ausschließlich Anordnungen und Verfügungen der Militärregierung oder der Stadtverwaltung.

23. Juni 1945: Die Russen haben zu unserem Erschrecken über das ursprünglich von ihnen eroberte Gebiet hinaus Mecklenburg, Thüringen und Anhalt zugesprochen bekommen. Ein Strom von Rückkehrern und Flüchtlingen ergießt sich nun nach Westen. Sie schlafen in Bauernscheunen, erbitten oder stehlen Nahrungsmittel und Kleidung und wissen zu Vieltausenden nicht wohin. Arbeitsmöglichkeiten sind nur in beschränktem Umfang vorhanden. Sämtliche Lehrer und ein großer Teil der städtischen Beamten sind gekündigt worden.

Q3 *Hans M., Freiburg, 1945 14 Jahre alt, 1981*

Von der „Gnade des Nullpunkts", über die manche damals räsonierten, spürten wir nichts. Denn jenes Jahr war gnadenlos. Es riss uns heraus aus allen Träumen. Es schlug die festen Geländer weg. Kindheit und Karl-May-Zeit waren zu Ende. Nur weniges blieb übrig, was sich als Halt bewährte, und dieses wenige kam nicht vom „Nullpunkt", es kam aus älteren, stärkeren Traditionen.

Arbeitsfragen

1. *Fasse die drei Erinnerungen der Zeitzeugen zu einem Bericht über die politische Situation und das Leben in Deutschland bei Kriegsende zusammen.*
2. *Stelle aus den Zeitzeugenberichten die Gemeinsamkeiten und die Unterschiede in der Beurteilung der Nachkriegssituation zusammen. Welches unterschiedliche politische Bewusstsein lässt sich aus den Berichten der Zeitzeugen erkennen?*
3. *Welche Unterschiede in der Besatzungspolitik der Alliierten lassen sich aus den Zeitzeugenberichten erschließen.*

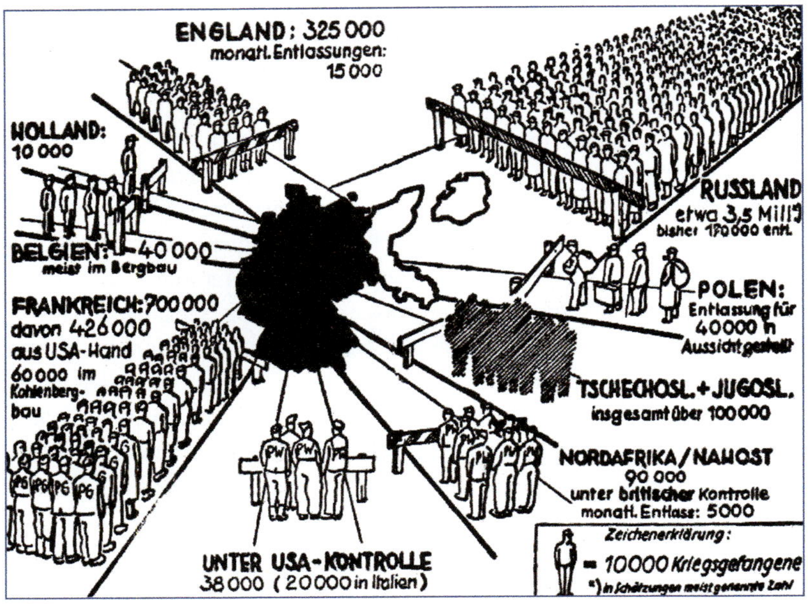

2 Kriegsgefangene

Zu Beginn der Teilung Deutschlands in Besatzungszonen stand im Vordergrund der alliierten Politik der Aufbau von Verwaltungen, die Verurteilung der Hauptkriegsverbrecher, die Behandlung der Kriegsgefangenen und die Versorgung der Bevölkerung mit Nahrungsmitteln. Auch der Hunger nach Kultur sollte gestillt werden.

Die Sowjetische Militäradministration (SMAD) konnte in ihrem Einflussbereich auf sorgfältig ausgebildete und ideologisch geschulte Gruppen zurückgreifen. Deutsche Kommunisten wurden in der Sowjetunion auf ihre künftigen Aufgaben vorbereitet. Für den Aufbau der Verwaltung in und um Berlin war z. B. die „Gruppe Ulbricht" zuständig. Sie sollte – wie die anderen Gruppen – die demokratische Umgestaltung vornehmen. Tatsächlich aber handelte es sich um eine Umgestaltung der Verwaltung nach sowjetischem Vorbild.

Auf dem Bild mit dem amerikanischen und dem russischen Soldaten stehen sich zwei unterschiedliche Systeme gegenüber. Die zwei jungen Männer haben gegenseitig offensichtlich keine Vorbehalte. Erst der Verlauf der Geschichte hat sie zu Gegnern gemacht.

In der Schlussphase des Krieges bewegten sich die Soldaten der Verbündeten keinesfalls nur in den später festgelegten Zonengrenzen. So wurde z. B. Dortmund von den Amerikanern eingenommen und später den Engländern übergeben.

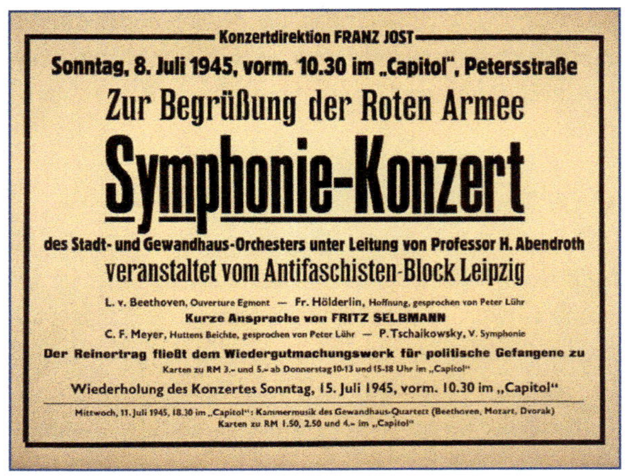
Konzertdirektion FRANZ JOST

Sonntag, 8. Juli 1945, vorm. 10.30 im „Capitol", Petersstraße

Zur Begrüßung der Roten Armee

Symphonie-Konzert

des Stadt- und Gewandhaus-Orchesters unter Leitung von Professor H. Abendroth

veranstaltet vom Antifaschisten-Block Leipzig

L. v. Beethoven, Ouverture Egmont — Fr. Hölderlin, Hoffnung, gesprochen von Peter Lühr

Kurze Ansprache von FRITZ SELBMANN

C. F. Meyer, Huttens Beichte, gesprochen von Peter Lühr — P. Tschaikowsky, V. Symphonie

Der Reinertrag fließt dem Wiedergutmachungswerk für politische Gefangene zu

Karten zu RM 3.– und 5.– ab Donnerstag 10-13 und 15-18 Uhr im „Capitol"

Wiederholung des Konzertes Sonntag, 15. Juli 1945, vorm. 10.30 im „Capitol"

Mittwoch, 11. Juli 1945, 18.30 im „Capitol": Kammermusik des Gewandhaus-Quartett (Beethoven, Mozart, Dvorak)

Karten zu RM 1.50, 2.50 und 4.– im „Capitol"

3 Kultur der Besatzungszeit

4 Amerikanischer und russischer Besatzungssoldat

Arbeitsfragen

1. *Wie konnte ein Kriegsgefangener seine Familie finden, wenn er in die „falsche" Zone entlassen wurde?*
2. *Stelle die vorrangigen Ziele der sowjetischen Besatzungsmacht beim Aufbau der Verwaltungen in ihrer Zone dar. Wie unterschieden Sie sich von den Zielen der anderen Alliierten?*
3. *Interpretiere den Ausspruch: „Wir hungern nicht nur nach Brot, sondern auch nach Kultur".*
4. *Das Bild strahlt in gewisser Weise Hoffnung aus. Welche Erklärungen gibt es dafür?*

In der SBZ gründete die Sowjetische Militäradministration (SMAD) bereits im Sommer 1945 die Länder Mecklenburg, Sachsen, Thüringen und die Provinzen Brandenburg und Sachsen Anhalt. Mit der Gründung von elf Zentralverwaltungen im Sommer1945, die den Ländern übergeordnet waren, legte die sowjetische Regierung den Grundstein für eine sozialistische Staats und Gesellschaftsordnung in ihrer Zone. 1952 wurden die Länder in der DDR aufgelöst und durch Bezirke ersetzt.

Mit den Ländern Bayern und Württemberg-Baden konnten die Amerikaner 1945 auf schon vorher bestehende Ländertraditionen aufbauen. Aus dem ehemaligen Hessen und den früheren preußischen Provinzen Kurhessen und Nassau bildeten sie neu das Land Großhessen. In der französischen Zone wurde 1946 das Land Rheinland-Pfalz gegründet, dazu kamen 1947 die aus Verwaltungsbezirken entstandenen Länder Baden und Württemberg Hohenzollern. In der Britischen Zone wurden 1946 die Länder Nordrhein Westfalen und Niedersachsen gegründet. Im selben Jahr folgte Bremen. 1947 gründeten die Briten Schleswig Holstein und Hamburg. Allen Ländergründungen in der Britischen Zone waren intensive Beratungen mit den deutschen Verwaltungsstellen vorausgegangen. Einige lehnten die britischen Planungen ohne Erfolg ab. Eine Sonderrolle nahm das Saarland ein. Im Sommer 1946 trennte Frankreich das Saarland von seiner Zone ab. Parteien wurden im Saarland nur unter der Bedingung zugelassen, dass sie sich nicht für einen Anschluss an Deutschland einsetzten. Erst 1957 wurde das Saarland nach einer Volksabstimmung ein Bundesland der Bundesrepublik Deutschland.

5 **Mitteleuropa 1945–1949**

Arbeitsfragen

1. *Analysiere, ob sich die Aufteilung Deutschlands in Bundesländer nach dem Zweiten Weltkrieg bewährt hat. Aus welchen Gründen gibt es heute teilweise Kritik an der Gliederung Deutschlands in 16 Bundesländer?*
2. *Nimm zu der These Stellung, dass die Besatzungsmächte in ihren Zonen jeweils eigene Interessen verfolgten.*

Nützliche Hinweise

- Institut für Geschichte und Geografie, Liebigstr. 11, 58511 Lüdenscheid (www.fernuni-hagen.de)
- DEFA-Film: „Die Mörder sind unter uns“ (1945/46), Regie Wolfgang Staudte, mit Hildegard Knef, Arno Paulsen u. a.
- www.spiegel.de/thema/nuernberger-prozesse
- Informationen zur politischen Bildung, Heft 259, Deutschland 1945–1949, Bonn 2005

4. Der Kampf ums Überleben

Die Zeit nach dem Einmarsch der Alliierten war gekennzeichnet durch Hunger und Elend. Die Menschen versuchten alles, um zu überleben. Da und dort gab es Stellen, an denen ein kärgliches Essen ausgeteilt wurde. In den kalten Wintern versuchten viele, aus den vorüber fahrenden Kohlezügen ein paar Briketts zu stehlen. Sogar der Kölner Kardinal Frings fand es rechtmäßig, sich das Nötigste zu besorgen. Im Volksmund entstand das Wort „Fringsen".

Verschiedene existentielle Probleme kennzeichneten diese Zeit:

- Es gab Lebensmittelkarten, um das Wenige einigermaßen gerecht zu verteilen. So bekam z. B. in Berlin ein Schwerarbeiter pro Tag 600 g Brot zugeteilt, ein normaler Arbeiter 500 g, ein Angestellter 400 g, Kinder und Nichtberufstätige bekamen 300 g.
- Es gab einen ausgedehnten Tauschhandel. Auch liebgewordene Gegenstände bis hin zum Ehering wurden in Lebensmittel umgesetzt.
- Der Schwarzhandel blühte. Hier war es vor allem die „Zigarettenwährung": Zigaretten gegen Nahrung. Zigarettenkippen wurden gesammelt und zu neuen Zigaretten gedreht. Obwohl es streng verboten war, „organisierte" man Güter, um diese auf dem „schwarzen Markt" umzutauschen. Die Militärregierung verurteilte Schwarzhändler mit empfindlichen Gefängnisstrafen.
- Ein großes Problem stellte auch die Wohnungsnot dar. Zu einem großen Teil waren die Städte zerstört und nicht nur ihre Industrieanlagen. Hatte eine Familie Verwandte in ländlichen Gegenden, konnte sie manchmal dort Unterschlupf finden. Aber Millionen, vor allem die Vertriebenen aus dem Osten, wurden irgendwo eingewiesen. Städte wie Köln und Dortmund hatten an die 70 Prozent ihrer Wohnungen verloren.
- Die Suche nach Angehörigen war für viele Menschen zermürbend. Kinder waren durch die Flucht von ihren Müttern getrennt worden, Frauen suchten ihre Soldatenmänner, Heimkehrer fanden nur zerbombte Wohnungen vor.

1 Suppenküche

- Das Schicksal von Kriegsgefangenen blieb über viele Jahre eine offene, bange Frage.
- Schwere Kriegsverletzungen haben das tägliche Leben beeinträchtigt. Die Gesundheitsversorgung blieb hinter allen Notwendigkeiten zurück.
- Die Perspektiven, wie das Leben weitergehen sollte, lagen im Ungewissen.
- Da sehr viele Männer fehlten, mussten Frauen ihre Stellen einnehmen.
- Die zerbombten Reste der Städte wurden an die Stadtränder gekarrt und dort aufgehäuft. Begriffe wie „Monte Scherbelino", „Monte Klamotte" oder „Teufelsberg" wurden geprägt.
- Aus Vergeltung und Rache für die vielen Toten, Verbrechen und Zerstörungen kam es zu Vergewaltigungen und Plünderungen. Chaos und Angst beherrschten vielfach die Menschen.

Arbeitsfragen

1. *Fasse die wichtigsten Probleme des Alltagslebens im Nachkriegsdeutschland zusammen.*
2. *Beurteile das „Fringsen" vor dem Hintergrund der Alltagsprobleme.*
3. *Stelle einen Plan von Maßnahmen zusammen, durch die die größten Nöte der Menschen beseitigt werden könnten.*

Q1 *Hans W., Mengeringhausen, 1945*
Von den Bombenangriffen zermürbt, sehnten wir das Ende des Krieges herbei, egal wie. Wir versteckten uns vor der Einberufung in den Volkssturm als das letzte Aufgebot der braunen Bonzen.

Q2 *Franz H., Köln 1945*
Fassungslos sah ich als 14-Jähriger den ersten amerikanischen Panzern entgegen. Vorher hatte ich die flüchtenden Soldaten der Wehrmacht als Feiglinge beschimpft. In der Hitlerjugend glaubten wir bis zuletzt an den Endsieg. Wenn ich eine Panzerfaust gehabt hätte, hätte ich sie auch benutzt. Ich lief in meiner Uniform und der Volkssturm-Armbinde ziellos herum, bis ein feindlicher Soldat befahl: „Go home, stupid boy, go home!"
Von da an kungelte ich mit den Besatzern. Orden, Abzeichen, Hitlerbilder und Uniformteile tauschte ich gegen Essen und Zigaretten. So half ich meiner Mutter und meinen Schwestern, sich über Wasser zu halten. Mein Vater war irgendwo als Kradmelder in der Eifel.

Ein wichtiger Aspekt der Nachkriegszeit war die Aufarbeitung der Beteiligung am Nazi-Regime. Die Entnazifizierung verlief in den vier alliierten Besatzungszonen sehr unterschiedlich. In der amerikanischen und britischen Besatzungszone wurden im Mai 1945 Fragebögen mit 131 bzw. 133 Fragen ausgegeben. In das Verfahren wurden alle Mitglieder der NSDAP, einbezogen. Die Befragten konnten zu ihrer Entlastung eidesstattliche Erklärungen vorlegen, im Volksmund „Persilscheine" genannt.
In der Bevölkerung wurde dieses Vorgehen bei der Entnazifizierung als zu schematisch und in vielen Fällen als ungerecht empfunden. Es stellte sich heraus, dass nicht alle Parteimitglieder Unterstützer des Nazi-Regimes waren. Die Einstufung als „entlastet" oder wenigstens nur als „Mitläufer" konnte den Weg in den Beruf wieder ebnen oder vor Verhaftung schützen. Millionen von Fragebögen mussten ausgefüllt werden.

Q3 *Julius H., Vorsitzender einer Spruchkammer in München, 2008*
Es gab natürlich nicht nur Tausende, sondern Hunderttausende von Fragebögen und eine ständige Bedrängung des öffentlichen Klägers, der das zu bearbeiten hatte, von allen möglichen Behörden und Ämtern und Wirtschaftszweigen, weil man die Leute ja irgendwie wieder in Tätigkeit bringen musste.
Es wurden unendlich viele Leute entlastet, sie brachten irgendwelche Bescheinigungen bei von Menschen, denen sie angeblich geholfen hatten – ich bin überzeugt, dass die das für Geld und gute Worte erworben hatten, die sogenannten Persilscheine, die also in Massen zirkulierten.

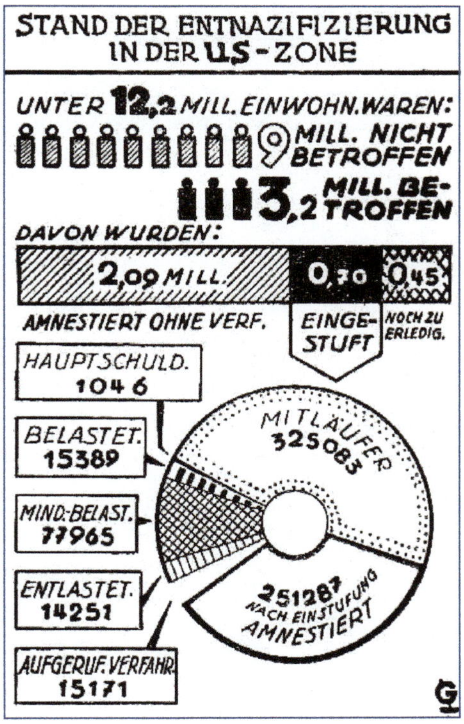

2 **Die Grafik zeigt die Einstufung der rund 12 Millionen Menschen in der amerikanischen Besatzungszone hinsichtlich ihrer Rolle im Dritten Reich.**

Arbeitsfragen
1. *Beschreibe die unterschiedlichen Einstellungen von Hans W. und Franz H. bei Kriegsende und nimm Stellung dazu.*
2. *Arbeite die Probleme heraus, die eine erfolgreiche Entnazifizierung so schwierig gemacht haben. Wie hätte man diese Probleme lösen können?*
3. *Diskutiert die Frage, welche Alternativen es zu dem Verfahren gegeben hätte.*
4. *Warum wurden die Bescheinigungen im Volksmund „Persilscheine" genannt?*

3 **Kohle hamstern**

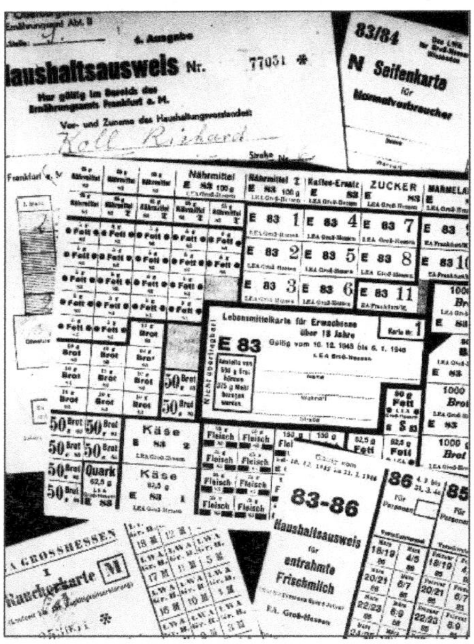

4 **Lebensmittelmarken**

Der Wille, nach dem schrecklichen Krieg zu überleben, machte die Menschen erfinderisch: Ansturm auf langsam fahrende Kohletransporte, Fahrten in überfüllten Zügen in ländliche Gebiete, Schwarzmarktpreise für dringend benötigte Lebensmittel. All das zeichnete den Kampf ums Überleben aus. Manche nutzten die Notlage anderer aus. Sie betrieben Schwarzhandel in großem Stil. Sie wurden Schieber genannt.

Bereits im Krieg wurde wegen des großen Mangels eine Rationierung eingeführt. Die Lebensmittelkarten sollten noch lange nach dem Krieg die Bevölkerung einigermaßen gleichmäßig versorgen. Doch es reichte kaum zum Überleben. Auf dem „Grauen Markt" wurden Dienstleistungen gegen Lebensmittel angeboten. Ein Kilo Brot kostete offiziell 36 Pfennig, der Schwarzmarktpreis lag bei etwa 25 RM.

Die Versorgungslage im Osten Deutschlands war durch das weitläufige Hinterland teilweise besser als im dicht besiedelten Westen. Die SMAD richtete in ihrer Zone Suppenküchen ein. Die Amerikaner halfen durch ihre Hilfsorganisation CARE der Bevölkerung, ohne die sowjetisch besetzte Zone zu berücksichtigen. Genutzt wurde auch jedes Fleckchen Erde im Garten oder vor den Häusern, um Kartoffeln, Rüben oder Kraut anzubauen.

5 **Carepakete aus Amerika**

Arbeitsfragen

1. *In einem neuen Zusammenhang sind die Begriffe „organisieren" und „hamstern" verwendet worden. Wie sind sie zu verstehen?*
2. *Untersuche die Vor- und Nachteile von Lebensmittelkarten?*
3. *Erkläre die Auswirkungen vom „Grauen Markt" und „Schwarzen Markt" auf das Wirtschaftsleben.*
4. *Stelle die unterschiedliche Versorgungslage in Ost- und Westdeutschland dar. Welche Gründe gab es dafür, dass amerikanische Bürger den Deutschen Carepakete schickten?*

In einer Zeit des Wohlstands ist es schwer, den Kampf ums Überleben hier in unserem Land zu vermitteln. Das Gedicht „Die Antwort“ von Bertolt Brecht macht betroffen:

„Mein junger Sohn fragt mich:
Soll ich Mathematik lernen?
Wozu, möchte ich sagen.
Dass zwei Stück Brot mehr ist als eines,
das wirst du auch so merken …“

Der amerikanische Außenminister George Marshall (Friedensnobelpreis 1953) erkannte, dass Europa und insbesondere Deutschland dringend Hilfe brauchte. Ein wirtschaftlich schwaches Land schien leichter dem Kommunismus zu verfallen. So haben die Amerikaner das European Recovery Programm (ERP) beschlossen in dem Gedanken, dass nur gesunde europäische Länder gemeinsam eine Zukunft haben.

Die Sowjetunion wollte sich ursprünglich am Marshallplan beteiligen. Außenminister Molotow und sein Beraterstab konnten sich mit den Amerikanern jedoch nicht einigen. In einer Propagandakampagne wurde der Marshallplan als Instrument des „amerikanischen Imperialismus“ bezeichnet, der die Unabhängigkeit der europäischen Länder untergraben würde.

Die Wirtschaftssysteme entwickelten sich auseinander, weil u. a. durch die „Bodenreform“ schon Ende 1945 in der SBZ Gesetze über die entschädigungslose Enteignung des Grundbesitzes erlassen wurden. Mit großer Mehrheit wurden durch eine Volksabstimmung im Juni 1946 auch die Betriebe von Nationalsozialisten und Kriegsverbrechern enteignet.

6 **Plakat zum Marshallplan, 1947**

7 **Plakat gegen den Marschallplan der sowjetischen Besatzungszone, 1948**

Arbeitsfragen

1. *In einer Ballade „Wovon lebt der Mensch?“ von Bertolt Brecht heißt es: „Erst kommt das Fressen, dann kommt die Moral.“ In welchem Zusammenhang dazu steht sein oben zitierter Vers?*
2. *Nenne Regionen und Länder in der Welt, in denen der „Kampf ums Überleben“ heute noch dramatischer ist als nach dem Zweiten Weltkrieg in Deutschland. Welche Ursachen hat diese Not heute?*
3. *Skizziere die Absichten, die die USA mit dem Marshallplan verfolgten.*
4. *Beurteilt die Folgen, die die Ablehnung des Marshallplanes durch die Sowjetunion für die Menschen in der sowjetischen Zone hatte.*

Nützliche Hinweise

- www.d-nb.de
- Reportage vom Schwarzen Markt in Köln 1947. Deutsches Rundfunkarchiv, Frankfurt (Main)
- Deutsche Wochenschau, Filmarchiv Hamburg
- Dagmar Kift (Hrsg): Aufbau West, Essen 2005
- DEFA (Deutsche FilmAG, Volkseigenes Filmstudio der DDR) www.ddr-im-www.de
- www.dhm.de/filmarchiv/marshall-plan-filme

1. Parteiengründungen

Wir wollen uns doch nichts vormachen: wir sind es heute nicht, und waren es nicht seit 1933.
Weder in den kleinen, noch in den großen Dingen haben wir in den 12 Jahren Hitler-Herrschaft selbst entscheiden können.

Und

Was unsere Kinder mit ihrer Freiheit anfingen –
Welche Rundfunksender wir einstellen durften –
Welche Arbeit wir leisten sollten –
Ob wir aufrüsten, ob wir Krieg anfangen, andere Völker überfallen, andere Länder besitzen sollten oder nicht – –

Alles das hat da oben Hitlers Pack entschieden. Sie konnten es, weil 12 Millionen Naziwähler mithalfen, sie zur Macht zu bringen und weil viele Millionen mehr ihnen Jahr um Jahr ihr „Ja" gegeben haben.

DESHALB verfluchen uns jetzt die Mütter von zwanzig Nationen, deren Söhne durch deutsche Kugeln gefallen, deren Häuser durch deutsche Bomben vernichtet sind.
DESHALB liegt heute jeder zehnte Deutsche im Massengrab oder im Krüppelheim.
DESHALB sind unsere Städte zerstört, unsere Fabriken lahmgelegt, unsere Reichskassen geleert.
DESHALB hungern wir, DESHALB frieren wir, DESHALB haben Millionen kein Heim,
und DESHALB haben wir fremde Truppen im Land, werden von Ausländern regiert und stehen unter Kuratel ...
weil sie kein Vertrauen zu uns haben.

Die Völker mißtrauen uns, weil wir uns mißbrauchen ließen, weil wir Hitler für uns entscheiden ließen, statt unsere Geschicke in unsere eigenen Hände zu nehmen.
Kopf in den Sand stecken hilft gar nichts. Frei sein, uns selbst regieren werden wir erst dann, wenn wir bewiesen haben, daß uns kein Hitler mißbrauchen kann.
Hitler nahm uns nicht nur das Recht, über Krieg und Frieden zu entscheiden. Er entschied auch über Haus und Hof.
Auch heute haben wir nicht das Recht, über Deutschland zu entscheiden.
Aber die Besatzungsmacht will, daß wir selbst bestimmen, wie es in Stadt und Land aussehen soll. Freie Regierung ist der erste Schritt zum freien Deutschland.
Von vorn müssen wir anfangen mit dem Selbstverwalten und dem Selbstregieren – von unten auf.
Im nächsten Jahr wird gewählt werden in den Gemeinden, sobald die Umstände es erlauben. Darauf müssen wir uns vorbereiten.
ABER: Regierung durch das Volk heißt nicht nur Stimmvieh spielen.
Der ist kein guter Bürger.
Der hilft nicht sich und Deutschland, der alle Jubeljahre einmal „wählt" und sich sonst überhaupt nicht darum kümmert, wie es in seinem Dorf und seiner Stadt aussieht.

1 **Flugblatt der Control Commission for Germany, 1946**

Der Text macht die Bemühungen der Controll Commisson deutlich, den Re-Education-Prozess einzuleiten. Sinn und Zweck war, der deutschen Bevölkerung die Nazi-Verbrechen vor Augen zu halten, aber auch gleichzeitig Perspektiven und Handlungsspielräume aufzuzeigen. Die Beantwortung der vielen Fragen lassen die Gründung von Parteien nur folgerichtig und konsequent erscheinen. Zu bedenken ist, dass nicht alle dem so genannten Umerziehungsprogramm positiv gegenüber standen.
Schon Ende 1945 gründeten sich in den einzelnen Besatzungszonen erste Parteien. Ihre Vertreter wurden zunächst in die kommunalen Räte bzw. Verwaltungen und später in die Länderkammern gewählt. Deutlich wird, dass die Unstimmigkeiten zwischen der westlichen und der sowjetischen Besatzungsmacht die Parteienbildung stark beeinflusst hat. Die Integration in ihren jeweiligen Machtbereich stand im Vordergrund. Zudem ist auffällig, dass die Trennungslinien zwischen den einzelnen Parteien wesentlich schärfer waren, als das heute der Fall ist.

Arbeitsfragen

1. *Beschreibe die zentralen Aussagen des Flugblattes der Control Commission unter den Aspekten: Wie wird das Nazi-Regime charakterisiert? Wie wird das Verhalten der deutschen Bevölkerung während des Nationalsozialismus gekennzeichnet?*
2. *Untersuche den Text daraufhin, welche Zukunftsperspektiven für die deutsche Bevölkerung aufgezeigt werden.*
3. *Diskutiert, welche Probleme sich daraus ergaben, dass der überwiegende Teil der deutschen Bevölkerung zu dieser Zeit kaum Vorstellung von einer funktionierenden Demokratie hatte?*

Q1 *Werner L., Heidelberg, 2008*

Von Parteien wollten wir eigentlich nichts mehr wissen. Wegen der NSDAP hatten wir die Nase voll, die unser ganzes Denken bestimmen wollte. Die älteren unter uns hatten noch das Parteigezänk und die vielen Regierungswechsel der Weimarer Republik im Kopf. Andererseits haben wir aber auch erfahren, dass Wegsehen nicht hilft. Wie Andere wollte ich aber auf gar keinen Fall, dass die Nazis wieder nach oben kamen. Ich war froh, dass das Wahlgesetz den Splitterparteien keine Macht gab.

2 **Die Plakate sind wichtige Zeitdokumente. In den Wahlkämpfen wurden damals die Plakate nur an zentralen Stellen aufgehängt. Materialschlachten fanden nicht statt, da den Parteien dazu das Geld fehlte.**

Arbeitsfragen

1. *Beschreibe die Einstellung von Werner L. zu Parteien. Erkläre, auf welche Erfahrungen er sich beruft.*
2. *Recherchiere, welche Möglichkeiten der Zeitzeuge hatte, sich über die Programme der Parteien zu informieren.*
3. *Stelle in einer Tabelle die zentralen Aussagen der Parteien zusammen und vergleiche sie.*
4. *Vergleiche die damaligen Plakate mit Wahlplakaten in den heutigen Wahlkämpfen.*

Wenn wir uns selbst regieren wollen

– und wir müssen es wollen, um ein neues drittes Reich zu vermeiden –

Dann müssen wir selbst Hand anlegen, müssen uns kümmern. Arbeite mit in der Gemeinde, mach Vorschläge und hilf sie mit verwirklichen. Es gibt genug zu tun:

Kümmerst Du Dich darum, wie Deine Kinder in der Schule erzogen werden?
Kümmerst Du Dich darum, ob die Kranken, die Schwachen und die Alten versorgt werden?
Kümmerst Du Dich darum, daß die Gemeindefinanzen richtig verwendet werden, daß es Arbeit gibt?
Kümmerst Du Dich darum, daß die Lebensmittel gerecht verteilt werden, daß Dein Nächster ein Bett und ein Dach hat?

Da fängt es an mit dem Selbstregieren! Da wirst Du gebraucht! Da hilf mit!

Natürlich, es kann nicht ein jeder zum Rathaus laufen. Es wird nichts draus, wenn jeder nur in seine eigene Richtung zerrt. Der einzelne ist nicht immer stark genug; Zusammenschluß mit Gleichgesinnten ist nötig und sichert erst den Erfolg. Die politischen Parteien, die jetzt in allen Kreisen wieder erstehen, sind Sammelbecken für die Bürger, denen das Gemeinwohl am Herzen, nicht nur im Munde liegt.

Schließ Dich einer Partei an, informiere Dich politisch – – arbeite mit, hilf mit,

es gibt nur diesen einen Weg zur Freiheit.

3 **Aufruf der Control Commission for Germany, 1946**

4 **Plakat der Sozialistischen Einheitspartei Deutschlands, 1946**

In den Westzonen erlaubten die Besatzungsmächte im Sommer 1945 die Gründung von Parteien und Gewerkschaften. Dazu gehörten die CDU, in Bayern die CSU, die FDP, die SPD und das Zentrum. Zu den Mitbegründern der CDU gehörte Jakob Kaiser. Konrad Adenauer wurde im März 1946 ihr Vorsitzender. Gründer der FDP war unter anderem der spätere erste Bundespräsident Theodor Heuss. Der erste Vorsitzende der SPD war Kurt Schumacher, sein Stellvertreter Erich Ollenhauer.

Auch in der Sowjetzone erlaubte die Militärregierung schon frühzeitig die Gründung von mehreren Parteien, die sich zu einem antifaschistischen Programm bekannten. Wie in den Westzonen entstanden die CDU, die KPD, die SPD und die LDP (Liberal-demokratische Partei). Gegründet wurde auch der Freie Deutsche Gewerkschaftsbund (FDGB). Führer der KPD waren Walter Ulbricht und Wilhelm Piek. Durch inszenierte Massenkundgebungen und gegen heftigen Widerstand der West-SPD wurden in der Sowjetzone KPD und SPD im April 1946 zur Sozialistischen Einheitspartei Deutschlands (SED) zwangsvereinigt. Wilhelm Piek von der KPD und Otto Grotewohl von der SPD gehörten zu den führenden Köpfen der Vereinigung.

Arbeitsfragen

1. *Zähle die Gründe auf, die in dem Aufruf genannt werden, sich einer Partei anzuschließen.*
2. *Heute wird viel von „Politikverdrossenheit“ und „Parteienmüdigkeit“ gesprochen. Diskutiert, welche unterschiedlichen Gründe es dafür damals und heute gibt.*
3. *Erkläre, welche Ziele mit der Zwangsvereinigung von SPD und KPD in der Sowjetzone verfolgt wurden. Welche Folgen hatte diese Zwangsvereinigung?*

Nach den Vorstellungen der westlichen Alliierten war ein Land keine Demokratie, wenn es dort nicht Parteien mit unterschiedlichen Programmen und einer innerparteilichen freien Meinungsbildung gab. In demokratischer Auseinandersetzung sollten die Parteien um die Durchsetzung ihrer Ziele mit Hilfe von Mehrheiten bei Wahlen streiten. Entsprechend förderten die Alliierten in den Westzonen die Gründung der demokratischen Parteien, achteten aber sehr genau darauf, dass die Besatzungsrichtlinien genau befolgt und ihre politischen Interessen im sich immer deutlicher abzeichnenden West-Ost-Konflikt nicht verletzt wurden.

In der Sowjetzone war dies anders: Die KPD erhielt hier von Anfang an eine bevorzugte Stellung. Gleichzeitig verbanden sich auf Druck der sowjetischen Besatzungsmacht KPD, SPD, CDU und LDP zur „Einheitsfront der antifaschistisch-demokratischen Parteien", dem späteren „Demokratischen Block". Trotz der massiven Unterstützung durch die sowjetische Militärregierung war es nicht die KPD, sondern die SPD, die sich zur stärksten Partei in der SBZ entwickelte. Nach der Zwangsvereinigung von KPD und SPD zur „Sozialistischen Einheitspartei Deutschlands" (SED) betrieb die SED konsequent und ganz im Interesse der Sowjetunion den Ausbau ihrer politischen Macht, sodass die anderen Parteien zu „Blockflöten" wurden.

Nützliche Hinweise

- Filme für Wissenschaft und Unterricht (FWU) (www.fwu.de)
- Deutsche Film AG (DEFA)
- www.oppisworld.de/zeit/kalender/deutsch.html
- Archive im Internet: www.archivschule.de
- Bundesministerium für innerdeutsche Beziehungen (Hrsg.) DDR-Handbuch, Bonn 1979
- Bundeszentrale für politische Bildung, Siegfried Suckut: Parteien in der SBZ/DDR 1945–1952, Bonn 2000

Arbeitsfragen

1. *Schildere die Gründe, warum die Alliierten schon im Sommer 1945 die Gründung von Parteien förderten.*
2. *Erarbeite die unterschiedlichen Motive, die die westlichen Alliierten und die sowjetische Militärregierung mit der Förderung der Parteien in Deutschland im Zusammenhang mit dem aufkommenden Ost-West-Konflikt verbanden.*
3. *Beschreibe die Parteienentwicklung in der SBZ nach 1945. Warum wurden die CDU, und LDP (später LDPD) später „Blockflöten" genannt?*

5 SPD-Wahlplakat von 1949

6 Wahlplakat der CDU in den Westzonen 1946

7 FDP-Plakat zum Zusammenschluss der verschiedenen liberalen Parteien am 11. Dezember 1948 in Heppenheim

2. Währungsreform

1 **Zwanzig „Deutsche Mark" - Scheine nach der Währungsreform von 1948**

Eigentlich sollte der Alliierte Kontrollrat als oberstes Gremium darüber wachen, dass sich aus der Aufteilung Deutschlands in vier Zonen keine Spaltung des Landes ergab. Doch es zeigte sich bald immer deutlicher, dass das zunehmende Misstrauen und die wachsenden Spannungen zwischen den westlichen Alliierten und der Sowjetunion den Prozess der Spaltung beschleunigten. Ein weiterer Grund dafür war, dass sich die Wirtschaftslage in Deutschland ständig verschlechterte. Auf der Londoner Konferenz im Juni 1948 beschlossen die drei Westmächte die Zusammenlegung ihrer Besatzungszonen zur „Trizone". Durch diese wirtschaftliche Stärkung sollte auch der politische Einfluss der Sowjetunion in den Westzonen begrenzt werden.

Wie weit die Spaltung schon drei Jahre nach Kriegsende fortgeschritten war, wurde im Jahr 1948 durch die Währungsreform und die Berliner Blockade offenkundig. Die Interessen der Großmächte, insbesondere der USA und der Sowjetunion, schienen nicht mehr vereinbar.

Am 18. Juni 1948 verkündeten die westlichen Alliierten für ihre Zonen eine Währungsreform. Jeder Einwohner erhielt zunächst 40 „Deutsche Mark" (DM), wie die neue Währung hieß. Bank und Sparguthaben wurden im Verhältnis 10 zu 1 abgewertet. Von 100 alten Reichsmark blieben den Sparern schließlich 6,50 DM. Schulden und Kriegsanleihen wurden gestrichen. Zunächst sah es so aus, als ob alle Menschen die gleichen Startchancen gehabt hätten. Die Ungerechtigkeiten lagen in der Tatsache, dass sozial Schwache und Sparer weniger profitierten als die Besitzer von Sachwerten und Immobilien.

Über Nacht waren die Schaufenster wieder voll mit Gütern, die man lange nicht gesehen hatte. Der Schwarzmarkt verschwand. Die auftauchenden Waren in den Geschäften regten einen jahrelang aufgestauten Konsumbedarf an. Statt mürrischen Achselzuckens bei der Frage nach Waren gab es wieder freundliche und beratende Bedienung. Für einige Konsumgüter wurde sogar schon wieder geworben.

Mit der Währungsreform begann die Wertschätzung der D-Mark. Sie verschärfte aber auch die Spaltung zwischen West und Ost: Als Reaktion wurde am 23. Juni 1948 in der SBZ eine eigene Geldreform durchgeführt. Als die westlichen Stadtkommandanten von Berlin die DM auch für ihre Sektoren für gültig erklärten, nahmen die Sowjets dies zum Anlass, um die Zonengrenze zu sperren und eine Blockade der Westsektoren Berlins anzuordnen. Westberlin wurde bis zum 12. Mai 1949 zu Land und zu Wasser abgeriegelt. Die Amerikaner versorgten die Berliner Bevölkerung durch eine Luftbrücke. Die große Not der Berliner Bevölkerung erreichte das Gegenteil der sowjetischen Absichten: Die Menschen hielten zusammen.

Arbeitsfragen

1. *Erkläre, warum die Währungsreform in der Erinnerung vieler Zeitzeugen als wichtigstes Datum nach dem Kriegsende erscheint?*
2. *Nimm Stellung zu der These, dass die Sowjets mit der Blockade Berlins die Entwicklung zu einer Teilung Deutschlands in zwei Staaten beschleunigten.*

Q1 *Elfriede P., Dortmund, März 2008*
Dass es neues Geld geben sollte, davon hatten wir kleinen Leute nichts gehört. Ob die Großschieber etwas davon wussten, kann ich nur vermuten. Unsere alte Reichsmark war kaum das Papier wert. Vom richtigen Einkaufen konnte keine Rede sein. Für das Bisschen auf den Lebensmittelkarten musste ich stundenlang anstehen. Die Behandlung durch die Ladenbesitzer war unter aller Würde. Das „haben wir nicht", „haben wir nicht" klingelt mir heute noch in den Ohren. Dann kam das neue Geld. Ich schöpfte Hoffnung, dass die Währungsreform mein Leben verbessern würde. Dass wir an dem bewussten Sonntag für die D-Mark sehr lange anstehen mussten, machte uns nichts aus. Wir haben uns erwartungsvoll unterhalten, was das neue Geld wohl bringen würde. In erster Linie verstand ich darunter, endlich mal wieder sattessen. Plötzlich, über Nacht, wie aus dem Nichts, tauchten Lebensmittel und Waren auf, die lange nicht mehr zu sehen waren. Die Händler hatten sie gehortet. Das neue Geld war etwas wert.

Q2 *Hans S, Neu-Ulm, November 1998*
Geschichten über eine bevorstehende Geldentwertung waren schon einige Wochen vor dem Stichtag im Umlauf. Obwohl für die Reichsmark – außer in Verbindung mit Lebensmittelmarken oder Bezugsscheinen – fast nichts zu bekommen war, stieß das unfreiwillige Vorhaben auf breiten Widerstand. Man sprach von Abwertung der ohnehin spärlichen Guthaben und die Skepsis wuchs auch bei uns Schülern. Erst die Erläuterungen des Führers meiner Pfadfindergruppe führten dazu, dass die Reform nicht nur Negatives bringen musste, sondern v.a. für junge Menschen der Weg in eine bessere wirtschaftliche Zukunft sein könnte.
Am 20.6.48 brachte dann der Vater – nach stundenlangem Anstehen – das neue Geld nach Hause und erklärte, dass wir nun alle gleich wären. Aber schon der folgende Montag zeigte, dass andere anscheinend doch gleicher waren.
In vielen Schaufenstern wurden wieder Waren angeboten, die wir Kinder nur vom Hörensagen kannten. Aber die 40 DM Kopfgeld reichten gerade für den Kauf von Lebensmitteln und notwendigsten Kleidungsstücken bzw. Schuhen. Von nun an gings langsam bergauf. Die Lebensmittelmarken wurden nach und nach abgeschafft. Das Geld war wieder etwas wert, wenn es auch noch sehr knapp war. Grundnahrungsmittel, wie Fleisch, Brot, Butter und Zucker bleiben weiter rationiert.

Q3 *Emmi F. aus dem Sauerland, 2008:*
Als ich das erste Mal unser Geld abholte, kam ich an einem Geschäft in Finnentrop (Sauerland) vorbei. Dort sah ich im Fenster Damenstrümpfe. Ein ganz seltener Anblick. Ich konnte einfach nicht widerstehen und habe mir nach den vielen Jahren ein Paar Strümpfe gekauft – zum Entsetzen meines Mannes. Wir brauchten doch das Geld zum Leben.

Q4 *Hermann Stark, damals in der SBZ, 1998:*
Die Militärregierung der sowjetischen Besatzungsmacht verfügte am 23.6.1948 nunmehr auch für ihren Einzugsbereich eine Währungsreform. Ich kann mich noch gut erinnern, wie ich mit meinen Ausweisen, auch mit den Ausweisen meiner Eltem, das Kopfgeld, bzw. den Umtauschbetrag in einer der provisorisch eingerichteten Umtauschstellen einwechselte. Wir merkten bald, dass die neue „Ostmark" in ihrer Kaufkraft nicht besser als die alte Währung der Reichsmark war. Es gab auch nach der Währungsreform in der Ostzone nichts Nennenswertes, was man ohne Lebensmittelkarten oder Bezugsscheine kaufen konnte.

Arbeitsfragen

1. *Schildere, welche unterschiedlichen Fragen und Gedanken die Zeitzeugen im Zusammenhang mit der Währungsreform bewegt haben.*
2. *Diskutiert die Bemerkung von Hans S., dass sich schon einen Tag nach der Währungsreform zeigte, „dass andere anscheinend doch gleicher waren".*

2 **Demonstration von Währungsgeschädigten am 23. Juni 1948 in Berlin**

3 **Ein Polizist bewacht Kisten mit den neuen Geldscheinen.**

4 **Banknoten des ehemaligen Deutschen Reichs mit aufgeklebten Coupons, die im Juni 1948 in der Sowjetischen Besatzungszone in Umlauf gesetzt wurden**

5 **Warteschlange vor einer Wechselstube in einem Restaurant**

6 **Prall gefülltes Schaufenster eines Lebensmittelgeschäftes – einen Tag nach der Währungsreform**

7 **Kundenandrang an einem Kaufhauseingang**

Arbeitsfragen

1. *Stelle die Bilder in eine zeitliche Abfolge und schreibe dann auf der Grundlage dieser Bilder einen Bericht über die Währungsreform.*
2. *Erkläre, wer sich als Gewinner und wer sich als Verlierer der Währungsreform fühlen konnte.*
3. *Vergleiche die Währungsreform von 1948 mit der Währungsreform in der DDR 1990.*

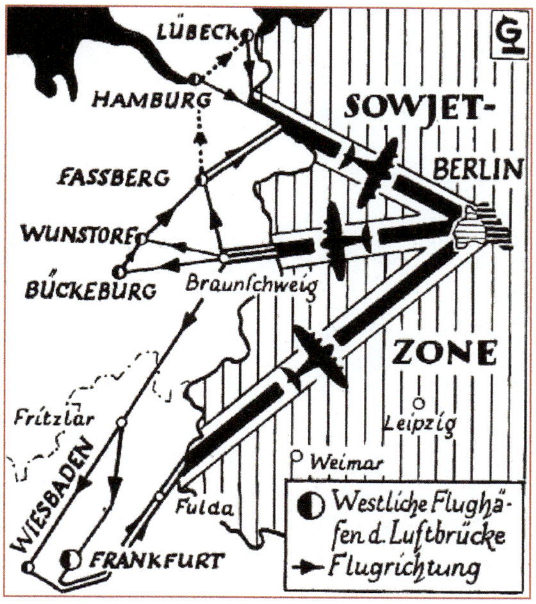

8 **Zeitgenössische Skizze der Luftkorridore**

9 **Berliner Kinder beobachten die Landung eines „Rosinenbombers" auf dem Flughafen Tempelhof**

Auf die Einführung der D-Mark in den westlichen Sektoren Berlins reagierte die Sowjetunion am 24. Juni 1948 mit der Sperrung der Straßen-, Bahn- und Schifffahrtsverbindungen nach Westberlin. Auch die Stromversorgung, die zum großen Teil aus Kraftwerken in Ostberlin kam, wurde eingestellt. So blieben nur die Luftkorridore. Die amerikanische Luftbrücke zur Versorgung der Berliner Bevölkerung unter dem Kommando des Generals Lucius D. Clay machte aus „Besatzern" Schutzmächte. Über 200 000 Flüge mit 2,3 Millionen Tonnen Gütern versorgten fast ein Jahr lang etwa 2,5 Millionen Westberliner. Selbst jeder Sack Kohle wurde eingeflogen. Im Volksmund wurden die Flugzeuge „Rosinenbomber" genannt. Trotzdem hungerten und froren die Berliner.

Die Sowjetunion verfolgte mit der Berliner Blockade, die erst im Mai 1949 aufgehoben wurde, vor allem ein Ziel: Die Gründung eines westdeutschen Staates sollte verhindert werden. Sie erreichte jedoch das Gegenteil: Westberlin wurde zum Freiheitssymbol, die Gründung der Bundesrepublik Deutschland wurde dadurch noch beschleunigt.

Ernst Reuter, der damalige Oberbürgermeister von Berlin, am 9. September 1948 bei einer Kundgebung vor dem Reichstag:

„Ihr Völker der Welt, ihr Völker in Amerika, in England, in Frankreich, schaut auf diese Stadt! Und erkennt, dass ihr diese Stadt und dieses Volk nicht preisgeben dürft, nicht preisgeben könnt, denn wer dieses Volk von Berlin preisgeben würde, der würde eine Welt preisgeben, noch mehr, er würde sich selber preisgeben."

Arbeitsfragen

1. *Erläutere die Auswirkungen, die die Blockade Berlins auf das Verhältnis der deutschen Bevölkerung zur Sowjetmacht hatte.*
2. *Schildere die Wirkung, die der Aufruf von Ernst Reuter auf die 300 000 Kundgebungsteilnehmer und die Weltöffentlichkeit hatte.*
3. *Nimm zu der im Text aufgestellten These Stellung, dass die Blockade Berlins die Gründung der Bundesrepublik Deutschland beschleunigt hat.*

Nützliche Hinweise

- www.verkehrswerkstatt.de/luftbruecke
- Helmut Kahnt, Martin Pontzen, Michael H. Schöne, Karlheinz Walz: Die Geschichte der Deutschen Mark in Ost und West, Regenstauf 2003
- Rede von Ernst Reuter am 9. September 1948. Deutsches Rundfunkarchiv, Frankfurt/M
- Manfred Görtemacker: Kleine Geschichte der Bundesrepublik Deutschland, Bonn 2004

3. Staatsgründung

1 Hinweisschild zum Parlamentarischen Rat an der Straße nach Bonn

Die Militärgouverneure Frankreichs, Grossbritanniens und der USA übergaben den Ministerpräsidenten der westdeutschen Länder Richtlinien, in denen sie ihre Vorstellungen über die Verfassung eines westdeutschen Staates formuliert hatten. Im August 1948 traf sich ein Ausschuss der Länder auf der Insel Herrenchiemsee (Bayern), um entsprechende Zielvorgaben der westalliierten Grundlinien festzulegen.
Gewählt von den Vertretern der elf Länder in den westlichen Besatzungszonen trat am 1. September 1948 der Parlamentarische Rat in Bonn zusammen. Die Ländervertreter lehnten den Begriff Verfassung ab, da sie die sich abzeichnende Teilung Deutschlands nicht vertiefen wollten. Sie nannten sich daher auch nicht „Verfassungsgebende Versammlung“, sondern Parlamentarischer Rat. Deshalb wurde auch der Text Grundgesetz und nicht Verfassung genannt. Den Vorsitz des 65-köpfigen Rates, darunter nur vier Frauen, hatte der CDU-Politiker Konrad Adenauer.
Nach der Billigung durch die Westalliierten und die Länderparlamente – mit Ausnahme Bayerns – wurde am 23. Mai 1949 das Grundgesetz in Bonn unterzeichnet. Dies war die Geburtsstunde der Bundesrepublik Deutschland.
Das Grundgesetz beruht auf drei starken Säulen: Durch die unveränderlichen Grundrechte werden die Freiheitsrechte der Bürger und die Würde des Einzelnen garantiert; durch den föderalistischen Staatsaufbau haben die Länder gegenüber der Zentralgewalt ein starkes Gewicht; und das Regierungssystem der parlamentarischen Demokratie ist so ausbalanciert, dass ein Machtmissbrauch wie in der Weimarer Republik ausgeschlossen ist.
Nach der ersten Bundestagswahl vom 14. August 1949 wurde Konrad Adenauer am 15. September 1949 vom Parlament zum ersten Bundeskanzler und Theodor Heuss (FDP) zum ersten Bundespräsidenten gewählt.
Schon am 7. Oktober 1949 reagierten die Verantwortlichen der sowjetischen Besatzungszone. Der „Deutsche Volksrat“ rief die „Deutsche Demokratische Republik“ aus. Gewählt wurde der Volksrat über eine Einheitsliste, die überwiegend aus der zwangsmäßigen Vereinigung von SPD und KPD unter dem neuen Namen „Sozialistische Einheitspartei Deutschland“ (SED) bestand. Der Weg zum Einparteienstaat war vorbereitet. Otto Grotewohl wurde Ministerpräsident und Wilhelm Piek Staatspräsident der DDR. Beide Staaten hielten zunächst am Ziel der Einheit Deutschlands fest. Doch die Teilung war faktisch vollzogen. Aus vier Besatzungzonen waren zwei deutsche Staaten geworden.

Arbeitsfragen

1. *Gib die zentralen Merkmale des Grundgesetzes mit eigenen Worten wieder. Aus welchen Gründen gilt das Grundgesetz bis heute für viele Länder als vorbildlich?*
2. *Untersuche die Gefahren, die in einem zentralistischen Staatsaufbau liegen.*
3. *Wie realistisch war zu diesem Zeitpunkt bereits die Teilung Deutschlands?*

2 **Bei der Schlusslesung des Grundgesetzes am 7. Mai 1949 blieben die Mitglieder der KPD-Fraktion demonstrativ sitzen. Die großen Differenzen zwischen der Staatsauffassung der KPD und den übrigen Parteien wurden dabei sichtbar. Am folgenden Tag wurde das Grundgesetz mit 53 gegen 12 Stimmen verabschiedet. Vorher hatten zehn der elf Länderparlamente zugestimmt.**

Q1 *Marisa Sch., Frankfurt, Dezember 2007*
Ich konnte anfangs mit dem Begriff Bundesrepublik Deutschland nichts anfangen. Die Neuordnung der Länder mit ihren neuen Namen und ihren neuen Grenzen waren für mich unsinnig. Die Sowjetzone konnte kein eigener Staat sein.

Q2 *Manfred R., 82 Jahre, Walsrode, Juni 2009*
In diesem Jahr wird ganz groß die Gründung der Bundesrepublik vor 60 Jahren gefeiert. Ehrlich gesagt: Wir haben damals davon gar nichts mitbekommen, weil wir ganz andere Sorgen hatten. Erst als dann im Sommer die ersten Wahlen zum Bundestag waren und Konrad Adenauer Bundeskanzler wurde, da wurde mir klar, dass wir jetzt in einem neuen Staat lebten. Aber verändert hat sich dadurch eigentlich nichts. Das kam dann in den nächsten Jahren, als es anfing, uns besser zu gehen.

Q3 *Claus G., Hamburg, 2008*
Im Rückblick sehe ich das Jahr 1949 als eine Zeit des Umbruchs. Gegründet werden die Bundesrepublik, die DDR und die Volksrepublik China, ferner die NATO und der Europarat. Westberlin leidet nach wie vor unter der Blockade der Sowjets; die Luftbrücke der Westalliierten versorgt die „Insulaner" noch bis zum Ende der Blockade im Mai.

In „Trizonesien" – der englischen, amerikanischen und französischen Besatzungszone – finden die Wahlen zum ersten Deutschen Bundestag statt (übrigens ohne Berlin). Ich mit meinen 18 Jahren bin noch zu jung zum Wählen; wahlberechtigt war man damals erst ab 21. „Hein und Fietje, ich und du, wir alle wählen CDU!", tönte es aus dem Lautsprecher eines Werbe-Autos. „Ich aber nicht!", dachte ich nur.

Mich interessiert das alles nur am Rande. Ich darf endlich öffentlich rauchen (was damals Jugendlichen unter 18 verboten war), und ich schwinge das Tanzbein, und wie!

Für die Schule tat ich nur das Allernötigste, wenn überhaupt. In Deutsch hingegen hielt ich voller Begeisterung ein Referat über das Grundgesetz. Es war das erste Mal, dass ich mich mit Zeitgeschichte befasste, denn zugleich wurde die Geschichte der Weimarer Republik reflektiert. Die Hitler-Diktatur allerdings fand im Unterricht allenfalls durch den Begriff „Machtübernahme" Erwähnung. Das war wohl alles noch „zu frisch."

Arbeitsfragen

1. *Fasse zusammen, wie die Zeitzeugen die Gründung der Bundesrepublik ihrer Erinnerung nach erlebt haben.*
2. *Recherchiere im Internet Berichte über die Feiern zum 60. Jahrestag der BRD und vergleiche diese Berichte mit den Erinnerungen der Zeitzeugen.*
3. *Nimm Stellung zum Verhalten der KPD-Abgeordneten.*

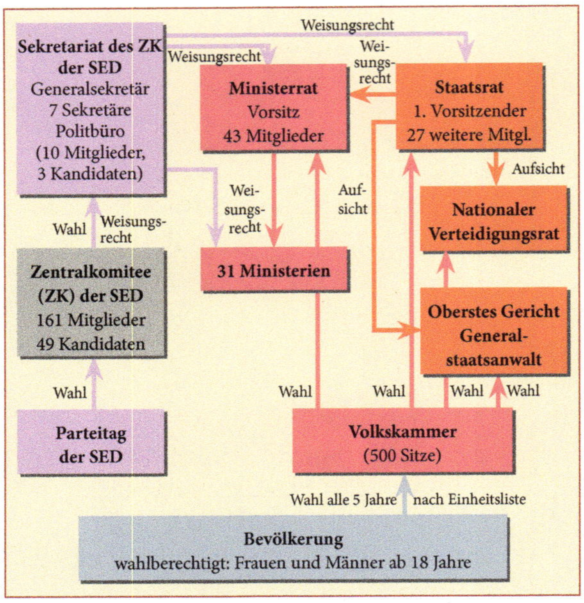

3 **Der Staatsaufbau der Deutschen Demokratischen Republik**

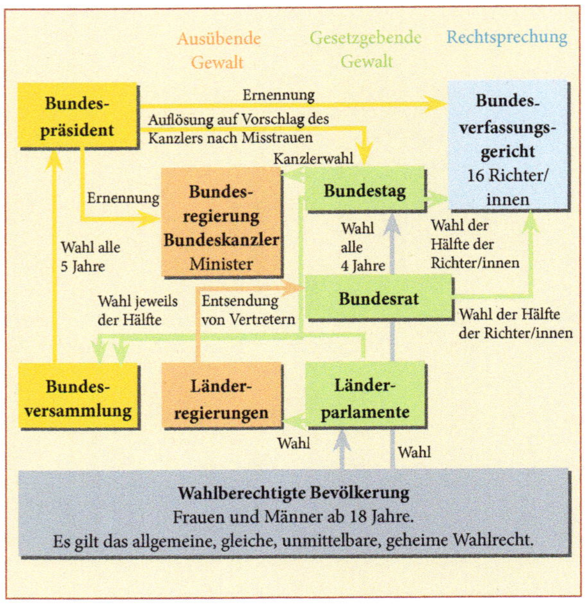

4 **Der Staatsaufbau der Bundesrepublik Deutschland**

Artikel 1 des Grundgesetzes

(1) Die Würde des Menschen ist unantastbar. Sie zu achten und zu schützen ist Verpflichtung aller staatlichen Gewalt.

(2) Das deutsche Volk bekennt sich darum zu unverletzlichen und unveräußerlichen Menschenrechten …

(3) Die nachfolgenden Grundrechte binden Gesetzgebung, vollziehende Gewalt und Rechtsprechung als unmittelbar geltendes Recht.

Artikel 1 Verfassung der DDR 1949

(1) Deutschland ist eine unteilbare demokratische Republik; sie baut sich auf den deutschen Ländern auf.

(2) Die Republik entscheidet alle Angelegenheiten, die für den Bestand und die Entwicklung des deutschen Volkes in seiner Gesamtheit wesentlich sind; alle übrigen Angelegenheiten werden von den Ländern selbständig entschieden.

(3) Die Entscheidungen der Republik werden grundsätzlich von den Ländern ausgeführt.

Artikel 1 Verfassung der DDR 1974

Die Deutsche Demokratische Republik ist ein sozialistischer Staat der Arbeiter und Bauern. Sie ist die politische Organisation der Werktätigen in Stadt und Land unter der Führung der Arbeiterklasse und ihrer marxistisch-leninistischen Partei.

Die Hauptstadt der Deutschen Demokratischen Republik ist Berlin. […]

Arbeitsfragen

1. *Erkläre den Staatsaufbau der Bundesrepublik und der DDR. Stelle die Unterschiede zusammen.*
2. *Bewerte beide unter den Gesichtspunkten des demokratischen Wahlrechts, der demokratischen Gesetzgebung und der Gewaltenteilung.*
3. *Vergleicht die drei Verfassungsartikel und erörtere, warum die Artikel 1 so unterschiedlich sind.*

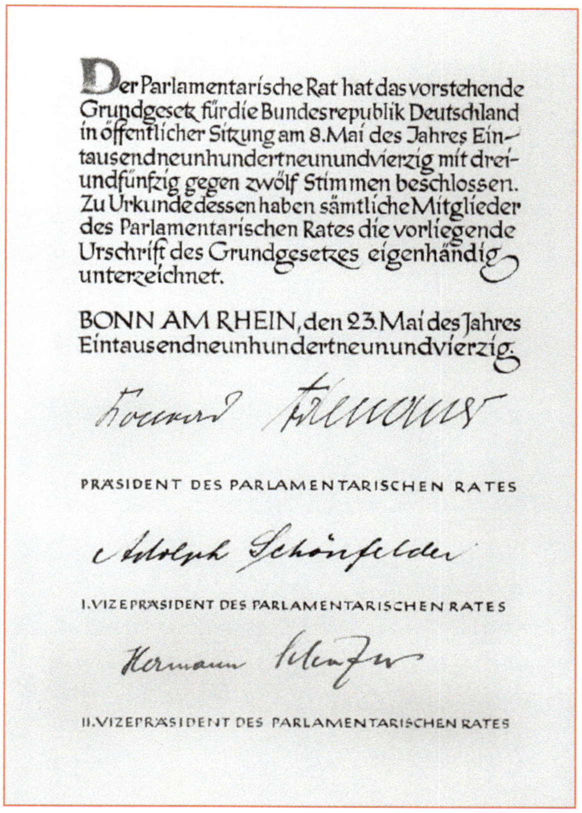

Der Parlamentarische Rat hat das vorstehende Grundgesetz für die Bundesrepublik Deutschland in öffentlicher Sitzung am 8. Mai des Jahres Eintausendneunhundertneunundvierzig mit dreiundfünfzig gegen zwölf Stimmen beschlossen. Zu Urkunde dessen haben sämtliche Mitglieder des Parlamentarischen Rates die vorliegende Urschrift des Grundgesetzes eigenhändig unterzeichnet.

BONN AM RHEIN, den 23. Mai des Jahres Eintausendneunhundertneunundvierzig.

Konrad Adenauer

PRÄSIDENT DES PARLAMENTARISCHEN RATES

Adolph Schönfelder

I. VIZEPRÄSIDENT DES PARLAMENTARISCHEN RATES

Hermann Schäfer

II. VIZEPRÄSIDENT DES PARLAMENTARISCHEN RATES

5 **Unterschriften des Parlamentarischen Rates zum Grundgesetz**

6 **Walter Ulbricht bei einer Rede in der Volkskammer**

Der Kurs in der Bundesrepublik wurde von Konrad Adenauer geprägt, in der DDR vom Ersten Sekretär des Zentralkomitees der SED, Walter Ulbricht.
Das von Adenauer verfolgte Konzept der politischen, wirtschaftlichen und kulturellen Westintegration unterstützte die Mehrheit der Bevölkerung. Walter Ulbricht hingegen trieb die Umgestaltung Ostdeutschlands nach sowjetischen Vorbild voran: Die Diktatur des Proletariats.

Folgende Faktoren beeinflussten die Gründungsphase der Bundesrepublik und der DDR:
- Deutschlandpolitik der Besatzungsmächte
- Vormachtstreben der Sowjetunion
- Wiederaufbau und Integration der Flüchtlinge
- Neue Grenzziehungen und Abtretungen deutscher Staatsgebiete

Arbeitsfragen
1. *Erläutere, warum die Gründung der BRD und der DDR nicht ohne Berücksichtigung der Entwicklungen der internationalen Politik nach 1945 nicht zu erklären ist.*
2. *Diskutiert, wie sich die Hoffnungen vieler Deutscher nach Kriegsende auf ein demokratisches und soziales Deutschland durch die Gründung der beiden deutschen Staaten erfüllt haben.*

Nützliche Hinweise
- www.parlamentarischerrat.de
- www.tagesschau.de/grundgesetz104.html
- Verfassung der DDR von 1949, www.bundesarchiv.de/aufgaben_organisation/abteilungen/sapmoe
- Wolfgang Leonhard: Die Revolution entlässt ihre Kinder, Köln 2005.
- Internetportale des Bundesarchiv-Filmarchiv und der DEFA
- www.wochenschau-archiv.de

1. Wahlen

Am 14. August 1949 wurde in der BRD der erste Deutsche Bundestag gewählt. Es waren auf Bundesebene die ersten freien Wahlen seit 1932. Zu diesen Wahlen traten neben den seit 1945 wieder- bzw. neugegründeten großen Parteien CDU, SPD, FDP und KPD auch eine ganze Reihe von kleineren Parteien an, die sich als spezielle Interessenparteien verstanden.
Der Parlamentarische Rat hatte für die Bundestagswahl nur als allgemeine Prinzipien in das Grundgesetz aufgenommen:

Artikel 38: „Die Abgeordneten des Deutschen Bundestages werden in allgemeiner, unmittelbarer, freier, gleicher und geheimer Wahl gewählt."

Das Bundeswahlgesetz vom 15. Juni 1949 galt nur für die erste Bundestagswahl. 60 Prozent der Abgeordneten wurden in den Wahlkreisen direkt gewählt, 40 Prozent wurden über die „Landesergänzungslisten" auf die Parteien verteilt. Der Erste Bundestag hatte 402 Abgeordnete (zusätzlich 19 Westberliner Abgeordnete, die aber kein Stimmrecht hatten). In der Weimarer Republik konnte man nur Parteien wählen, jetzt auch Direktkandidaten. Um eine Zersplitterung bei der Regierungsbildung zu vermeiden, wurde eingeführt, dass eine Partei mindestens 5 Prozent der Stimmen erreichen musste, um einen Sitz im Bundestag zu bekommen (Fünf-Prozent-Hürde). Diese galt bei der ersten Bundestagswahl allerdings nur auf Länderebene. Für den Einzug in den Bundestag genügte ein Direktmandat oder fünf Prozent in einem Land. 1953, bei der zweiten Bundestagswahl, wurde das System der Erst- und Zweitstimme eingeführt und die Fünf-Prozent-Hürde auch auf die Bundesebene ausgeweitet.
Die Wahlbeteiligung lag bei 78,5 Prozent. Die grundsätzlichen Auseinandersetzungen zwischen SPD und CDU/CSU spiegelten sich wider in weltanschaulichen Fragen wie Kirche und Familie bzw. die zukünftige wirtschaftliche Ausrichtung.
Am 7. September 1949 trat der Erste Bundestag zusammen, um den Kanzler zu wählen. Konrad Adenauer, der Direktkandidat seines Wahlkreises Bonn war, wurde mit einer Stimme Mehrheit gewählt. Am 20. September 1949 stellte er sein Koalitionskabinett aus CDU/CSU, FDP und Deutscher Partei vor. Oppositionsführer war der SPD-Vorsitzende Dr. Kurt Schuhmacher.
Im Vordergrund der politischen Arbeit in der ersten Legislaturperiode standen Wirtschaftsfragen, die Eingliederung der 12 Millionen Flüchtlinge und Vertriebenen und die Bewältigung der materiellen und personellen Kriegsfolgen. Entsprechen gab es z. B. Ministerien für Wiederaufbau und für Vertriebene. Ein Außenministerium gab es noch nicht, da sich die Westalliierten im weiterhin gültigen Besatzungsstatut die außenpolitischen Entscheidungen vorbehalten hatten.

Frankfurter Rundschau
Heute: Am Lautsprecher
Stadt-Ausgabe
Jahrgang 5, Nummer 209 — Donnerstag, den 8. September 1949 — Einzelpreis: DM 0.15

Erstes freigewähltes Parlament der Bundesrepublik Deutschland eröffnet

Alterspräsident Paul Löbe: Herstellung der Einheit Deutschlands unsere erste Aufgabe — Dr. Köhler zum Präsidenten des Bundestages gewählt — Ministerpräsident Arnold Präsident des Bundesrats

Wahl Arnolds verursacht Mißstimmung in der CSU

Besprechungen der Außenminister hinter den Kulissen der UN-Tagung?

Kurz gemeldet:

Letzte Nachrichten:

1 **Titelseite der „Frankfurter Rundschau" vom 8. September 1949**

Arbeitsfragen

1. *Recherchiere, welche Gesetze und Beschlüsse für ein Wirtschaftswachstum und den Wiederaufbau der Infrastruktur vom Ersten Deutschen Bundestag erlassen wurden.*
2. *Stelle die wichtigsten Merkmale des bundesdeutschen Wahlsystems zusammen.*
3. *Diskutiert, welche Erfahrungen der Weimarer Republik das Grundgesetz mitbestimmt haben.*

Q1 *Franz Sch., Wuppertal, 2008*
Es war schon ein merkwürdiges Gefühl, nach einer schrecklichen Diktatur das erste Mal wieder zu einer freien Wahl aufgerufen zu sein und unter vielen Parteien sich entscheiden zu können. Es war klar für mich, wählen zu gehen.

Kurt Schuhmacher, der Partei- und Fraktionsvorsitzende der SPD, starb 1952. Sein Nachfolger wurde Erich Ollenhauer. Der Wahlkampf 1953 ließ nichts an Schärfe aus. Die SPD stellte die Wiedervereinigung Deutschlands in den Vordergrund. Die starke Bindung an den Westen würde diesem Ziel schaden. Demgegenüber sah die CDU/CSU in der Westintegration den Weg zu einer schnelleren Selbstständigkeit der Bundesrepublik. Die SPD setzte sich dafür ein, die wichtigsten Funktionen des Staates in der Öffentlichen Hand zu belassen. Die FDP trat für eine unbegrenzte Marktwirtschaft ein. Die CDU/CSU sprach sich für einen Mittelweg, die soziale Marktwirtschaft, aus. Der harte und auch sehr emotional geführte Wahlkampf führte zu diesem Ergebnis:

Wahl zum Ersten Deutschen Bundestag am 14. August 1949

	Gültige Zweitstimmen in %	Sitze im Bundestag
CDU/CSU	31,0	139
SPD	29,2	131
FDP	11,9	52
DP (Deutsche Partei)	4,0	17
BP (Bayernpartei)	4,2	17
Z (Zentrum)	3,1	10
KPD	5,7	15
WAV (Wirtschaftl. Aufbauvereinigung)	2,9	12
DRP (Deutsche Reichspartei)	1,8	5
SSW (Südschleswiger Wählerverband)	0,3	1
Sonstige	4,8	3

Wahl zum Zweiten Deutschen Bundestag am 6. September 1953

	Zweitstimmen	Sitze	% aller Stimmen
CDU/CSU	45,2	243	49,9
SPD	28,8	151	31,0
GB/BHE	5,9	27	5,5
DP (Deutsche Partei)	3,2	15	3,0
KPD	2,2	–	–
BP (Bayernpartei)	1,7	–	–
GVP	1,2	–	–
DRP	1,1	–	–

2 **Plakat der SPD für den Bundestagswahlkampf 1953**

3 **Wahlplakat der CDU zu den Bundestagswahlen 1953**

4 **Wahlplakat der FDP zur Bundestagswahl 1953**

Arbeitsfragen

1. *Nenne Gründe dafür, dass für den Zeitzeugen Wahlrecht gleich Wahlpflicht war.*
2. *Erkläre anhand der Plakate und des Textes Inhalte und Schärfe des Wahlkampfes.*
3. *Diskutiert die Veränderungen bei den Wahlergebnissen von 1949 und 1953.*

Fraktionen	DDR-Sitze	Berlin-Sitze	Gesamt
SED	100	10	110
DBD	30	3	33
CDU	60	7	67
LDPD	30	5	35
FDGB	40	9	49
DFD	15	5	20
FDJ	20	5	25
Kulturbund	20	4	24
Vereinigung der Verfolgten des Naziregimes	15	4	19
VdgB	10	2	12
SDA	–	6	6
Gesamt	400	66	466

5 **Erste DDR-Wahl zur Volkskammer am 15. Oktober 1950**

Die Partei

Sie hat uns alles gegeben, Sonne und Wind,
und sie geizte nie, wo sie war, war das Leben,
was wir sind, sind wir durch sie.
Sie hat uns niemals verlassen,
wenn die Welt fast erfror, uns war warm.
Uns führte die Mutter der Massen,
es trug uns ihr mächtiger Arm.
Die Partei, die Partei, die hat immer Recht.
Genossen, es bleibet dabei!

Denn wer da kämpft für das Recht,
der hat immer Recht gegen Lüge und Ausbeuterei!
Wer das Leben beleidigt, ist dumm oder schlecht.
Wer die Menschheit verteidigt, hat immer Recht.
So aus Leninschem Geist
wächst von Stalin geschweißt,
die Partei, die Partei, die Partei!

Text und Musik: Louis Fürnberg, 1949 (1. Strophe)

Im Mai 1950 wurde in der DDR beschlossen, zu den Wahlen nur Einheitslisten der Nationalen Front zuzulassen. Eine Wahl zwischen Parteien und Massenorganisationen wie z. B. dem Gewerkschaftsbund FDGB oder der SED war nicht möglich. Es konnte für die gesamte Liste nur mit Ja oder Nein abgestimmt werden. Die Stimmabgabe war in der Regel nicht geheim. Wahlkabinen standen zur Verfügung, sollten aber nicht benutzt werden.
An der Wahl beteiligten sich 98 Prozent aller Bürger, 99,7 Prozent entschieden sich für die Nationale Front. Viele Mitglieder der SED gehörten auch gleichzeitig Massenorganisationen an wie dem Demokratischen Frauenbund Deutschland (DFD). So konnte die SED ihre Ziele ohne Opposition durchsetzen.
Im Vorfeld der Wahlen wurde ausgeschlossen, dass die Mitglieder anderer Parteien nicht auf der Linie der SED lagen. Ein Beispiel für eine politische Karriere in der DDR ist Margot Feist, die spätere Frau von Erich Honecker. Sie kam über die Massenorganisation FDJ in die Volkskammer.

6 **Präsidium des III. Parteitages der SED, Berlin 1950, Wilhelm Pieck, Walter Ulbricht**

Nach dem Vorbild der kommunistischen Partei der Sowjetunion (KPdSU) entwickelte sich die SED zu einer Kaderpartei, wie sie sich Lenin vorgestellt hatte. Der Führungsstil nannte sich Demokratischer Zentralismus. Die Partei wird nur von der Spitze aus geführt, deren Weisungen als unbedingt verbindlich anzusehen sind.

Arbeitsfragen

1. *Wie konnte die SED ihre Vorstellungen bei insgesamt 100 von 400 Sitzen durchsetzen?*
2. *Welches Gedankengut vermittelt das Lied „Die Partei“, das bis 1989 bei öffentlichen Anlässen gesungen wurde?*

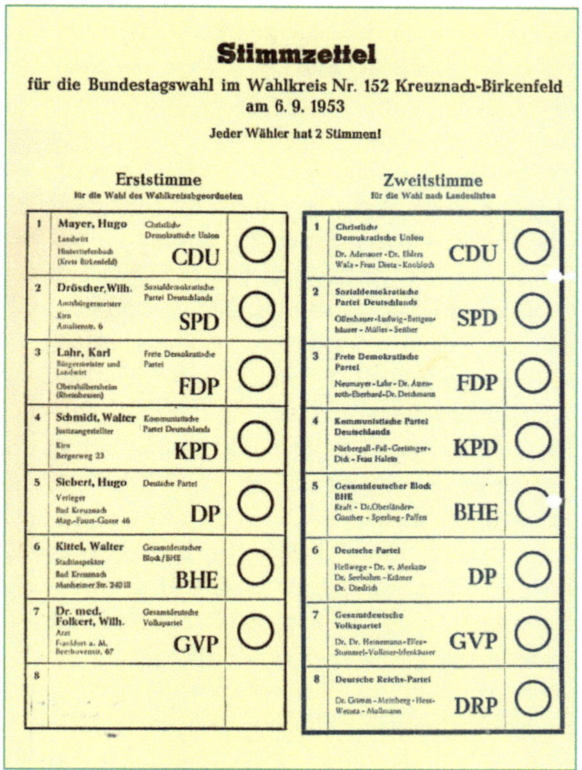

Stimmzettel

für die Bundestagswahl im Wahlkreis Nr. 152 Kreuznach-Birkenfeld am 6. 9. 1953

Jeder Wähler hat 2 Stimmen!

Erststimme – für die Wahl des Wahlkreisabgeordneten

1	**Mayer, Hugo** Landwirt Hintertiefenbach (Kreis Birkenfeld)	Christlich-Demokratische Union	CDU	○
2	**Dröscher, Wilh.** Amtsbürgermeister Kirn Amalienstr. 6	Sozialdemokratische Partei Deutschlands	SPD	○
3	**Lahr, Karl** Bürgermeister und Landwirt Obershilbersheim (Rheinhessen)	Freie Demokratische Partei	FDP	○
4	**Schmidt, Walter** Justizangestellter Kirn Bergerweg 23	Kommunistische Partei Deutschlands	KPD	○
5	**Siebert, Hugo** Verleger Bad Kreuznach Mag.-Faust-Gasse 46	Deutsche Partei	DP	○
6	**Kittel, Walter** Stadtinspektor Bad Kreuznach Manheimer Str. 240 III	Gesamtdeutscher Block/BHE	BHE	○
7	**Dr. med. Folkert, Wilh.** Arzt Frankfurt a. M. Beethovenstr. 67	Gesamtdeutsche Volkspartei	GVP	○
8				

Zweitstimme – für die Wahl nach Landeslisten

1	**Christlich-Demokratische Union** Dr. Adenauer - Dr. Ehlers Walz - Frau Dietz - Knobloch	CDU	○
2	**Sozialdemokratische Partei Deutschlands** Ollenhauer - Ludwig - Bettgenhäuser - Müller - Seither	SPD	○
3	**Freie Demokratische Partei** Neumayer - Lahr - Dr. Atzenroth - Eberhard - Dr. Dehlmann	FDP	○
4	**Kommunistische Partei Deutschlands** Niebergall - Faß - Greisinger - Dick - Frau Halein	KPD	○
5	**Gesamtdeutscher Block BHE** Kraft - Dr. Oberländer - Günther - Sperling - Paffen	BHE	○
6	**Deutsche Partei** Hellwege - Dr. v. Merkatz Dr. Seebohm - Krämer Dr. Diedrich	DP	○
7	**Gesamtdeutsche Volkspartei** Dr. Dr. Heinemann - Elfes - Stummel - Vollmer - Irlenkäuser	GVP	○
8	**Deutsche Reichs-Partei** Dr. Grimm - Meinberg - Hess - Weinta - Mallmann	DRP	○

7 **Stimmzettel für die Bundestagswahl im Wahlkreis 152 Kreuznach-Birkenfeld 1953**

8 **Konrad Adenauer am Tag nach seinem Wahlsieg**

Seit den Bundestagswahlen von 1949 wird zwischen Erst- und Zweitstimme unterschieden. Mit der Erststimme wird der Kandidat des Wahlkreises gewählt. Er kommt ins Parlament, wenn er die Mehrheit in seinem Wahlkreis erhält. Mit der Zweitstimme kann für eine Parteienliste abgestimmt werden. Sie ist entscheidend für die Zusammensetzung des Parlaments. Dieses Wahlrecht wird Verhältniswahlrecht genannt.

Bei der Bundestagswahl 1953 schafften es von den kleineren Parteien nur noch die Deutsche Partei (DP) und der Bund der Heimatvertriebenen und Entrechteten (BHE), die Fünf-Prozent-Hürde zu überwinden. Konrad Adenauer bildete eine Koalition aus CDU/CSU, FDP, BHE und DP mit einer Zweidrittelmehrheit.

Arbeitsfragen

1. *Begründe, warum zwischen Erst- und Zweitstimmen im Verhältniswahlrecht der BRD unterschieden wird.*
2. *Recherchiere, welche anderen demokratischen Wahlrechte es in Europa gibt.*
3. *Erörtere die Auswirkungen der Einführung der Fünf-Prozent-Hürde und stelle Vermutungen darüber an, warum sie eingeführt wurde.*
4. *Diskutiert den politischen Erfolg Konrad Adenauers und sucht Gründe für seine dreimalige Wiederwahl.*

Nützliche Hinweise

- www.wahlen-in-deutschland.de
- www.konrad-adenauer.de
- Parteien in der DDR: www.ddr-wissen.de
- Wahlen in der DDR: Information zur politischen Bildung, Nr. 231, Bonn 1991
- Die SED als Kaderpartei: ebd.
- Die Partei: Text ebd.
- DEFA-Film: 1950, Bürgermeister Anna, Regie Hans Müller, mit Eva Rinski, Arno Paulsen u. a.

2. Kultur

1 **Kohlebrocken für die Ruhrfestspiele Recklinghausen**

Buchstäblich wie Phönix aus der Asche entstand schon sehr schnell nach Kriegsende ein vielfältiges kulturelles Leben. Beispielhaft hierzu sind die Ruhrfestspiele Recklinghausen anzuführen: Am 28. Juni 1947 fanden sie zum ersten Mal statt. Sie sind aus einem Gastspiel der Hamburger Bühnen zum Dank für Kohlelieferungen einer Recklinghauser Zeche im strengen Winter 1946/47 entstanden. Bis heute finden sie mit großem Erfolg jährlich statt.

Während der NS-Zeit verbotene Klassiker wie Gotthold Ephraim Lessings „Nathan der Weise", ein Lehrstück über Toleranz, wurden wieder aufgeführt.

Das gesamte Pressewesen wurde neu organisiert. Es entstanden freie, unabhängige Zeitungen und Zeitschriften. Ingesamt wurden von den westlichen Alliierten etwa 170 Zeitungen zugelassen. Dazu gehörten viele, die es heute noch gibt, z. B. die „Süddeutsche Zeitung", die „Rhein-Neckar Zeitung", den „Rheinischer Merkur", „Die Welt", „Der Spiegel", die „Westdeutsche Allgemeine Zeitung", die „Neue Berliner Illustrierte", den „Stern" und die Programmzeitschrift „Hör zu". Diese Pressevielfalt wurde durch die noch immer herrschende Papierknappheit begrenzt. Das Papier war schlecht und wurde stets eng bedruckt. In der DDR gab es 29 Zeitungen, angeführt vom SED-Zentralorgan „Neues Deutschland".

Neben den Zeitungen spielten Radioprogramme eine große Rolle. Mehrere voneinander unabhängige Rundfunkanstalten wurden gegründet, die in der Bundesrepublik einen öffentlich-rechtlichen Status erhielten. Hier gab es kein Rundfunkmonopol mehr, das zu Propagandazwecken missbraucht werden konnte. In der DDR ist jedoch die zentrale Lenkung beibehalten worden.

Film, Theater und Literatur beschäftigten sich in der Anfangsphase der Republik mit der Aufarbeitung und Thematisierung der Nazidiktatur, des Krieges und seiner Folgen. Kritische Schriftsteller wie Wolfgang Borchert, Heinrich Böll, Berthold Brecht, Carl Zuckmayer und Alfred Döblin fanden ihre Leser. Und verstärkt wurden jetzt in Deutschland wieder ausländische, vor allem amerikanische Schriftsteller gelesen.

Nach den Propagandafilmen der Nazizeit kamen jetzt auch Filme in die wieder aufgebauten Kinos, die sich mit den wirklichen Lebensumstände der Menschen nach dem Krieg und dem Schicksal der Menschen während der Nazidikatur beschäftigten. Im Unterschied zu diesen Problemfilmen fanden aber vor allem Heimat- und Liebesfilme ein Massenpublikum, weil sie die Sehnsucht nach einer heilen Welt befriedigten. Auf großes Interesse stießen auch ausländische Filmproduktionen, vor allem aus Hollywood.

Durch die amerikanischen Soldaten kam ein ganz neuer Musikstil nach Deutschland, der vor allem Jugendliche begeisterte: der Jazz und die dazu gehörenden Tanzstile, z. B. der Boogie-Woogie.

Den Menschen wurde zunehmend deutlich, dass Lebensqualität und Lebensfreude entscheidend von einer freien Kultur abhängig sind. Dafür nahmen sie die widrigsten Umstände in Kauf. Um im Theater einigermaßen warm zu sitzen, wurden Briketts als Eintrittspreis angenommen.

Arbeitsfragen

1. *Erkläre, wie es zu der Beziehung zwischen Bergleuten und Schauspielern in jener Zeit kam.*
2. *Vergleiche die damalige Presse- und Medienlandschaft mit der heutigen.*
3. *Diskutiert, inwiefern eine freie Kultur etwas mit Lebensqualität und Lebensfreude zu tun hat.*

Q1 *Ilse S., Stuttgart, 2008*

Meine Freunde und ich hatten von dem ewigen Einheitsbrei der Nazis die Nase gestrichen voll. Wir waren froh, ohne Angst die verschrieene „Negermusik“ zu hören. Verbotene Bücher waren wieder da und Filme, die das Herz erwärmten auch. Ich kann hier nur für mich und meine Freunde sprechen. Viele sahen das anders.

Q2 *Ernst K., überliefert, Dortmund, 1967*

Ich war Bergmann auf der Zeche Adolf-von-Hansemann und Mitglied der Werkskapelle. Über die Aktion „Kunst gegen Kohle“ war ich durch einen Kumpel aus Recklinghausen informiert. Kohlen nach Hamburg zu verschieben war verboten.

Es ist kaum zu beschreiben, mit welcher Freude ich zwei der ersten Aufführungen in Recklinghausen besucht habe. Die Hamburgische Staatsoper mit ihrem Philharmonischen Orchester führten Mozarts „Figaros Hochzeit“ auf. Das Thalia-Theater zeigte das Lustspiel „Das verschlossene Haus“.

Kultur kann sich nur in einer zensurfreien Gesellschaft voll entfalten:

- die bildende Kunst mit Museen und Galerien,
- das Theater mit klassischen, modernen und internationalen Stücken,
- das politische Kabarett,
- der Film mit seinen verschiedenen Arten,
- die Vielfalt der Presse,
- der freie Rundfunk,
- der große Bereich der Musik.

Der Wunsch nach Information und Unterhaltung war sehr ausgeprägt.

Die Lizenzvergabe für alle Medien lag in der Hand der Alliierten. Eine hervorzuhebende Rolle spielte der Rundfunk, mehr als heute das Fernsehen. Weil nicht jeder ein Radio besaß, bildeten sich Hörgemeinschaften. Über die Sendungen wurde diskutiert. Daraus entwickelte sich eine Gesprächskultur von gesellschaftspolitischer Bedeutung.

Arbeitsfragen

1. *Stelle Unterschiede und Gemeinsamkeiten der kulturellen Ansprüche der Zeitzeugen zusammen.*
2. *Erkläre, in wieweit sich in den Abbildungen ein neuer Anfang und Hunger nach Kultur ausdrückt.*
3. *Nimm dazu Stellung, dass die Alliierten durch die Lizenzvergabe politischen Einfluss ausübten.*

2 **Kunstausstellung in Trümmern, Frankfurt a. Main**

3 **Ausstellung „Das Jugendbuch“ im Haus der Deutschen Kunst in München im Jahr 1946**

4 **Erste Ausgabe der Rundfunkzeitung „Hörzu“ von 1946**

5 **Filmplakat von „Die Mörder sind unter uns" von 1946 – die erste deutsche Spielfilmproduktion nach dem Krieg**

6 **Theaterplakat DDR, Autor: Wischnewski, Sowjetunion Aufführung im Haus der Kultur der SU**

> ***Arbeitsfragen***
> 1. *Stelle den Zusammenhang von Kultur und Politik in den Anfangsjahren der DDR dar. Welcher Unterschied bestand zur BRD?*
> 2. *Beschreibe die Aussagen in den drei Plakaten und nimm dazu Stellung.*

In Ost und West war der Nachholbedarf der Menschen nach Kultur sehr groß. Während in der BRD die Initiative den einzelnen Menschen überlassen wurde, wurde in der DDR der Zugang aller Bürger zum kulturellen Leben gezielt gefördert. Dank der Subventionen war der Besuch von Veranstaltungen sehr preiswert. Die Ausrichtung des Programms war politisch-ideologisch vorgegeben. Ziel war die Erziehung zum sozialistischen Menschen. Wer von diesem Ziel abwich, erhielt Berufsverbot, wurde zensiert oder gar eingesperrt. Theateraufführungen waren gut besucht, doch die meisten Menschen interessierten sich fürs Kino.

Die ersten deutschen Filmproduktionen nach dem Krieg wurden im Volksmund „Trümmerfilme" genannt. Sie beschäftigten sich mit der Vergangenheit, griffen aber auch Themen aus dem unmittelbaren Zeitgeschehen auf. Vor den Kassen bildeten sich riesige Schlangen. Die Vorstellungen waren ausverkauft. Großen Andrang gab es auch bei den so genannten Schnulzen oder Heimatfilmen.

Mit geradezu provokatorischer Lust wandte sich vor allem die Jugend dem Jazz und seinen Stilarten zu. Daneben gab es aber auch die Musik der heilen Welt, den deutschen Schlager. Auf die Menschen dieser Zeit drang eine nie gekannte Informationsflut ein. Zeitungen, Zeitschriften und Rundfunk verbreiteten differenzierte und zum Teil auch gegensätzliche Informationen, Kommentare und Meinungen.

In der DDR übte u.a. der Kulturbund (KB) erheblichen Einfluss aus. Er sollte die „Kulturelle Intelligenz" mit Partei und Arbeiterklasse verbinden.

7 **Filmplakat zum Klassiker des Heimatfilms „Der Förster vom Silberwald"**

Das kulturelle Leben der Bundesrepublik Deutschland ist nach dem Grundgesetz frei. Im Artikel 5 wird die Meinungs-, Informations-, Pressefreiheit und die Freiheit von Kunst und Wissenschaft garantiert.
Für junge und alte Menschen waren diese Garantien eine neue Erfahrung. Sie waren eine Herausforderung, die mit Leben gefüllt werden musste. Das bedeutete: Mitmachen, nicht nur Zuschauen! Die Presse war Multiplikator jeglichen kulturellen Lebens. Ohne freie Presse keine freie Kultur!
Im Unterschied zur BRD wurde in der Verfassung der DDR die Kultur als Instrument für den Aufbau einer sozialistischen Gesellschaft festgeschrieben. Verbreitet wurde diese Vorstellung über Massenorganisationen und das Zentralorgan der SED, das „Neue Deutschland“. Als eine kulturelle Massenorganisation hatte die Gesellschaft für Deutsch-Sowjetische Freundschaft (DSF) über sechs Millionen Mitglieder. Über diese Organisation nahm die Sowjetunion auf die Kulturpolitik der DDR erheblichen Einfluss, auch wenn nur ein Teil der Mitglieder aktiv war.

8 **Neues Deutschland, Zentralorgan der SED**

9 **Zeitungsstand im Westen**

DDR-Verfassung, Art. 18
Die sozialistische Nationalkultur gehört zu den Grundlagen der sozialistischen Gesellschaft. Die Deutsche Demokratische Republik fördert und schützt die sozialistische Kultur, die dem Frieden, dem Humanismus und der Entwicklung der sozialistischen Gesellschaft dient. Sie bekämpft die imperialistische Unkultur, die der psychologischen Kriegführung und der Herabwürdigung des Menschen dient …
Die Förderung der Künste, der künstlerischen Interessen und Fähigkeiten aller Werktätigen und die Verbreitung künstlerischer Werke und Leistungen sind Obliegenheiten des Staates und aller gesellschaftlichen Kräfte.

Arbeitsfragen

1. *Beschreibe den Einfluss, den die Presse in Ost und West bei der Meinungsbildung in der Anfangsphase von beiden deutschen Staaten hatte.*
2. *Erarbeite die Gründe, die zu einer kulturellen Auseinanderentwicklung und geistigen Spaltung von Ost und West führten.*
3. *Nimm zu den in Artikel 18 der DDR-Verfassung aufgeführten Aufgaben und Zielen der Kultur Stellung.*
4. *Was kann man unter „sozialistischer Nationalkultur“ verstehen?*

Nützliche Hinweise

- Wolfgang-Uwe Friedrich: DDR, Deutschland zwischen Elbe und Oder, Stuttgart 1989
- www.alltagskultur-ddr.de
- Karl Dietrich Bracher (Hrsg.): Geschichte der Bunderepublik Deutschland, Stuttgart 1987
- ww.dra.de/rundfunkgeschichte/75jahreradio/start.html
- Carsten Kretschmann: Zwischen Spaltung und Gemeinsamkeit, Kultur in Deutschland 1945–1989, Berlin 2010

3. Schulen und Hochschulen

1 **Studenten in einem vollbesetzten Hörsaal der Universität Hamburg während einer Vorlesung im Jahr 1956**

In der jungen Republik war von einer demokratischen Schulbildung nur wenig zu merken. Das lag nur zum Teil an den Bedingungen, unter denen gelehrt werden musste. Durch die Kriegstoten gab es zu wenig Lehrpersonal. Ehemalige Nationalsozialisten durften nicht mehr unterrichten, weil sie – begründet durch das Entnazifizierungsverfahren – nicht mehr in Schule und Hochschule tätig sein durften. Aus Not wurden in pädagogischen Akademien in Schnellkursen Lehrerinnen und Lehrer ausgebildet. Die Alliierten wussten, dass demokratische Erziehung in der Schule bei den Unterrichtenden beginnen musste, denn Diktaturen greifen immer zuerst nach den Bildungseinrichtungen. Der Lehrermangel führte dazu, dass nicht selten mehrere Jahrgänge in einer Klasse unterrichtet wurden. Es gab kaum Lehrmittel und Schulbücher. In alten Büchern wurden die NS-Symbole und Texte mit Tinte geschwärzt. Auch Schulbücher aus der Zeit der Weimarer Republik kamen zum Einsatz.

Von modernen demokratischen Unterrichts- und Erziehungsmethoden konnte keine Rede sein. Vielmehr waren Abschreiben von Tafeltexten, Auswendiglernen und „Pauken“ an der Tagesordnung. In überfüllten Klassen mit bis zu 80 Kindern gab es auch drastische Strafen und Prügel. Um dem Materialmangel zu begegnen, führten die meisten Bundesländer schon 1950 den Schulfunk ein.

Oft waren die Kinder, besonders in den städtischen Ballungsräumen, schlecht ernährt. Deshalb gab es, meist von amerikanischen oder schweizer Hilfsorganisationen finanziert, Schulspeisungen.

Die Bemühungen der westlichen Alliierten, neues demokratisches Denken zu etablieren, waren äußerst schwierig. Viele Lehrerinnen und Lehrer scheuten sich vor schulpolitischem Engagement. Entweder fehlte die demokratische Grundbildung oder sie waren durch den Wechsel der Systeme überfordert oder verunsichert. Der Geschichtsunterricht endete fast immer bei der Weimarer Republik. Es gab auch Lehrer, die sich wie Mitläufer verhielten und die politische Entwicklung abwarteten. Keinen leichten Stand hatten Lehrerinnen und Lehrer, die in bewundernswerter Weise mit großem Engagement und Aufwand die neuen Bildungschancen nutzten. Diese eröffneten jungen Menschen eine neue Welt mit besseren Zukunftsperspektiven. Auch die Hochschulen hatten mit ähnlichen Problemen zu kämpfen. Zerstörte Gebäude und zu wenig Hochschullehrer konnten dem Bildungshunger junger Menschen nicht entsprechen.

Arbeitsfragen

1. *Erläutere den Satz „Diktaturen greifen immer zuerst nach den Bildungseinrichtungen“.*
2. *Beurteile die Möglichkeiten, die Bildungsziele der Westalliierten nach einer „demokratischen Erziehung“ im Nachkriegsdeutschland zu verwirklichen.*
3. *Erkläre, warum die Menschen in dieser Zeit besonders „bildungshungrig“ waren.*
4. *Setzt euch mit der Situation der Lehrerinnen und Lehrer auseinander.*

Q1 *Johannes R. B., Dortmund, 2008*
1949 besuchte ich die Quarta eines Dortmunder Gymnasiums. Aus Dortmund-Mengede fuhr ich mit einem Güterwagen – es gab nur wenige Personenzüge – zur Schule. Viele Schulen waren noch zerbombt. Wir teilten uns mit einem anderen Gymnasium ein Gebäude. Deshalb hatten wir Schichtunterricht: einen Monat vormittags, einen Monat nachmittags. In meiner Klasse befanden sich 40 bis 50 Schüler. Von Demokratie habe ich nichts gemerkt. Frontalunterricht war die Regel. In Ausnahmefällen kamen auch In-die-Ecke-stellen und Züchtigungen vor. Tadel wurden auf dem Zeugnis vermerkt. Staatsbürgerkunde hatten wir nicht. Noch 1953 war dieses Fach auf dem Zeugnis durchgestrichen. Meine Eltern mussten Schulgeld bezahlen.

2 **Unterricht in einer „Nissenhütte" 1949**

Q2 *Georg N., Waldeck 1949*
Die amerikanischen Vorstellungen von Erziehung waren für mich als Lehrer eine Verweichlichung. Jugend verlangt nach straffer Führung und Disziplin. Geradezu haarsträubend waren die Gedanken zur Mädchenbildung. Anstatt Hand- und Nadelarbeit sollten sie auch an Raumlehre teilnehmen.

3 **Schulspeisung 1949**

Q3 *Thea O., Eisennach, 2008*
Dass ich in der DDR zur Schule gegangen bin, davon hat man die ersten Jahre nichts gemerkt. Was mir vielmehr in Erinnerung ist, war die strenge Teilung zwischen Jungen und Mädchen. Das fing beim Schuleingang an: Da gab es einen für Jungen und einen für Mädchen. Natürlich hatten wir auch getrennte Klassen. Auch der Schulhof war getrennt. Und da mussten wir Mädchen in den Pausen zu zweit im Kreis laufen und der Lehrer stand in der Mitte, das war wie im Strafvollzug. Überhaupt war das wichtigste Disziplin und Ordnung. Wenn man im Unterricht geredet oder gekaut hat, gab es sofort einen Tadel. Oft gab es als Strafarbeit 30 x abschreiben. Das war ganz schlimm, weil wir das Papier dafür selbst besorgen mussten und das nicht hatten. Wir hätten sogar auf Klopapier geschrieben, aber das gab es ja auch nicht. Ich war sehr klein und dünn und hatte immer Hunger. Schulspeisung gab es zwar, die kostete aber Geld und dafür hatte unsere Familie mit fünf Kindern kein Geld. Ich hatte aber Glück, dass meine Freundin mir immer eine Scheibe abgeben konnte.

Arbeitsfragen

1. *Schreibe auf der Grundlage der Aussagen der Zeitzeugen und der Bilder einen Bericht über den Schulunterricht in den Jahren nach dem Zweiten Weltkrieg.*
2. *Vergleiche die unterschiedlichen Erfahrungen und Einstellungen der Zeitzeugen. Welches waren die wichtigsten Eindrücke, die in der Erinnerung haften blieben.*
3. *Diskutiert die Einstellung von Georg N. zur Mädchenbildung. Was würden die anderen Zeitzeugen dazu sagen?*

Die Organisatoren von Schulen und Universitäten mussten sich nicht nur mit der moralischen Katastrophe des NS-Bildungssystems auseinandersetzen, sondern auch mit den jeweiligen Vorgaben der Sowjetunion und der Westalliierten. Diese gebrauchten den Begriff „Re-Education", der von vielen Deutschen als „Umerziehung" interpretiert wurde. Die Amerikaner sahen im Bildungssystem den entscheidenden Wegbereiter für den Faschismus.

Die Amerikaner planten eine Elementarschule mit den Klassen 1–6 und danach die Höhere Schule mit den Jahrgängen 7–12. Schulgeld war nicht vorgesehen. Überall wurden Amerikahäuser eingerichtet, um demokratische Bildungsziele deutlich zu machen.

Die Franzosen wollten ihr System mit einer strengen Eliteauswahl und zentraler Steuerung einrichten. Ihre Vorstellung von strenger Trennung von Kirche und Schule stieß vor allem in katholischen Kreisen auf Widerstand.

Die Briten überließen die Entscheidung weitestgehend den Ländern in ihrer Zone.

In der DDR wurde zunächst eine 8-klassige Grundschule mit anschließender Oberstufe oder dreijähriger Berufsschule installiert. Ein wesentliches Element war der polytechnische Unterricht. Dieser sollte eine frühe Verbindung zur Arbeitswelt herstellen. Die Schüler sollten von klein an lernen, Nützliches zu tun, um zu erkennen, dass sich persönliche Ansprüche nur durch Arbeit verwirklichen lassen.

DDR-Verfassung, Art 17,2:
Mit dem einheitlichen sozialistischen Bildungssystem sichert die Deutsche Demokratische Republik allen Bürgern eine den ständig steigenden gesellschaftlichen Erfordernissen entsprechende hohe Bildung. Sie befähigt die Bürger, die sozialistische Gesellschaft zu gestalten und an der Entwicklung der sozialistischen Demokratie schöpferisch mitzuwirken.

4 **Polytechnischer Unterricht in der DDR**

Jugendgesetz der DDR, aus § 1:
Vorrangige Aufgabe bei der Gestaltung der entwickelten sozialistischen Gesellschaft ist es, alle jungen Menschen zu Staatsbürgern zu erziehen, die den Ideen des Sozialismus treu ergeben sind, als Patrioten und Internationalisten denken und handeln, den Sozialismus stärken und gegen alle Feinde zuverlässig schützen.
[...] Aufgabe des jungen Bürgers ist es, auf sozialistische Art zu arbeiten, zu lernen und zu leben, [...] den Freundschaftsbund mit der Sowjetunion und den anderen sozialistischen Bruderländern zu stärken [...] Es ist die ehrenvolle Pflicht der Jugend, die revolutionäre Tradition der Arbeiterklasse und die Errungenschaften des Sozialismus zu achten. [...]

Arbeitsfragen

1. *Untersuche, warum sich in den westlichen Zonen und der BRD – mit geringfügigen Abweichungen in den einzelnen Ländern – das traditionelle dreigliedrige Schulsystem durchsetzte. Diskutiert die Folgen für die heutige Auseinandersetzung über das Schulsystem.*
2. *Vergleiche die Bildungsziele der Amerikaner mit denen, die sich aus der DDR-Verfassung und dem Jugendgesetz ablesen lassen.*
3. *Diskutiert die Vor- und Nachteile des polytechnischen Unterrichts.*

Amerikanische Schulvorstellungen
„Zunächst sollten alle Kinder die ersten sechs Jahre in der Volksschule gemeinsam verbringen, ohne Unterschied des Geschlechts, der sozialen Herkunft, der Rasse und der fachlichen oder beruflichen Absichten. So werden sie an einem gemeinsamen Schulleben teilnehmen, an gemeinsamen Aufgaben arbeiten und ein echtes Gemeinschaftsgefühl entwickeln. […]
Der gegenwärtige Lehrplan scheint mit Fächern überfüllt, die mit akademischer Tradition überlastet und lebensfremd sind und weder den heutigen noch den künftigen Bedürfnissen der Schüler entsprechen. […] Die Schüler müssen die aktiven Träger des Lernvorganges sein. Dann werden die Sozialwissenschaften (Geschichte, Geographie, Staat- und Heimatkunde) vielleicht den Hauptbeitrag zur Entwicklung demokratischen Bürgersinns leisten. […]
Gemeinschaftsaufgaben, Klassenausschüsse, Diskussionsgruppen, Schulbeiräte, Schülervereinigungen, Vorhaben im Dienste der Gemeinschaft – alle Formen demokratischen Lebens, die die schulische Gemeinschaft zulässt, sollten entwickelt werden."
www.politische-bildung-branden-burg.de/demokratie/themen/spielregeln/erziehung.dtl.htm

5 **Strafender Polizist**

Das Bild mit dem strafenden Polizisten zeigt den Widerspruch zwischen neuer demokratischer Ausrichtung und überkommenen Vorstellungen von Erziehung. Es gab viele Menschen, die unter dem Motto „Nie wieder Krieg" und „Nie wieder Gehirnwäsche durch eine Partei", ein neues Schul- und Hochschulsystem forderten. Andere meinten, man brauche nur die Gedanken des Nationalsozialismus verbannen und könne an dem herkömmlichen System festhalten.
An den Hochschulen brachten Professoren, die aus der Emigration zurückgekehrten, und andere, die während der Zeit des Nationalsozialismus Lehrverbot hatten und jetzt wieder lehren durften, frischen Wind in die Forschung. Allgemein herrschte Aufbruchstimmung und Widerstand gegen veraltete Lehrpläne. Das gleiche galt auch für die DDR, wo viele Lehrerinnen und Lehrer mit großem Idealismus den sozialistischen Menschen prägen wollten.
Es stellte sich aber auch heraus, dass die Vorstellungen von Bildung und Erziehung der Jugend von den beiden großen Machtblöcken in Ost und West geprägt wurden. Es wurde deutlich, dass der Schule immer auch eine politische Aufgabe zugedacht wurde.

Arbeitsfragen
1. *Erkläre, warum viele Deutsche das alte Schulsystem beibehalten und nur die Inhalte austauschen wollten.*
2. *Versetze dich in die Lage der Schülerinnen und Schüler von damals. Formuliere Hoffnungen und Wünsche an die Schule und das Leben in der Schule.*
3. *Vergleiche die Vorstellungen der Amerikaner von dem zukünftigen Schulsystem in Deutschland mit der heutigen Schulwirklichkeit.*

Nützliche Hinweise
- Historische Bildungsforschung: www.bbf.dipf.de/hbo
- Deutscher Bildungsserver: www.bildungsserver.de
- Tim Sonnenwald: Stunde Null im deutschen Bildungswesen? Kontinuität und Neuausrichtung in den Jahren 1945–1955, 2007 (E-Book)
- www.60xdeutschland.de

1. Aufschwung

Nach der harten Nachkriegszeit zeichnete sich nach der Gründung der BRD wirtschaftlicher Optimismus ab. Der Slogan „Wohlstand für alle“ wurde von Ludwig Erhard, dem führenden Wirtschaftspolitiker der 1950er-Jahre, geprägt.
Die westdeutsche Wirtschaftsentwicklung übertraf in den 1950er-Jahren die kühnsten Erwartungen und führte zu einem bis dahin in Deutschland noch nicht gekannten Massenwohlstand. Das populäre Schlagwort vom „Wirtschaftswunder“ sollte allerdings nicht verdecken, dass es hinter einer glänzenden Fassade noch Armut und soziale Ungleichheit gab.
Die Währungsreform 1948 hatte nicht nur positive Folgen: Alle, die keine Sachwerte besaßen, wurden hart getroffen. In besonderem Maße gehörten dazu neben den Sparern die Ausgebombten, Flüchtlinge und Vertriebene. Die Preise, die jetzt nur noch zu einem kleinen Teil vom Staat kontrolliert wurden, stiegen stark an, denn es gab zwar wieder alle Güter, aber nur in geringer Zahl. Auch die Arbeitslosigkeit nahm nach der Währungsreform erst einmal zu und erreichte im Frühjahr 1950 mit 2 Millionen Arbeitslosen ihren höchsten Stand. Erst in der zweiten Hälfte der 1950er-Jahre trat Vollbeschäftigung ein.
Angesichts dieser Wirtschaftssituation erschien die von Ludwig Erhard verkündete „soziale Marktwirtschaft“ in den ersten Jahren nach der Gründung der BRD keineswegs als Allheilmittel. SPD und die neu gegründeten unabhängigen Gewerkschaften forderten staatliche Eingriffe, um das „freie Spiel“ von Angebot und Nachfrage einzuschränken und die sozialen Lasten gerechter zu verteilen. Da die Wirtschaft ständig wuchs und auch der „kleine Mann“ seinen Teil vom Kuchen des Wirtschaftswunders bekam, nahm die Bevölkerung in ihrer Mehrheit soziale Ungerechtigkeiten und ungleiche Vermögensverteilung hin. Viele Menschen hatten das Gefühl, für jeden sei der Weg nach oben offen. Wohnungseinrichtung, Kühlschrank, Kleidung, Fahrrad, Auto, Reisen: Das waren die Träume dieser Zeit.

1 **Ludwig Erhard, Wirtschaftsminister**

Die DDR sprach angesichts des Wiederentstehens von Konzernen und großen Industrien von einer „monopolkapitalistischen Ausbeutung“ der Bevölkerung in der BRD. Ganz nach dem sowjetischen Vorbild wurde in der DDR 1950 mit der Verabschiedung des ersten Fünfjahresplans die Planwirtschaft eingeführt. Grund und Boden und die Fabriken sollten den Werktätigen gehören und alle produzierten Güter sollten Volkseigentum sein. Der Staat bestimmte, welche Waren und Güter in welcher Menge produziert werden sollten. Erstes Ziel war der Aufbau einer eigenen Schwerindustrie. Der Staat lenkte Geld, Baumaterial und Arbeitskräfte in diesen Bereich und vernachlässigte dafür die Konsumindustrie. Die Versorgung der Menschen mit Gütern des täglichen Bedarfs war schlecht und schaffte Unzufriedenheit.

Arbeitsfragen

1. *Erläutere die Konzepte der sozialen Marktwirtschaft in der BRD und der Planwirtschaft in der DDR.*
2. *Für viele Menschen in der BRD war der „Weg nach oben“ offen. Woher nahmen sie ihren Optimismus?*
3. *Diskutiert die Bedeutung der unterschiedlichen Wirtschaftskonzepte in der BRD und der DDR für die politische Entwicklung in den 1950er-Jahren.*

Q1 *Ludwig Erhard, Wohlstand für Alle, Düsseldorf 1957*

Das ist ja gerade das Geheimnis der Marktwirtschaft, und das macht ihre Überlegenheit gegenüber jeder Art von Planwirtschaft aus, dass sich in ihr sozusagen täglich und stündlich die Anpassungsprozesse vollziehen, die Angebot und Nachfrage, Sozialprodukt und Volkseinkommen sowohl in quantitativer als auch in qualitativer Beziehung zu richtiger Entsprechung und so auch zum Ausgleich bringen … Nach meiner Auffassung beinhaltet die soziale Marktwirtschaft eben nicht die Freiheit der Unternehmer, durch Kartellabmachungen die Konkurrenz auszuschalten; sie beinhaltet vielmehr die Verpflichtung, sich durch eigene Leistung im Wettbewerb mit den Konkurrenten die Gunst des Verbrauchers zu verdienen … Den Gegenpol der wirtschaftlichen Freiheit stellt die Ausprägung wirtschaftlicher Macht dar. Es ist daher gesetzlich sicherzustellen, dass die Vorzüge der Wettbewerbswirtschaft nicht durch historisch erwiesene Nachteile einer bedenklichen Machtkonzentration aufgewogen werden. Der Gesetzgeber muss also dem Problem der wirtschaftlichen Macht als einem möglichen Störfaktor des marktwirtschaftlichen Gleichgewichts seine besondere Aufmerksamkeit zuwenden.

2 **Plakat zur Bundestagswahl 1957**

„Die Bundesrepublik Deutschland ist ein demokratischer und sozialer Bundesstaat"
(Grundgesetz, Art. 20)

Das System einer reinen Marktwirtschaft sollte verhindert werden, um das Zusammenleben in einer neuen Wirtschaftsordnung nicht zu gefährden. Die Arbeitnehmer sollten am Gewinn und am Aufschwung teilhaben.
Diese grundlegenden Gedanken haben sicher dazu beigetragen, dass die Einkommensentwicklung in den Jahren 1948 bis 1956 sowie der Bruttowochenverdienst aller Industriearbeiter in dieser Zeit angestiegen ist. Nach der Währungsreform 1948 haben sich die Einkommen der Arbeitnehmer innerhalb von acht Jahren etwa verdoppelt.
Der Volkswagen, einst der große Wunsch vieler Deutscher, wird in den 1950er-Jahren zum Traum eines jeden Bürgers. Der Besitz eines Autos wird zum Symbol des Aufschwungs.

3 **VW Käfer, 23 PS**

Arbeitsfragen

1. *Erkläre, was Wirtschaftsminister Ludwig Erhard mit seiner Vorstellung meint, dass die Vorzüge der Wettbewerbswirtschaft nicht durch die Nachteile einer Machtkonzentration aufgehoben werden.*
2. *Erläutere, inwiefern die soziale Marktwirtschaft die Konsumwünsche der Bürger unterstützt hat.*

4 **Plakat zum Fünfjahresplan der DDR, 1951**

5 **Plakat zur Zwangskollektivierung der Landwirtschaft, 1950er Jahre**

Der Wiederaufbau in der DDR begann unter ungünstigeren Bedingungen als in der BRD. Die sowjetische Besatzungsmacht hatte die wichtigsten Industrieanlagen demontiert. Auch Lokomotiven, Gleisanlagen und landwirtschaftliche Maschinen wurden abgebaut. Hinzu kam, dass die DDR bis 1953 hohe Reperationen an die Sowjetunion leisten musste.

Nach sowjetischem Vorbild wurde in der DDR 1950 die Planwirtschaft eingeführt und 1952 mit dem „Aufbau der Grundlagen des Sozialismus" die Kollektivierung der Landwirtschaft begonnen. Die Planwirtschaft wurde in Artikel 9 der DDR-Verfassung festgelegt: „In der Deutschen Demokratischen Republik gilt der Grundsatz der Leitung und Planung der Volkswirtschaft sowie aller anderen gesellschaftlichen Bereiche. Die Volkswirtschaft der Deutschen Demokratischen Republik ist sozialistische Planwirtschaft." (Abs. 3)

Die Planungsvorgaben in Fünfjahresschritten und die Zwangskollektivierung der Landwirtschaft, die nichts anderes als die Enteignung der Bauern war, führte zu großen Härten und Versorgungsengpässen. Die Überführung von privaten Unternehmen in Volkseigene Betriebe (VEB) und Handelsorganisationen (HO) zerstörte alte Strukturen und lähmte die Wirtschaft. Der Begriff Volkseigentum verschleierte die Tatsache, dass die Verfügungsmacht in den Händen politischer Funktionäre lag.

Politische Führung	Allgemeine Planungsvorgaben
Planbehörde	Aufstellung der Einzelpläne
Ministerien	Detailplanung
Betriebe/Genossenschaften	Betriebsplanung und Gegenvorschläge
Ministerien	Zusammenfassung und Koordinierung
Planbehörde	Aufstellung der Pläne
Politische Führung	Genehmigung aller Pläne

6 **Kreislauf der Planwirtschaft**

Arbeitsfragen

1. *Schildere, wie nach planwirtschaftlichen Vorgaben z. B. der Bedarf einer Großstadt mit Lebensmitteln organisiert wird.*
2. *Erörtere die These, dass in der Planwirtschaft nicht flexibel auf Bedürfnisse reagiert werden kann, während dies in der Marktwirtschaft durch Angebot und Nachfrage besser gelöst ist.*

Das Wirtschaftswunder in der BRD der 1950er-Jahre hatte im Wesentlichen folgende Ursachen: Die niedrigen Löhne und die hohen Arbeitsleistungen machten deutsche Produkte im Inland und auf dem Weltmarkt billig. Staatliche Förderungsprogramme sowie steuerliche Anreize für Unternehmer förderten die Investitionen. Es gab ein großes Angebot an gut ausgebildeten Arbeitskräften, das durch Flüchtlinge aus der DDR ständig stieg. Und als der Aufschwung zu einem Mangel an Arbeitskräften führte, wurde seit Ende der 1950er- und verstärkt in den 1960er-Jahren eine gezielte Anwerbung von ausländischen Arbeitskräften betrieben.
Arbeit gab es dank des Aufschwungs genug. Konsumieren wurde groß geschrieben. Begehrt war der Erwerb eines fahrbaren Untersatzes. Mopeds, Motorroller, Kabinenroller und Kleinwagen waren sehr gefragt, wie z. B. der „Plastikbomber“ von der Autofirma Lloyd. Geld wurde auch für Unterhaltung ausgegeben: Tanzen, Bücher, Urlaub, Essengehen, Kino. Das Motto der DDR: „Plane mit, arbeite mit, regiere mit!“ spielte in Westdeutschland keine Rolle. Dennoch gab es kritische Stimmen zum Wirtschaftswunder, die u. a. in Kabaretts und Filmen zum Ausdruck kamen.

8 **Filmplakat aus dem Jahr 1958**

7 **Kabinenroller**

9 **Gastarbeiter aus der Türkei**

Arbeitsfragen

1. *Die 1950er-Jahre werden oft in Anlehnung an die Zwanziger Jahre in der Weimarer Republik die „Goldenen Fünfziger“ genannt. Inwieweit trifft dies für die beiden Teile Deutschlands zu?*
2. *Untersuche, wie sich die Anwerbung von Gastarbeitern in der Folgezeit ausgewirkt hat.*

Nützliche Hinweise

- Film: Wir Wunderkinder, 1958, nach einem satirischen Roman von Hugo Hartung, Regie Kurt Hoffmann, mit Wolfgang Neuss, Hansjörg Felmy, Elisabeth Flickenschild
- Informationen zur politischen Bildung Nr. 231, Bonn 1991
- Friedemann: Bedürftig, Geschichte der DDR, Köln o. J.
- www.wirtschaftswundermuseum.de
- Josef H. Darchinger: Wirtschaftswunder, Köln 2008

2. Jugend zwischen Sissi und Rock 'n' Roll

1 **Kleidervorschriften**

2 **Rock 'n' Roll**

Die 1950er-Jahre werden in vielen Büchern gefeiert. Im Vordergrund steht der wirtschaftliche Aufschwung und der berechtigte Stolz, aus Ruinen auferstanden zu sein. Andere Darstellungen beschreiben diese Zeit als prüde, geprägt durch miefiges Spießbürgertum. Die Jugend stand im Spannungsfeld der sich neu orientierenden Gesellschaft. Zwischen Zukunftshoffnung und Schicksalsergebenheit, Aufbruchwille und Verunsicherung, aber auch zwischen protzigem Reichtum und Armut. Wohin die Reise ging, war noch nicht entschieden.

Dem entgegen standen die Bemühungen, die anscheinend heile Familienwelt als besonderes Merkmal der 1950er-Jahre darzustellen. Tatsächlich entwickelten sich zwei Jugendkulturen. Aus Backfischen wurden Teenager. Sie kleideten sich adrett. Die Film-, Mode- und Musikindustrie entdeckte sie als Zielgruppe. Im Vordergrund stand der Spaß am Leben. Schnulzen, Schlager, Conny Froebes und Peter Kraus, lustige Familienfilme und der Streifen „Sissi, die junge Kaiserin" drückten ihr Lebensgefühl aus. Daneben gab es eine, wenn auch kleinere Gruppe von Jugendlichen, die abschätzig Halbstarke genannt wurden. Sie kleideten sich mit amerikanischen Jeans, auf deutsch Nietenhosen genannt, karierten Hemden und Lederjacken. Die Mädchen trugen Hosen oder Petticoats. Bevorzugte Frisuren waren die gegelte Haartolle und der Pferdeschwanz. Wer irgendwie konnte, kaufte sich als Statussymbol ein Moped. Bis heute ist die Frage nicht eindeutig beantwortet, ob das Phänomen „Halbstarke" als unpolitisch und nur als Protest gegen die Autorität der Erwachsenen verstanden werden musste.

Die Jugendlichen wurden als wichtiger Teil der Bevölkerung zur Kenntnis genommen. Einerseits, weil sie zu einem Wirtschaftsfaktor wurden und andererseits, weil die 14–18-Jährigen eigene Regeln aufstellten. Diese Regeln zwischen Tanzschule und Rock 'n' Roll waren oft mit den strengen Erziehungsmethoden in Elternhaus und Schule nicht in Einklang zu bringen. Denn dort waren zu dieser Zeit Prügelstrafen durchaus keine Seltenheit.

Die Teenager suchten sich einen eigenen Weg. Dabei spielten Musik und Film eine große Rolle. Man traf sich in den Milchbars (mit heutigen Eiscafes vergleichbar) und hörte aus der Musikbox die neuesten Schlager. Auch diese angepassteren Jugendlichen stellten die Ansichten und Moralvorstellungen der Erwachsenen infrage, die z. B. in der Aussage gipfelten: „Vom Küssen bekommt man Kinder".

Zu Konflikten in den Familien kam es durch den Rock 'n' Roll. Platten mit dieser Musik durften oft zu Hause nicht aufgelegt werden. Sie wurden als „Negermusik" oder „Hottentottenmusik" disqualifiziert. In jeder größeren Stadt bildeten sich Jugendbanden, die sich James-Dean-Club, Teddy-Boys oder einfach nur Halbstarke nannten. Diese Gruppen waren oft auch zu Gewalt und Zerstörung bereit.

Arbeitsfragen

1. *Schreibe einen kurzen Zeitungsbericht über das Leben der Jugendlichen in der BRD in den 1950er-Jahren.*
2. *Erkläre, wodurch der Generationskonflikt Ende der 1950er-Jahre ausgelöst wurde.*

Q1 *Rolf H., Hermann B., Dortmund, 2008*

April 1957 kam ich aus Nordhessen nach Dortmund, um eine Lehre im Bergbau zu beginnen. Ich hatte keine Ahnung, was mich erwartete. Mit etwa 30 anderen 14- bis 15-Jährigen wurde ich im Berglehrlingsheim untergebracht. Das Heim hieß im Volksmund ‚Kleines Bullenkloster'. Empfangen wurde wir mit dem Satz „Lehrjahre sind keine Herrenjahre!" Insgesamt über 120 Lehrlinge lebten in einer kleinen Bude, die sie sich zu viert teilen mussten. Zweistöckige Betten, ein spintähnlicher Schrank und ein Tisch mit vier Stühlen waren die ganze Ausstattung. Da man erst mit 16 Jahren in die Grube durfte, begann die Lehre über Tage. Fünf Uhr aufstehen, um sechs Tage lang einen quälend langen 8-Stunden-Arbeitstag hinter sich zu bringen. Bohren, Kisten nageln, Kettenhaken schmieden, Drahtseile mit Krampen auf Baumstämme befestigen oder wochenlang Metall sägen lernen, ließen die Schicht nicht herumgehen. Einmal in der Woche war Berufsschule von 6 bis 14 Uhr. Der Ton war rau, jeder Fehler wurde lautstark kommentiert.

Mit 16 Jahren kam ich endlich in die Grube. Die Ausbildung war sehr gut und praxisbezogen. Zudem lernte ich etwas kennen, was mich für mein ganzes Leben geprägt hat: Solidarität und Kameradschaft. Die in vielen Fällen schwere und oft auch gefährliche Arbeit schmiedete die Kumpel zusammen. Fast jeder Bergmann war gewerkschaftlich organisiert. Für uns wenig angesehenen Jugendliche aus dem Heim waren die älteren Bergleute nicht nur Ausbilder, sondern besprachen mit uns auch Probleme. Es entwickelten sich Freundschaften, die sich z.T. bis heute hielten. Mein Kumpel Hermann B. stammte aus einer Bergarbeiterfamilie und wohnte in einer typischen Bergbausiedlung. Ein Stück Land, ein Stall für Kaninchen, Schweine oder Ziegen gehörte dazu. [...] Trotz der sich abzeichnenden Bergbaukrise beschlossen wir, etwas zu werden, aus Liebe zu unserem Beruf, aber auch, um der Schufterei zu entkommen. Wir wollten Steiger (Bergingenieure) werden. Steiger waren hoch angesehen, hatten verantwortungsvolle Aufgaben und verdienten gut. Beide waren wir nur Volksschüler und mussten daher die Fachhochschulreife nachmittags in Kursen nachholen. [...] Die Freizeit bestand aus Fußball, Kneipenbesuch oder Milchbar mit Musikbox. Dazu gehörten auch Versuche, Mädchen kennen zu lernen, deren Verhalten von Angst geprägt war. Wer unehelich schwanger wurde, galt als Flittchen oder Hure. Wir hielten uns von Jugendbanden wie z.B. dem James-Dean-Club fern. Auch die üblichen Kirmes- und Tanzclubschlägereien waren nicht unsere Sache. Der Bergbau mit seinen militärisch-hierarchischen Strukturen bestimmte unser Denken und Leben, obwohl wir viele Vorschriften nicht einsehen konnten. Überall Kontrollen, Regeln oder verbindliche Verhaltensnormen. Raum für Eigenheiten gab es kaum. Trotz unseres gewerkschaftlichen Engagements waren wir eigentlich unpolitisch. Protest hätte bedeutet, den Bruch mit alten Strukturen in Kauf zu nehmen und die berufliche Kariere zu gefährden. Der Bergbau bestimmte, wer Steiger werden durfte. Wir wollten aufbegehren, aber wussten nicht wie.

Die Zeit der 50er Jahre ist für die Jugendlichen von heute nur schwer nachvollziehbar, zumal die Spiel- und Musikfilme aus dieser Zeit, die im Fernsehen wiederholt werden, nur schlecht als Spiegelbild taugen. In der Regel stellen sie eine heile Welt dar, in der z.B. das Thema Sexualität und die Stellung der Frau nur am Rande diskutiert werden. Um sich über Sexualität zu informieren, waren die Jugendlichen der 1950er-Jahre oft auf dubiose Quellen angewiesen. Dafür gab es viele Wächter über Anstand und Sitte. Dazu gehörten „Aktion saubere Leinwand", „Katholische Filmkommission", „Aktion gegen Schmutz- und Schundliteratur", „Freiwillige Film-Selbstkontrolle" und die „Bundesprüfstelle für jugendgefährdende Schriften".

3 **DDR-Gegenentwurf zum Rock 'n' Roll 1959**

Arbeitsfragen

1. *Nimm Stellung zu dem Satz des Zeitzeugen: „Wir wollten aufbegehren, wussten aber nicht wie."*
2. *Diskutiert die Situation der Jugendlichen in den 1950er-Jahren.*

Über Medien und Besuche in Ost und West verbreitete sich die neue Musik und der Modestil rasch auch in der DDR. Zahlreiche Bands wurden gegründet, die ihre Musik zum Teil geheim spielten. Die Erwachsenen in der DDR reagierten ähnlich verschreckt wie die Bürger der BRD.

Die SED-Führung nahm die Begeisterung für amerikanische Popkultur als eine Bedrohung für die sozialistische Entwicklung in der DDR wahr. Sie begegneten den Einflüssen durch kollektiven Druck und Bespitzelung durch die Staatssicherheit (Stasi). Zu den zahlreichen Gegenmaßnahmen gehörte eine Anordnung des Ministers für Kultur, dass bei Konzerten höchstens 40 Prozent der gespielten Musik westlichen Ursprungs sein durften. Als positive Gegenmaßnahme wurde 1959 mit viel Presse- und Radioaufwand der Modetanz „Lipsi Nr. 1" propagiert. Doch schon nach einem Jahr war die Lipsi-Kampagne gescheitert. In Dresden zog nach einem Bericht der Stasi 1960 eine Gruppe Jugendlicher durch die Innenstadt und rief: „Wir brauchen keinen Lipsi und keinen Ado Koll (ein bekannter DDR-Orchesterleiter) – wir brauchen Elvis Presley mit seinem Rock 'n' Roll."

Für die DDR-Führung sollte sich die Jugend in der Jugendorganisation der SED, der FDJ (Freie Deutsche Jugend), für den Aufbau des Sozialismus engagieren und sich an dem Antlitz eines jungen Sozialisten orientieren.

Die Halbstarken wollten mit ihrer Lässigkeit – heute würde man „Coolness" sagen – und vor allem mit ihrer Musik den braven Bürger provozieren. Ihr Lebensstil fand besonders im Rock 'n' Roll seinen Ausdruck. Idole waren Bill Haley und Elvis Presley. Anlässlich einer Bill-Haley-Tournee kam es zu Krawallen und Ausschreitungen. Zwischen 1956 und 1958 wurde in fast allen deutschen Großstädten etwa 350 größere Krawalle gezählt. So zogen z. B. im Dezember 1956 im Anschluss an die Vorführung des Films „Außer Rand und Band" mit Bill Haley rund 4000 Halbstarke randalierend durch Dortmund. Die Filme „... denn sie wissen nicht, was sie tun" mit James Dean, „Die Halbstarken" mit Karin Baal und Horst Buchholz und „Die Saat der Gewalt" mit Marlon Brando fanden breiten Anklang. Dargestellt wurden Auseinandersetzungen junger Menschen mit der Erwachsenenwelt.

Die Reaktionen auf die neue Jugendkultur ähnelten sich in der BRD und DDR. In der DDR kam aber hinzu, dass die Ablehnung mit politischen Motiven verbunden wurde und die Ausbreitung der „Amerikanisierung" als westliches Instrument im Kalten Krieg gegen den Sozialismus interpretiert wurde.

Das moralische Antlitz eines jungen Sozialisten

1. Du sollst Dich stets für die internationale Solidarität der Arbeiterklasse und aller Werktätigen sowie für die unverbrüchliche Verbundenheit aller sozialistischen Länder einsetzen.
2. Du sollst Dein Vaterland lieben und stets bereit sein, Deine ganze Kraft und Fähigkeit der Verteidigung der Arbeiter-und-Bauern-Macht einzusetzen.
3. Du sollst helfen, die Ausbeutung des Menschen durch den Menschen zu beseitigen.
4. Du sollst gute Taten für den Sozialismus vollbringen, denn der Sozialismus führt zu einem besseren Leben für alle Werktätigen.
5. Du sollst beim Aufbau des Sozialismus im Geiste der gegenseitigen Hilfe und der kameradschaftlichen Zusammenarbeit handeln, das Kollektiv achten und seine Kritik beherzigen.
6. Du sollst das Volkseigentum schützen und mehren.
7. Du sollst stets nach Verbesserung Deiner Leistungen streben, sparsam sein und die sozialistische Arbeitsdisziplin festigen.
8. Du sollst Deine Kinder im Geiste des Friedens und des Sozialismus zu allseitig gebildeten, charakterfesten und körperlich gestählten Menschen erziehen.
9. Du sollst sauber und anständig leben und Deine Familie achten.
10. Du sollst Solidarität mit den um ihre nationale Befreiung kämpfenden und den ihre nationale Unabhängigkeit verteidigenden Völkern üben.

4 Die sozialistischen 10 Gebote, 1958, – Walter Ulbricht verkündet auf dem Parteitag der SED im Juli 1958 „10 Gebote für den neuen sozialistsichen Menschen".

Arbeitsfragen

1. *Beschreibe die Maßnahmen, die die DDR-Führung gegen die westliche Jugendkultur unternahm.*
2. *Fasse die von Walter Ulbricht verkündeten „Gebote" kurz zusammen und beurteile sie.*
3. *Diskutiert, warum die Eltern-Generation in der DDR und der BRD auf die neue Jugendkultur ähnlich reagierten.*

Neues über die Hintergründe der Veitstanzkrawalle

Strauß befahl: jazzt und rockt!

Das ist der Atomkriegsstratege Strauß: er ist einer der Hintermänner der Veitstanzkrawalle in Westdeutschland und Westberlin – und US-Schreihals Bill Haley arbeitet ihm in die Hand

Und das sind seine Opfer: sie „rocken“ und „rollen“ und sollen mit dem transatlantischen Geschrei auf lange Sicht vergiftet werden, so wie es die Nazis einst vor ihren „Schlachten“ mit Alkohol taten

Hier sind die Beweise

Volkskammerkandidat Helmut Müller gab sie vorgestern auf einer Jugendversammlung bekannt. Hier sind sie:

- Im August dieses Jahres erklärte Strauß gegenüber Vertretern der (west)-Deutschen Jazz-Föderation, daß er die Anweisung gegeben hat, in jedem Truppenteil und in jeder Kaserne der Bonner Wehrmacht Jazzkapellen zu bilden und Jazzabende zu veranstalten.
- Die Geldmittel zur Anschaffung der Instrumente werden aus dem Fonds des Kriegsministeriums bereitgestellt.
- Selbst die katholische „Allgemeine Sonntagszeitung“ schrieb in diesem Zusammenhang am 17. August, „daß sich hierzulande der verantwortliche Ressortchef für das Militärwesen für Jazzklubs und Jazzkapellen einsetzt (und gleichzeitig das nötige Kleingeld für die Anschaffung des nötigen Zubehörs bereitstellt) ist alles andere als selbstverständlich.“

auch. Freilich, man kann sie nicht gerade als eine Selbstverständlichkeit bezeichnen, denn daß sich hierzulande der verantwortliche Ressortchef für das Militärwesen für Jazzkapellen und Jazzklubs einsetzt (und gleichzeitig das nötige Kleingeld für die Anschaffung des nötigen Zubehörs bereitstellt), ist alles andere als selbstverständlich.

Also: Strauß scheut keine Mittel, um die Jugend mit Hilfe der transatlantischen Veitstänze „weich“ zu machen. Für die „Zivilisten“ reicht Bill Haley – beim Borras helfen dann noch Strauß' Jazzkapellen mit. Als „Zivilisten“ zerschlagen die weichgemachten Jugendlichen vorerst Stuhlreihen und Konzertflügel. Als Bundeswehrsoldaten schießen sie bereits auf Rennboote der Frankfurter Rudergesellschaft. Auch: „Nur so aus Jux.“ Und was wird morgen zerstört? Oder: Was soll morgen zerstört werden?

Für die friedliebende deutsche Jugend kann es da nur eines geben:

Ami go home!
Nimm Strauß und Adenauer mit!

5 Die DDR-Zeitung „Junge Welt“ vom 31. Oktober 1958

6 Deutscher Kinohit 1956

7 Die junge Frau trägt einen für die 50er-Jahre typischen Petticoat.

8 Jugendkrawall bei einem Konzert 1956

Arbeitsfragen

1. *Nimm Stellung dazu, dass von der DDR-Führung die Krawalle nach Bill-Haley-Konzerten in einen Zusammenhang mit dem Ost-West-Gegensatz gestellt wurden.*
2. *Diskutiert, warum eine neue Jugendkultur in allen Zeiten zuerst einmal bei Erwachsenen auf Ablehnung stößt.*

Nützliche Hinweise

- Markus Kasper: Die 50er, Köln 2007
- www.jugendopposition.de
- Parallelwelt Film: Ein Einblick in die DEFA, Bundeszentrale für politische Bildung 2007
- www.rockarchiv.infopartisan.net

3. Licht und Schatten

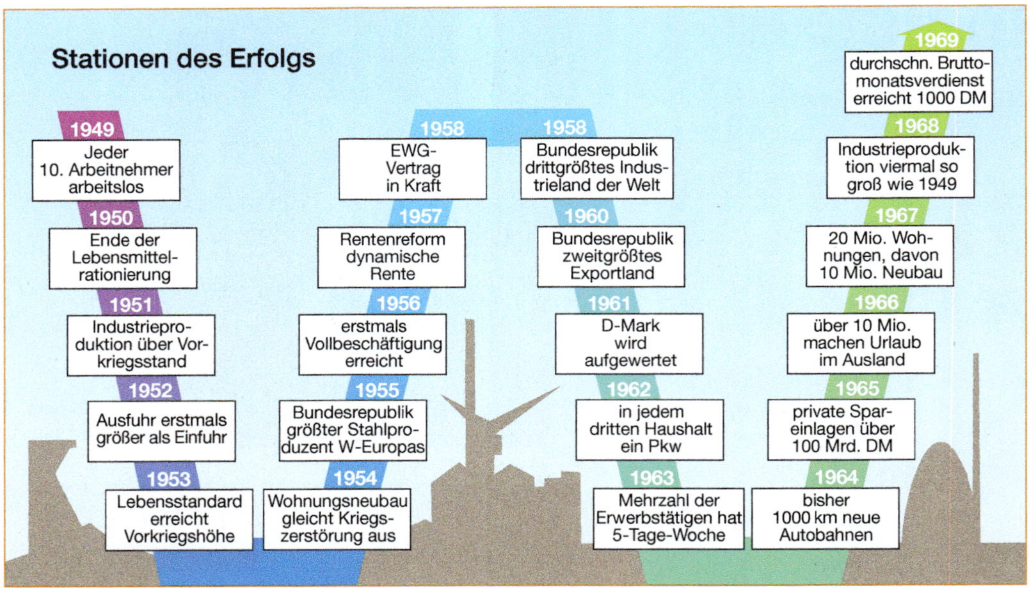

1 **Das Wirtschaftswunder**

„Wohlstand für Alle", so hatte es Ludwig Erhard immer wieder gepredigt. Nach den Kriegs- und Nachkriegsjahren war dies eine verheißungsvolle Botschaft, die sich für viele Deutsche in der BRD in den 1950er Jahren verwirklichte: einer selbst gewählten Arbeit nachzugehen, sich satt zu essen und neu einzukleiden, eine einigermaßen gemütliche Wohnung zu haben und auch Urlaub machen zu können.
Die Wohlstandsschere klaffte jedoch immer weiter auseinander. Licht und Schatten prägten die Zeit. 1953 erreichte die Anzahl der neu zugelassenen PKWs die Millionengrenze, leider stieg aber auch die Zahl der Verkehrstoten in diesem Jahr auf 11 000.
Seit der Währungsreform bis 1950 wurden in Deutschland 200 000 Sozialwohnungen gebaut, von 1950 bis 1955 entstanden im Rahmen des sozialen Wohnungsbaus 1,8 Millionen Wohnungen für Personen mit niedrigem Einkommen. Bürger aus gewachsenen städtischen Strukturen wurden aber auch in Randgebiete der Städte umgesiedelt.
Der wirtschaftliche Aufbruch führte zu einer bis 1966 anhaltenden Hochkonjunktur, die von vielen tatsächlich als Wunder verstanden wurde. Der Gesamtwert aller Waren und Dienstleistungen der BRD erhöhte sich von 98 Milliarden im Jahr 1950 auf 465 Milliarden D-Mark 1966. Die Gewerkschaften konnten beträchtliche Lohnforderungen durchsetzen. Die Brutto-Stundenlöhne in der Industrie stiegen von 1,83 D-Mark 1955 auf 4,56 D-Mark 1966. Es herrschte praktisch Vollbeschäftigung.
Aber es gab auch Ausgeschlossene vom „Wirtschaftswunder", z. B. Flüchtlinge, Vertriebene und Rentner. Ein umfassendes sozialpolitisches Programm sorgte dafür, dass die soziale Seite der Erhardschen Marktwirtschaft nicht in Vergessenheit geriet. Neben dem sozialen Wohnungsbauprogramm schaffte das 1952 verabschiedete Lastenausgleichsgesetz eine Umverteilung und finanzielle Unterstützung für Flüchtlinge und Vertriebene. Nach langen Diskussionen wurde 1957 das Gesetz zur Einführung der „dynamischen Rente" beschlossen. Es bewirkte, dass die Renten unabhängig von den selbst eingezahlten Beiträgen, die aufgrund des Krieges sehr gering waren, den durchschnittlichen Lohnsteigerungen angepasst wurden und so auch die Rentner vom Wirtschaftsaufschwung etwas abbekamen. Das Prinzip war, dass die Arbeitenden die Renten der Nichtmehrarbeitenden mitfinanzierten und darauf rechnen konnten, dass auch ihre eigene Rente von einer künftigen Generation mitgetragen wird.

Arbeitsfragen

1. *Erkläre, warum die Menschen der 1950er-Jahre stolz auf die wirtschaftliche Entwicklung waren.*
2. *Prüfe, ob die wirtschaftlichen und sozialpolitischen Maßnahmen in den 1950er-Jahren der Parole vom „Wohlstand für alle" entsprachen.*

Q1 *Werner Sch., Frankfurt, April 2008*
Die 50er Jahre haben uns das Gefühl gegeben, wieder weltweit denken und leben zu können. Die Gesellschaft war im Aufbruch. Vieles weckte unsere Neugier. Wir hörten Musik, gingen ins Kino und zum Tanzen. Wir organisierten uns in Jugendgruppen, trafen uns zu Heimabenden, wanderten und gestalteten große Zeltlager. In unserem Jugendheim stand ein Spruch an der Wand: „Gespräche mit Freunden am Feuer verjüngen die Welt." Das Taschengeld, das uns zur Verfügung stand, war knapp bemessen. Wir gingen ohne Sorge auf unseren Schulabschluss zu, weil wir überzeugt waren, eine Lehre zu bekommen. In vielen Geschäften und Betrieben hingen Schilder ‚Lehrling gesucht'. Es gab auch Betriebe, die in die Schule kamen, um Lehrlinge anzuwerben. In Deutschland gab es viel zu tun. Auch die Schule und das Elternhaus haben uns das Gefühl vermittelt, dass wir gebraucht werden. Zu Beginn meiner Apothekenlehre wurde ich begrüßt mit dem Satz: „Lehrjahre sind keine Herrenjahre"." Ich habe viel gelernt, obwohl manche Tätigkeit wie Laden putzen, Hof fegen und Einkaufen für die Chefin mit meiner Ausbildung nichts zu tun hatten. Es war selbstverständlich, vom Lehrlingsgeld zu Hause Kostgeld abzugeben.

Q2 *Dieter S., überliefert, Herleshausen 2001*
Ich konnte mich 1957 aus Andisleben bei Erfurt aus der DDR absetzen. Als gelernter Traktorist konnte ich im Westen nichts anfangen. Aus dem Alter, eine neue Lehre zu beginnen, war ich raus. So habe ich jahrelang für wenig Geld als Hilfsarbeiter im Straßenbau gearbeitet, bis ich die Raupe fahren durfte.

Das Erhardsche Wirtschaftskonzept erwies sich als erfolgreich. Trotz des Aufschwungs gab es auch Unzufriedenheit unter den Arbeitnehmern. Sie waren bei einer 48-Stunden-Woche der Überzeugung, am wirtschaftlichen Fortschritt nicht entsprechend ihrer Leistung beteiligt zu sein. So kam es 1954 in der württembergischen und bayrischen Metallindustrie zu Streiks.

2 **Bürohochhäuser in Hamburg**

3 **Wohnhaus in Berlin**

4 **Kundgebung des Deutschen Gewerkschaftsbundes, 1. Mai 1956**

Arbeitsfragen
1. *Beschreibe die unterschiedlichen Sichtweisen der Zeitzeugen. Wie sind die Unterschiede zu erklären?*
2. *Erörtere den Zusammenhang von den Bildern und dem Text und nimm dazu Stellung.*

Q3 *Im November 1959 hielt der Ministerpräsident der DDR, Otto Grotewohl, einen Vortrag zur wirtschaftlichen Lage, in dem er u. a. folgende Fragen stellte:*
Ist es demokratisch, daß bei uns die Werktätigen für 30,– DM einen FDGB-Ferienplatz erhalten oder sollen wir unsere Kur- und Erholungsorte wieder zu Domänen prassender Junker und Bankiers machen?
War es demokratisch, die Faschisten und Kriegsverbrecher zu enteignen, oder sollten wir, wie in Westdeutschland, unser Wirtschaftspotenzial wieder in die Hände von Krupp, Thyssen oder Flick legen, damit ganz Deutschland zum Hort der Reaktion wird?
War es demokratisch, die Junker von ihren Herrensitzen zu vertreiben, oder sollen wir den Grund und Boden der Genossenschaftsbauern und der werktätigen Einzelbauern an die Zitzewitze zurückgeben?

Zitat aus der nebenstehenden Broschüre

In den 1950er-Jahren, insbesondere nach dem Tod Stalins 1953, kam es zu Meinungsverschiedenheiten über die Wirtschaftspolitik und die Versorgung der Bevölkerung. Abweichende Meinungen der von der SED vorgegebenen Linie duldeten Ulbricht und Grotewohl nicht. Mehrere Minister und Spitzenfunktionäre wurden entlassen.
Bis 1961 sollte der Pro-Kopf-Verbrauch von Lebensmitteln und anderen Gütern den der Westdeutschen übertreffen. Der Konsum lag in der Bundesrepublik um 25 Prozent und die Arbeitsproduktivität um 30 Prozent höher. Tatsächlich erhöhte sich der Lebensstandart der DDR-Bevölkerung spürbar, vor allem weil 1958 zur Freude der Bevölkerung die Lebensmittelkarten abgeschafft wurden. Dennoch gehörten „Sozialistische Wartegemeinschaften“ zum alltäglichen Bild. Die unaufhörliche Propaganda wurde selten ernst genommen und entsprach auch nicht der Wirklichkeit.

5 **Warteschlange vor einem HO-Laden**

6 **Titelseite der Rede Otto Grotewohls**

7 **1956 – Kinder und Propaganda**

Arbeitsfragen
1. *Beschreibe das Bild, dass Grotewohl mit seinen Fragen von der BRD zeichnet.*
2. *Diskutiert den Widerspruch, den Lebensstandard und Propaganda in der DDR bildeten.*

8 **Gastarbeiterbaracken**

9 **Ankunft in der BRD 1964. Zu diesem Foto meldete die Deutsche Presseagentur: Mit verlegener, ein wenig misstrauischer Miene stand der millionste Gastarbeiter der Bundesrepublik, Armado Sa. Rodrigues aus dem kleinen Dorf Vale de Madeiros in Portugal, auf dem Köln-Deutzer-Bahnhof inmitten eines Rudels von Reportern und Kameraleuten. Nach mehr als zwei Tagen Fahrt in einem großen Gastarbeiter-Transport war er nicht auf einen solchen Empfang mit Pauken und Trompeten, deutschen Märschen und „Auf in den Kampf, Torero" gefasst. Unser Bild zeigt Rodrigues, der stolz auf dem Moped sitzt, das er bei der Ankunft geschenkt bekam.**

In den 1950er-Jahren wuchsen in den Großstädten die Baukrähne für Büro- und Mietshäuser aus dem Boden. Auf diesen Baustellen, aber auch in Fabriken wurden Arbeitskräfte gebraucht, besonders für nicht qualifizierte Arbeiten. Als 1956 erstmals in der BRD Vollbeschäftigung erreicht wurde, war der Arbeitskräftebedarf der Wirtschaft nicht mehr durch inländische Arbeitskräfte zu decken. Mit der deutsch-italienischen Vereinbarung von 1955 begann deshalb die Anwerbung von ausländischen Arbeitskräften. Es folgten weitere Anwerbevereinbarungen in den 1960er-Jahren mit Jugoslawien, Griechenland, Portugal, Spanien und der Türkei. Groß angelegte Werbekampagnen in den Hauptstädten dieser Länder weckten die Hoffnung auf eine „goldene Zukunft" in der BRD.

Die ausländischen Arbeitskräfte wurden zwar als willkommene Arbeitskräfte – meistens für die besonders dreckigen und schweren Arbeiten – angesehen, nicht jedoch als neue Mitbürger. Oft mussten sie in eingezäunten Barackenlagern leben, die in der Nähe großer Baustellen eingerichtet wurden. Erst um 1960 wurde der diskriminierende, in der Nazizeit gebrauchte, Ausdruck „Fremdarbeiter" durch „Gastarbeiter" (heute Migrant) ersetzt.

Dabei wurde die Zuwanderung in der Vorstellung der Deutschen wie auch im Selbstverständnis der Ausländer zunächst als Verbleiben auf Zeit angesehen. Sowohl von den Deutschen als auch von den Gastarbeitern wurde der Aufenthalt als vorübergehende Notwendigkeit angesehen. Über den Nachzug der Familien und die Integration machte man sich damals nur wenige Gedanken.

Arbeitsfragen

1. *Zähle die Gründe auf, die zum Anwerben von Arbeitskräften im Ausland geführt haben.*
2. *Schreibe einen Brief, in dem ein angeworbener italienischer Bauarbeiter seine Situation in Deutschland schildert.*
3. *Wie erklärst du dir, dass sich nur wenige Deutsche um die Sorgen und Probleme der Gastarbeiter kümmerten.*

Nützliche Hinweise

- DVD: „Damals in der DDR" von Karsten Laske, 2004
- www.dhm.de/lemo/home.html
- Peter Bender: Deutschlands Wiederkehr – eine ungeteilte Nachkriegsgeschichte 1945–1990, Stuttgart 2007
- Film: Solino, 2003, Regie Fatih Akin, mit Barnaby Metschurat, Moritz Bleibtreu
- www.angekommen.com

1. Deutsche Außenpolitik

1 Bundeskanzler Adenauer und Staatspräsident de Gaulle nach der Unterzeichnung des deutsch-französischen Freundschaftsvertrages 1963

Nach Gründung der BRD standen im Vordergrund der westdeutschen Außenpolitik unter Adenauer der wirtschaftliche Zusammenschluss Westeuropas und die Integration der BRD in das westliche Bündnissystem. Über diesen Weg der „Westintegration" gab es heftigen politischen Streit: Bedeutete nicht jeder Schritt zur Integration der BRD in das westliche Bündsnissystem zugleich, dass die deutsche Teilung vertieft würde?

Für Konrad Andenauer stand die Antwort auf diese Frage frühzeitig fest: Westintegration – Wiederbewaffnung – Wiedervereinigung. Nur in dieser Reihenfolge konnte er sich eine Lösung für Deutschland unter den Bedingungen des Kalten Krieges vorstellen.

Eine wichtige Voraussetzung dafür war die Aussöhnung mit dem ehemaligen „Erbfeind" Frankreich. Die Maßnahmen für diese Aussöhnung, die schließlich in der Unterzeichnung des deutsch-französischen Freundschaftsvertrages 1963 gipfelten, sind Meilensteine in der Geschichte Europas. Allein in den letzten 200 Jahren wurden fünf Kriege gegeneinander geführt. Seit 1949 wurde das Misstrauen Frankreichs gegenüber einer unkontrollierten Machtentfaltung Deutschlands schrittweise durch die zunehmende Einbeziehung der BRD in militärisch-politische und wirtschaftliche Zusammenschlüsse des Westens abgebaut. 1952 wurde auf Anregung der französischen Politiker Jean Monnet und Robert Schumann aus dem Jahr 1950 die „Europäische Gemeinschaft für Kohle und Stahl" (EGKS-Montanunion) gegründet. Frankreich, Italien, die Benelux-Staaten und die Bundesrepublik gehörten zu diesem Markt. Die EKGS war Grundlage für alle folgenden Verträge zur europäischen Einigung.

Durch die zunehmende deutsch-französische Zusammenarbeit wurde auch die Klärung der Saarfrage möglich. Frankreich gab 1957 nach einer Volksabstimmung im Jahr 1955 die Oberhoheit über das wichtige Stahl- und Kohlegebiet „Saarland" ab.

Die Einrichtung einer Europäischen Verteidigungsgemeinschaft (EVG) mit einer gemeinsamen Armee scheiterte am Widerstand der französischen Nationalversammlung.

Die Verschärfung des Ost-West-Konfliktes führte 1955 zu den Pariser Verträgen: Die BRD trat der NATO bei und wurde souverän. Den wichtigsten Meilenstein zur europäischen Einigung stellten die „Römischen Verträge" von 1957 zur Gründung der „Europäischen Wirtschaftsgemeinschaft" (EWG) und zur Europäischen Atomgemeinschaft (EURATOM) dar.

Die politische, wirtschaftliche und militärische Westintegration war jedoch keineswegs unumstritten. Ihre Durchsetzung stieß während der 1950er-Jahre immer wieder auf heftige Opposition der SPD, Gewerkschaften und von Teilen der evangelischen Kirche. Besonders die Wiederbewaffung stieß auf Ablehnung und Protest. Andererseits waren die Bürger aber auch stolz, dass die BRD wieder ein gleichberechtigtes Mitglied der Staatengemeinschaft war.

Arbeitsfragen

1. *Beschreibe die historische Bedeutung der im Text genannten Verträge und Bündnisse.*
2. *Informiere dich darüber, wie sich das deutsch-französische Verhältnis bis heute entwickelt und welche Bedeutung der damals vereinbarte Schüleraustausch hat.*

2 **Aufnahme diplomatischer Beziehungen mit der UdSSR 1955**

Q1 *Werner H., überliefert, Hamburg 1965*
Ich studierte damals in Hamburg an der Ingenieurschule Fahrzeugbau. Wir Techniker waren eigentlich wenig an Politik interessiert, obwohl die Wochenschauen im Kino, Nachrichtensendungen im Radio, Zeitungen oder auch die DDR-Propaganda uns ständig berieselten. Die Sowjetunion empfanden wir als Bedrohung. Je mehr die weltpolitischen Spannungen wuchsen, desto größer wurde unsere Angst. Adenauer war wie eine Vaterfigur, der man unseren Staat anvertrauen konnte. Wir gingen oft in das Amerika-Haus in Hamburg, wo uns die sowjetische Bedrohung noch drastischer dargestellt wurde. Die Verträge mit dem Westen entsprachen unserem Bedürfnis nach Sicherheit. Vor neuer wirtschaftlicher Not glaubten wir geschützt zu sein. Manchmal hat uns die Schwarz-Weiß-Malerei beider Seiten gestört.

Q2 *Hilde P., Berlin 1984*
Ich bin erst 1951 mit meinen Kindern aus Ostberlin nach Westberlin geflohen, weil ich als Sozialdemokratin gegen die SED den Mund aufgemacht hatte und ich ständig schikaniert wurde. In Westberlin fühlte ich mich persönlich sicher, aber wir lebten ständig mit der Angst, dass es zwischen den Sowjets und den Amerikanern zu einem Krieg kommen könnte und wir in Westberlin dann ganz schnell von den Russen eingenommen werden. Besonders der Koreakrieg hat diese Angst verstärkt.
Auf Adenauer und seine westliche Politk war ich gar nicht gut zu sprechen. Besonders dass er zwar von Wiedervereinigung redete, gleichzeitig aber die Wiederbewaffnung betrieb, fand ich unglaubwürdig. Dass wir wieder eine Armee haben sollten, das habe ich nach zwei Weltkriegen, die ich erlebt habe, strikt abgelehnt.

Die Westintegration und die Wiedervereinigung ließen sich aufgrund der Machtverhältnisse und den großen Spannungen mit der Sowjetunion nicht in Einklang bringen. Vorrang hatte für Adenauer daher die schrittweise Anbindung an Westeuropa und die USA. In den Diskussionen um diese Politik wurde Adenauer von seinen politischen Gegnern oft als „Kanzler der Alliierten" bezeichnet. Zu berücksichtigen ist, dass auch in den westlichen Staaten noch großes Misstrauen gegen die Deutschen bestand. Die Wunden des Krieges und das faschistische Deutschland waren nicht vergessen.
Ein wichtiger außenpolitischer Schritt war die Aufnahme diplomatischer Beziehungen mit der Sowjetunion September 1955. Adenauer hatte zuvor die Freilassung der russischen Kriegsgefangenen erreicht. Der Bundeskanzler bestritt, dass mit dem Austausch der Botschafter eine indirekte Anerkennung der DDR verbunden sei.

„Die Haltung der Bundesregierung gegenüber der Sowjetzonenregierung wird … durch die Aufnahme diplomatischer Beziehungen zwischen der Sowjetunion und der Bundesregierung nicht berührt. Die Regierung der sog. DDR ist nicht auf Grund wirklich freier Wahlen gebildet worden, sie verfügt daher über kein echtes Mandat des Volkes … Die Bundesregierung ist daher allein befugt … für das ganze Deutschland zu sprechen.

Konrad Adenauer, 22. September 1955

Arbeitsfragen
1. *Schildere die Ängste der beiden Zeitzeugen und nimm Stellung dazu.*
2. *Erläutere die von den Zeitzeugen geäußerten unterschiedlichen Beurteilungen von Adenauer.*
3. *Beurteile die Aufnahme der diplomatischen Beziehungen zwischen der BRD und der UdSSR.*

3 **„Hinter Ihnen geht einer, dreh'n Sie sich nicht um." Britische Karikatur zur Stalin-Note 1952**

Als im Rahmen der Errichtung einer „Europäischen Verteidigungsgemeinschaft" (EVG) die Integration der BRD in ein europäisches Militärbündnis und die Wiederbewaffnung diskutiert wurde, reagierte Stalin im Frühjahr 1952 mit mehreren Noten an die Westmächte. Stalin bot den Westmächten freie Wahlen in ganz Deutschland und Abschluss eines Friedensvertrages mit einem wiedervereinigten Deutschland an unter der Bedingung, dass Deutschland sich zur Neutralität verpflichtete.

Bei den Westmächten und der Bundesregierung löste der Vorstoß Stalins beträchtliche Unruhe aus. Wenn das Angebot ernst gemeint war, welchen Stellenwert hatte dann die Chance auf eine Wiedervereinigung gegenüber der angestrebten Westintegration der BRD? Bestand nicht die Gefahr, dass ein neutrales Deutschland doch in den sowjetischen Machtbereich fiel? Würde ein Nichteingehen auf Stalins Vorschläge nicht die Spaltung Deutschlands auf unabsehbare Zeit verlängern?

Die Bundesregierung und die Westmächte werteten diesen Vorschlag als Störmanöver gegen die westliche Integration. Der Preis einer Neutralität Deutschlands schien zu hoch, sie lehnten deshalb Verhandlungen darüber ab. Auch in der westdeutschen Öffentlichkeit überwog die Meinung, dass es sich um einen sowjetischen Trick handelte, um über die Neutralität ganz Deutschland in den Machtbereich der Sowjetunion zu bekommen.

In der BRD wurde die „Stalin-Note" von 1952 schon deshalb für fragwürdig erachtet, weil seit der Gründung der DDR diese durch bilaterale Verträge mit der Sowjetunion und durch die Mitgliedschaft im Rat für gegenseitige Wirtschaftshilfe (RGW) fest in den sowjetischen Machtbereich eingebunden war. 1955 – nach dem Beitritt der BRD zur NATO – wurde die DDR dann auch Mitglied des Warschauer Paktes, dem östlichen Gegenstück zur NATO. Damit war die Eingliederung der beiden deutschen Staaten in die jeweiligen Bündnissysteme des Kalten Krieges vollzogen und die Frage der Wiedervereinigung stand nicht mehr auf der politischen Tagesordnung.

Arbeitsfragen

1. *Fasse kurz die politische Lage zum Zeitpunkt der Stalin-Noten im Frühjar 1952 zusammen.*
2. *Nenne die zentralen Punkte von Stalins Vorschlag.*
3. *Interpretiere die Karikatur. Warum wollen die dargestellten westlichen Politiker, dass sich Adenauer (der Politiker mit dem Rücken zum Fenster) nicht umdreht?*
4. *Diskutiert die unterschiedlichen Möglichkeiten der Reaktion des Westens auf die Stalin-Noten.*

4 **Plakat aus der DDR zu den Stalin-Noten 1952**

5 **Plakat aus der BRD gegen die Stalin-Noten**

„Wir wollen, dass der Westen so stark wird, dass er mit der Sowjetregierung in ein vernünftiges Gespräch kommen kann. Wenn der Westen stärker ist als die Sowjetregierung, dann ist der Zeitpunkt gekommen, an dem die Sowjetregierung ihre Ohren öffnen wird.“ So hatte Adenauer 1952 seine „Politik der Stärke“ erläutert. Adenauer konnte einen großen Erfolg aufweisen: Die BRD war zehn Jahre nach Kriegsende als gleichberechtigter Partner im westlichen Bündnis anerkannt.

Doch bisher hatten sich keine Erfolge bei der Überwindung der Teilung Deutschlands eingestellt. Im Gegenteil: Die 1955 aus der „Politik der Stärke“ entwickelte „Hallstein-Doktrin“ engte den außenpolitischen Spielraum gegenüber den osteuropäischen Ländern und auch den Ländern der Dritten Welt ein. So benannt nach dem damaligen Staatssekretär im Auswärtigen Amt brach die BRD die diplomatischen Beziehungen zu all den Staaten ab, die die DDR anerkannten. Sie begründete diese Politik damit, dass sie als einzige deutsche Regierung aus freien Wahlen hervorgegangen sei. Nur gegenüber der Sowjetunion als ehemalige Besatzungsmacht verzichtete sie auf diesen Alleinvertretungsanspruch.

Obwohl den Bürgern gemeinsam mit den über 12 Millionen Flüchtlingen die Wiedervereinigung ein großes Anliegen war und man die Menschen in der DDR „Schwestern und Brüder in der Sowjetzone“ nannte, wurde die Adenauersche „Politik der Stärke“ als erfolgreich angesehen. Dafür gab es mehrere Ursachen. Die Menschen in der jungen Bundesrepublik und der DDR wollten vor allem in Frieden leben. Mit Politik wollten viele Deutsche nichts mehr zu tun haben, die so genannte „Ohne-Mich-Haltung“ war stark verbreitet. Die Erfahrungen der nationalsozialistischen Herrschaft und der Entnazifizierung spielten dabei eine wichtige Rolle. Auch der Antikommunismus und die tiefsitzende Furcht vor der Sowjetunion hatten eine große Bedeutung. Vor allem aber die Hoffnung, dass nach den Jahren der Not nur die Anbindung an den Westen Wohlstand, Freiheit und Sicherheit garantieren würde, brachte viele Bürger dazu, Adenauers Weg zuzustimmen.

Arbeitsfragen

1. *Interpretiere das Plakat. Welche Sorgen und Ängste werden mit dem Plakat gegen die Stalin-Note ausgelöst?*
2. *Beurteile den Alleinvertretungsanspruch aus heutiger Sicht.*
3. *Diskutiert die Spielräume, die die beiden deutschen Staaten für ihre Außenpolitik hatten.*

Nützliche Hinweise

- http://einestages.spiegel.de
- Kurt Sontheimer: Die Adenauer-Ära, München 2003
- Stalinnote: www.digam.net
- www.ena.lu
- www.politische-union.de/evgv

2. 17. Juni 1953

1 Orte des Aufstands zum 17. Juni 1953 in der DDR

Die soziale Lage der Menschen in der DDR war von Mangelwirtschaft gekennzeichnet. Der 1952 proklamierte „planmäßige Aufbau des Sozialismus“ änderte die Situation der Bevölkerung nicht. Faktisch bedeuteten die Vorhaben eine „Sowjetisierung“ der Gesellschaft, verbunden mit einer Stärkung der Staatsmacht. Viele suchten in der „Abstimmung mit den Füßen“, d. h. mit der Flucht nach Westberlin und Westdeutschland, einen Ausweg. Allein im März 1953 flohen 58 605 Menschen in den Westen. Von 1952 bis Mai 1953 waren es insgesamt 311 843 Personen.

Am 28. Mai 1953 beschloss das Zentralkomitee (ZK) der SED und der Ministerrat, die Arbeitsnormen in den Volkseigenen Betrieben um 10 Prozent zu erhöhen. Das bedeutete eine erhöhte Arbeitsleistung, verbunden mit einer Verlängerung der Arbeitszeit ohne Anhebung der Löhne. Es kam zu spontanen Streiks und Demonstrationen vor Gefängnissen mit politischen Häftlingen. Am 16. Juni versammelten sich die Arbeiter der Ostberliner Stalinallee zu einem Protestmarsch, dem sich fast alle Betriebe anschlossen. Sie forderten nicht nur die Verbesserung ihrer wirtschaftlichen Lage, sondern auch freie Wahlen und den Rücktritt der Regierung. „Von Ulbricht, Pieck und Grotewohl haben wir die Schnauze voll.“ Streikkomitees wurden gegründet. Der Zorn der Bevölkerung entlud sich auch in der Stürmung von Parteibüros, die z. T. auch in Brand gesteckt wurden.

Politische Häftlinge wurden befreit und Volkspolizisten entwaffnet. Vor allem durch den Berliner Rundfunksender RIAS verbreitete sich die Nachricht von den Unruhen in der gesamten DDR. In Hennigsdorf bei Berlin traten 12 000 Beschäftigte der Stahl- und Walzwerke in den Ausstand. In kürzester Zeit kam es in mehr als 270 Orten zu Aufständen. Die Protestaktionen waren spontan und zumeist unorganisiert. Getragen wurde der Protest von Arbeitern, deren Rechte der DDR-Regierung angeblich besonders am Herzen lagen. Auffahrende russische Panzer wurden aus Wut und Verzweiflung mit Steinen beworfen.

Der Westen reagierte zunächst mit Ratlosigkeit und Verwirrung. Um eine direkte Konfrontation mit der Sowjetunion zu vermeiden, wurde zu Zurückhaltung geraten. Die Machthaber in der DDR und die sowjetische Armee schlugen mit aller Härte zurück. Sowjetische Panzer und die Kasernierte Volkspolizei warfen den Aufstand nieder und stellten „Ruhe und Ordnung“ wieder her.

Offiziell sprach die DDR-Regierung von 18 Toten und 127 Verletzten. Diese Zahlen werden bis heute angezweifelt. Nachgewiesen ist, dass die sowjetische Armee 18 Personen standrechtlich erschossen hat und drei Todesurteile durch DDR-Gerichte vollstreckt wurden. Gegen 1368 Personen sind langjährige Freiheitsstrafen verhängt worden. Wie wenig die SED-Führung den Charakter des Aufstandes begriffen hatte, zeigte sich daran, dass der 17. Juni als vom Westen gesteuerter faschistischer Putschversuch dargestellt wurde.

Arbeitsfragen

1. *Stelle die wirtschaftlichen und politischen Forderungen der Arbeiter zusammen.*
2. *Erkläre anhand der Karte, warum die Unruhen das Regime der DDR gefährden konnten.*
3. *Diskutiert, ob der Aufstand vom 17. Juni als Vorläufer der Ereignisse von 1989 gelten kann.*

2 **Versammlung von Streikenden am 17. Juni 1953 im Zentrum von Ostberlin**

Q1 *Christa P., Dortmund, 5. Mai 2008*
Ich war Schuhverkäuferin und 19 Jahre alt und verdiente nur 30 Mark. Um mehr Geld zu verdienen, fing ich auf einer Kokerei in der Nähe von Aue an zu arbeiten. Dort musste ich Säcke schleppen. Am 17. Juni heulten auf einmal die Sirenen. Die Kollegen riefen: Wir streiken! Wir sind alle zum Werkstor gerannt, wo schon Wasserwerfer standen, um uns zurückzutreiben. Schnell waren auch russische Panzer und Einheiten der Volksarmee da. Die Aufregung war groß. Der Meister, ein dicker Parteibonze, wurde von aufgebrachten Arbeitern in einer Fabrikhalle aufgehängt. Um uns einzuschüchtern, schossen die Soldaten über unsere Köpfe hinweg. Der Aufstand wurde auseinander getrieben. Wir konnten nichts ausrichten, auch weil wir zu schlecht organisiert waren. Die Bergleute in Aue sind viel massiver auf die Straße gegangen. Es gab Tote und viele Verletzte. Die Parteifunktionäre beriefen Versammlungen ein und redeten alles zum Besten.
Es herrschte große Unzufriedenheit. Wir wollten mehr Freiheit und keine Angst vor Spitzeleien haben. Jeder Parteifunktionär hatte etwas zu sagen, obwohl sie oft keine Ahnung hatten. Wir haben geschuftet bis zum Umfallen, konnten aber für unser Geld kaum etwas kaufen. Redefreiheit gab es nicht. Vor Spitzeln hatte jeder Angst. Wir wussten nicht, wer einer war, aber ahnten es. In dem System der DDR sahen wir keine Zukunft. Mein Vater hat frei gesagt, was ihm nicht passte. Ein gut gesonnener Funktionär hat ihm geraten zu fliehen, da er sonst verhaftet würde. Mit Fluchthelfern ist er im Harz über die grüne Grenze abgehauen, meine Mutter einen Monat später. Am 10. Januar 1954 folgte ich meinen Eltern.

Während des Streiks kappte die DDR-Regierung mit Hilfe der sowjetischen Militäradministration die Telefonleitungen zwischen Städten und Betrieben. Außer über Boten konnten die Streikenden keinen Kontakt miteinander aufnehmen. Als die Panzer der sowjetischen Armee auffuhren und als auf die Menschen geschossen wurde, herrschte große Angst vor einem erneuten Krieg. Die westlichen Alliierten nahmen ihre Rechte nur eingeschränkt wahr. Sie verhielten sich passiv. Nachdem der westberliner Radiosender RIAS noch am Abend des 16. Juni die DDR-Bevölkerung zum Generalstreik für freie Wahlen aufgerufen hatte, wurde am nächsten Tag eine gemäßigtere Berichterstattung veranlasst.

Arbeitsfragen
1. *Der Bericht der Zeitzeugin gibt den Blick von Betroffenen wieder. Inwieweit stimmt er mit den Ereignissen überein?*
2. *Nimm zu der These Stellung, dass es der DDR-Bevölkerung nicht nur um wirtschaftliche Verbesserungen, sondern auch um politische Freiheit ging.*

3 **Zentrum von Ostberlin am 17. Juni 1953, 12 Uhr**

4 **Zentrum von Ostberlin am 26. Juni 1953**

Q2 *Käthe M., Ostberlin, überliefert 2004*
Ich fühlte mich wie innerlich ausgehöhlt, vor allem aber beunruhigt wegen der Verletzlichkeit unseres jungen Staates, für dessen Aufbau ich mich mit all meinen Kräften einsetzte. Es stimmt wirklich, dass unpopuläre und schädliche Maßnahmen der Regierung Tage vor dem 17. Juni zurückgenommen worden waren und dass ein „weicher Kurs“ das Leben bestimmen sollte. Rundfunk und Presse hatten darüber ausführlich berichtet.
Was am 17. Juni 1953 geschah, war kein Volksaufstand, er war der Beginn des „Tages X“, lange vorausgesagt und lange geplant. Es war ja in keinem Land so leicht, ein solches Spektakel zu inszenieren, zumal es – wie schon beschrieben – berechtigte Verärgerungen in einigen Kreisen der Bevölkerung gab.

Während des Streiks kappte die DDR-Regierung mit Hilfe der sowjetischen Militäradministration die Telefonleitungen zwischen Städten und Betrieben. Außer über Boten konnten die Streikenden keinen Kontakt miteinander aufnehmen. Durch Kuriere und den Radiosender RIAS (Rundfunk im amerikanischen Sektor) wurden die Nachrichten von den Streiks jedoch schnell verbreitet. Doch der RIAS informierte nicht nur über die Ereignisse, sondern rief auch zum Generalstreik für freie Wahlen auf. Die westlichen Alliierten wollten jedoch keine Eskalation. Der RIAS wurde zu einer gemäßigteren Berichterstattung veranlasst, zumal eine massive Beschwerde des sowjetischen Militärkommandanten vorlag.

Bekanntmachung

Maßnahmen der Regierung der Deutschen Demokratischen Republik zur Verbesserung der Lage der Bevölkerung sind von faschistischen und anderen reaktionären Elementen in Westberlin mit Provokationen und schweren Störungen der Ordnung im demokratischen Sektor beantwortet worden. Diese Provokationen sollen die Herstellung der Einheit Deutschlands erschweren.

Der Anlaß für die Arbeitsniederlegung der Bauarbeiter in Berlin ist durch den gestrigen Beschluß in der Normenfrage fortgefallen.

Die Unruhen, zu denen es danach gekommen ist, sind das Werk von Provokateuren und faschistischen Agenten ausländischer Mächte und ihrer Helfershelfer aus deutschen kapitalistischen Monopolen. Diese Kräfte sind mit der demokratischen Macht in der Deutschen Demokratischen Republik, die die Verbesserung der Lage der Bevölkerung organisiert, unzufrieden.

Die Regierung fordert die Bevölkerung auf:

1. Die Maßnahmen zur sofortigen Wiederherstellung der Ordnung in der Stadt zu unterstützen und die Bedingungen für eine normale und ruhige Arbeit in den Betrieben zu schaffen.
2. Die Schuldigen an den Unruhen werden zur Rechenschaft gezogen und streng bestraft.
   Die Arbeiter und alle ehrlichen Bürger werden aufgefordert, die Provokateure zu ergreifen und den Staatsorganen zu übergeben.
3. Es ist notwendig, daß die Arbeiter und die technische Intelligenz in Zusammenarbeit mit den Machtorganen selbst die notwendigen Maßnahmen zur Wiederherstellung des normalen Arbeitsverlaufes ergreifen.

DIE REGIERUNG
DER DEUTSCHEN DEMOKRATISCHEN REPUBLIK

Otto Grotewohl
Ministerpräsident

Berlin, den 17. 6. 1953

5 **Erklärung der DDR-Regierung am 17. Juni 1953**

Arbeitsfragen

1. *Vergleiche die beiden Bilder. Welche Aufgaben erfüllte die Demonstration am 26. Juni?*
2. *Analysiere die Erklärung der DDR-Regierung und beurteile die verordneten Maßnahmen.*
3. *Nimm Stellung zu der Behauptung, dass die Streiks von westlichen Provokateuren ausgingen. Beziehe dabei die Meinung der Zeitzeugin mit ein.*

Die DDR-Führung zog aus dem Aufstand die Lehre, in Zukunft das Entwicklungstempo beim „Aufbau des Sozialismus“ zu verlangsamen. Der „Neue Kurs“ wurde beibehalten, durch wirtschaftliche Zugeständnisse aber abgemildert. Zugleich sorgte Ulbricht durch „Säuberungen“ im Partei-, Staats- und Gewerkschaftsapparat und durch den Aufbau zuverlässiger Betriebskampfgruppen dafür, dass zukünftig dem Staat nicht wieder die Kontrolle über seine Bevölkerung entglitt. Um die Macht zu sichern, wurde der Überwachungsapparat, das Ministerium für Staatssicherheit (Stasi), weiter ausgebaut. Gleichzeitig wurde die Agitation in den Betrieben und Schulen verstärkt. Ein besonderer Schwerpunkt lag auf den Schulungen der FDJ und den Jungen Pionieren. Damit verbunden war auch politischer Druck auf Lehrerinnen und Lehrer.
Viele Deutsche werteten den 17. Juni 1953 als Bankrotterklärung der DDR, weil vor allem Industriearbeiter in vorderster Reihe standen. Dies stand in völligem Widerspruch zur offiziellen Propaganda. Bis zur Wiedervereinigung war der 17. Juni als „Tag der Deutschen Einheit“ in der BRD arbeitsfreier nationaler Gedenktag.

7 **Betriebskampfgruppen der DDR**

6 **Gedenkbriefmarke der BRD**

Die Lösung
Nach dem Aufstand des 17. Juni
Ließ der Sekretär des Schriftstellerverbandes
In der Stalinallee Flugblätter verteilen
Auf denen zu lesen war, daß das Volk
Das Vertrauen der Regierung verscherzt habe
Und es nur durch verdoppelte Arbeit
zurückerobern könne. Wäre es da
Nicht doch einfacher, die Regierung
Löste das Volk auf und
Wählte ein anderes?

Berthold Brecht 1953

Arbeitsfragen

1. *Fasse die Maßnahmen zusammen, die die DDR-Regierung als Konsequenz aus den Ereignissen am 17. Juni 1953 ergriff.*
2. *Diskutiert die Einstellung zum 17. Juni, die in dem Gedicht von Bertolt Brecht zum Ausdruck kommt.*
3. *Nimm Stellung dazu, dass der 17. Juni in der BRD als „Tag der deutschen Einheit“ und nationaler Gedenktag eingeführt wurde.*

Nützliche Hinweise

- 17. Juni 1953, Seminarmaterial des Gesamtdeutschen Instituts – Bundesanstalt für gesamtdeutsche Aufgaben, Bonn 1953
- www.dhm.de/lemo/home.html
- www.deutschegeschichten.de
- www.hoerstelle.de
- www.17juni53.de

3. Der Kalte Krieg

1 **Plakat aus der BRD 1952**

2 **Plakat aus der DDR 1952**

Die sich seit 1947 steigernde Konfrontation zwischen den USA und der Sowjetunion spaltete Europa zuerst wirtschaftlich: Westlich der Elbe festigte sich die marktwirtschaftlich-kapitalistische Ordnung, östlich der Elbe wurde die zentrale Planwirtschaft durchgesetzt. Mit der Gründung der BRD und DDR und der Militärbündnisse NATO und Warschauer Pakt war auch die politische und militärische Spaltung Europas in zwei Blöcke vollzogen. Die Blockbildung blieb nicht auf Europa beschränkt. Mit dem Sieg der Kommunisten in China und der Entwicklung der sowjetischen Atombombe im Jahr 1949 wuchs in den westlichen Ländern die Angst vor einer weltweiten Bedrohung durch den Kommunismus. Die amerikanische „Eindämmungspolitik" sollte dies verhindern. Die Auseinandersetzungen wurde von beiden Seiten mit allen propagandistischen Mitteln geführt.
Viele Menschen glaubten, es sei nur eine Frage der Zeit, wann der bisherige Kalte Krieg zu einem „heißen" Krieg in Europa umschlagen würde. Aber nicht hier, sondern 1950–1953 während des Koreakrieges und 1962 während der Kubakrise drohte die Konfrontation der Supermächte in einen „heißen" Krieg umzuschlagen.

Während der gesamten Periode des Kalten Krieges spielte Deutschland schon durch seine Lage eine zentrale Rolle als „Puffer" zwischen den Blöcken. Einen tiefen Einblick gewährte die Propaganda von beiden Seiten, die eine differenzierte Auseinandersetzung nicht zuließ. Sie ist ein exemplarisches Beispiel dafür, dass politische Hetze nicht zur Völkerverständigung beitragen kann. Der Konkurrenzkampf der Systeme ergriff auch die Kultur, den Sport und die Bildung. Die Propagandaschlacht in Ost und West nahm teilweise groteske Formen an. Die Post registrierte täglich tonnenweise Propagandamaterial. Nach Auffassung der Bundesregierung planten die Kommunisten einen Umsturz. 1956 wurde deshalb die KPD in der Bundesrepublik verboten.
Weltweit zum Symbol für den Kalten Krieg wurde 1961 die Berliner Mauer.

Arbeitsfragen

1. *Stelle in einer Liste die Ereignisse zusammen, die bis 1950 zur Blockbildung in Europa führten.*
2. *Interpretiere die Plakate und fasse die zentralen Aussagen zusammen. Vergleiche die Positionen.*

Q1 *Bertram R., Frankfurt am Main, 2007*
Wir haben den Kalten Krieg hauptsächlich als Kampf gegen den Kommunismus verstanden. Durch die Existenz eines zweiten deutschen Staates, den wir meist Sowjetzone nannten, wurde das Thema ständig hochgehalten. Wir hatten aber auch Angst, dass aus dem Kalten Krieg ein heißer werden könnte. Der Kalte Krieg machte sich auch innenpolitisch bemerkbar. Es herrschte ein rauer Ton gegenüber dem politischen Gegner. Das Verbot der KPD durch das Bundesverfassungsgericht von 1956 habe ich begrüßt. Die Ansichten der Kommunisten richteten sich gegen meine christlichen und ethischen Grundsätze. Ich war der Meinung, nur eine starke Anbindung an den Westen kann für die Zukunft Deutschlands sinnvoll sein. Nur so konnte ein Wall gegen Atheismus und Diktatur errichtet werden.

Q2 *Dieter W., überliefert, Hausham, 1972*
Für mich richtete sich die antisowjetische Propaganda auch gegen die Gewerkschaften. War es nicht so, dass die großen Konzerne mit ihren Bonzen nie etwas freiwillig für die Arbeiter getan haben. Ich fragte mich auch, ob nicht beide Seiten nur deshalb die Angst so schürten, um uns bei der Stange zu halten. Das Verbot der KPD hielt ich für lächerlich, weil sie nur wenige Anhänger hatte. Sie waren zwar sehr aktiv, hätten aber nie und nimmer einen Umsturz herbeiführen können. Außerdem war das Verbot mit meiner Auffassung von Demokratie nicht vereinbar.

Q3 *Gesine M., Leipzig, 1998*
Ich glaube, ich habe damals die ganze Propaganda einfach überhört. Was ich aber noch genau weiß, ist die Verehrung Stalins, die bei uns in der Schule jeden Tag stattfand. Da wir täglich hörten, dass der Weltfrieden nur von dem großen „Führer des Sowjetvolkes" gerettet werden könnte, haben wir Kinder das auch geglaubt und hatten nach seinem Tod (im März 1953) richtig Angst, dass jetzt bald Krieg ausbrechen würde.

3 **Titelblatt einer Broschüre aus der BRD 1951**

4 **Plakat aus der BRD 1952**

Arbeitsfragen

1. *Vergleiche die Standpunkte der ersten beiden Zeitzeugen. Inwieweit wird deutlich, dass die Aussagen ein Spiegelbild der Auseinandersetzungen über den richtigen Weg für Deutschland sind?*
2. *Setze dich mit den Aussagen der dritten Zeitzeugin auseinander.*
3. *Beschreibe das Bild vom Kommunismus, das in den Plakaten vermittelt wird.*

5 **Plakat der DDR**

6 **DDR-Darstellung des RIAS 1952**

7 **Plakat aus der DDR 1950**

Die Propaganda des Kalten Krieges hatte in der DDR vier hauptsächliche Stoßrichtungen:

- gegen den „Dollarimperialismus", der die Welt, das sozialistische Lager und auch die DDR erobern wollte,
- gegen die ideologische Unterwanderung und Volksverhetzung durch westliche Medien, besonders des RIAS, der trotz Störsendern fast in der ganzen DDR gehört werden konnte,
- gegen wirtschaftliche Sabotageakte wie z. B. der millionenfache Abwurf von Kartoffelkäfern (Amikäfer),
- gegen die zersetzende Kraft westlich-dekadenter Kultur vor allen bei den Jugendlichen.

Elvis am Pranger

Das Zentralorgan der FDJ über den „King of Rock 'n' Roll":

Sein „Gesang" glich seinem Gesicht: dümmlich, stumpfsinnig und brutal. Der Bursche war völlig unmusikalisch, krächzte wie eine an Keuchhusten leidende Krähe und suchte solch stimmliche Nachteile durch wildes Hüftschwingen à la Marilyn Monroe wettzumachen. […] Er sprang herum wie ein hochgradig Irrer, schüttelte seinen Unterleib, als habe man ihm unverdünnte Salzsäure zu trinken gegeben, und röhrte dabei wie ein angeschossener Hirsch, nur nicht so melodisch.

Junge Welt, 5. Februar 1957, in: Rauhut Michael, Rock in der DDR, S. 7, bpb Bonn 2002

Die Verantwortlichen in der DDR stellten es so hin, dass die so genannte westliche Kulturbarbarei bewusst als ein Element eingesetzt wurde, um das „friedliche Lager der sozialistischen Staaten" zu zersetzen. Gegen den Klassenfeind konnte nur ein „ideologisch gefestigtes Bollwerk der sozialistischen Bruderstaaten" helfen.

Arbeitsfragen

1. *Beurteile die im Text genannten Stoßrichtungen vor dem Hintergrund, dass sie ernst gemeint waren.*
2. *Diskutiert, warum der Sender RIAS und auch der Rock 'n' Roll für die DDR-Führung als gefährliche Elemente angesehen wurden.*

Der Kalte Krieg war ein Ausdruck für den Gegensatz zwischen dem östlichen planwirtschaftlich-sozialistischen und dem westlichen liberal-kapitalistischen Lager mit den beiden Supermächten UdSSR und USA an der Spitze. Entsprechend diesem grundlegenden Systemgegensatz wurde die Auseinandersetzung mit allen verfügbaren Mitteln unterhalb der Schwelle eines Krieges geführt. Dazu gehörten geheimdienstliche Aktionen, gezielte Desinformationen und die Propagandaschlachten im Rundfunk und später auch im Fernsehen. Sowohl in der Bundesrepublik als auch in der DDR wurde während des Kalten Krieges keine Gelegenheit ausgelassen, die andere Seite als Marionette der Sowjetunion bzw. der USA hinzustellen.
Auch die politische Auseindersetzung in der Bundesrepublik wurde davon geprägt, den politischen Gegner als Handlager der jeweiligen Großmacht hinzustellen. So wurde z. B. die SPD als Erfüllungsgehilfe Moskaus bezeichnet und die CDU als Amerika hörig. In den Wahlkämpfen zum Deutschen Bundestag 1949, 1953 und 1957 wurden so Feindbilder des Kalten Krieges in der Wahlpropaganda gezielt eingesetzt, um Ängste zu schüren.

8 **CDU-Plakat „Die Rettung: CDU“**

10 **Plakat der KPD**

9 **Plakat der FDP, um 1952**

Nützliche Hinweise
- www.dhm.de/ausstellungen/kalter_krieg/
- bpb DVD: Selling Democracy, Bonn 27. Januar 2006
- www.kalter-krieg.de.vu
- www.kalter-krieg-im-radio.de

Arbeitsfragen
1. *Nenne Beispiele für die grundlegende Auseinandersetzung zwischen dem westlichen und dem östlichen Lager während des Kalten Krieges.*
2. *Analysiere und vergleiche die Wahlplakate im Hinblick auf die angesprochenen Inhalte, die dahinterstehenden Zielsetzungen sowie die verwendeten gestalterischen Mittel.*
3. *Vergleiche sie mit heutigen Wahlplakaten.*

4. Wiederbewaffnung

1 **NATO-Plakat 1956**

Auf der Potsdamer Konferenz 1945 hatten die vier Alliierten die Entmilitarisierung Deutschlands beschlossen. „Demilitarisierung" war auch ein entscheidender Punkt der alliierten Politik in Deutschland nach dem Ende des Weltkrieges. Von Deutschland sollte nie wieder ein Krieg ausgehen. Entsprechend sah das Grundgesetz 1949 keine Aufstellung einer Armee vor.

Nach der Gründung der Bundesrepublik und der NATO 1949 und der zunehmenden Konfrontation der Blöcke anlässlich des Koreakrieges 1950 wurde die Frage diskutiert, ob die BRD nicht im Rahmen der NATO-Streitkräfte einen Verteidigungsbeitrag leisten sollte. Adenauer selbst hatte einen solchen Beitrag angeboten, um einer Gleichberechtigung der BRD gegenüber den anderen westeuropäischen Staaten näherzukommen, das Besatzungsstatut zu überwinden und die volle Souveränität zu erreichen.

Adenauer beauftragte deshalb bereits 1950 den CDU-Abgeordneten Theodor Blank, sich mit allen Fragen einer Wiederbewaffnung zu beschäftigen. Die „Dienststelle Blank" wurde eingerichtet und mit der Vorbereitung der Aufstellung einer westdeutschen Armee beauftragt.

Auch die DDR durfte nach dem Besatzungsstatut keine Armee aufstellen. Die DDR-Regierung umging mit Unterstützung der Sowjetunion diese Bestimmung dadurch, dass sie kasernierte Polizeiverbände aufstellte, die – wie sich bei der Niederschlagung des Aufstandes am 17. Juni zeigte – wie Truppen eingesetzt werden konnten.

Der entscheidende Schritt zur Wiederbewaffung der BRD im Rahmen der Westbindung erfolgte durch das Inkrafttreten der „Pariser Verträge" im Mai 1955:

- Die Bundesrepublik wurde souverän. Das Besatzungsstatut wurde aufgehoben.
- Die Truppen der westlichen Alliierten in der Bundesrepublik waren keine Besatzungstruppen mehr, sondern dienten der gemeinsamen Verteidigung.
- Die Bundesrepublik trat dem Brüsseler Vertrag bei, der den Namen „Westeuropäische Union" (WEU) erhielt.
- Die Bundesrepublik sollte Mitglied der NATO werden, was auch im September 1955 geschah.

Der Bundestag beschloss mit der absoluten Mehrheit der Regierungsparteien bei Ablehnung durch die SPD und KPD, das Grundgesetz entsprechend zu ändern: Die allgemeine Wehrpflicht wurde eingerichtet und die Verantwortung für die, „Bundeswehr" genannte westdeutsche Armee im Frieden und im Krieg festgelegt.

Unmittelbar im Anschluss an diese Grundgesetzänderungen wurde – an die Vorarbeiten der „Dienststelle Blank" anknüpfend – die Bundeswehr gegründet. Mit der Einberufung von 1000 freiwilligen Soldaten am 1. Januar 1956 begann der Aufbau der Bundeswehr.

Die ostdeutsche Antwort auf die Einführung der Bundeswehr war die Gründung der Nationalen Volksarmee (NVA) am 1. Januar 1956. Es war zunächst ein Freiwilligenheer. Nach dem Mauerbau 1961 wurde ab dem 1. Januar 1962 eine allgemeine Wehrpflicht eingeführt.

Arbeitsfragen

1. *Erläutere, welche Interessen die NATO-Mitgliedstaaten an einem Beitritt der Bundesrepublik hatten.*
2. *Diskutiert, welche Gründe für oder gegen eine Wiederbewaffnung sprachen.*

Q1 *Volker L., Münster 1999*
Wir hatten gerade mal den Krieg hinter uns mit vielen, vielen Opfern an den Fronten. Aber die Lage ist doch nicht friedlicher geworden. Die Sowjetunion versuchte ihre Macht auch auf den Westen auszudehnen. Wir wollten keinen Kommunismus. Gerade als Christen hatten wir Angst vor einem atheistischen System. Die DDR fing damit an, eine kasernierte Volkspolizei aufzubauen. So sollte es für uns klar sein, uns mit einer funktionierenden Wehrmacht zu schützen.

Q2 *Hartmut D., Bad Schwalbach 2004*
Soldaten sind dazu da Kriege zu führen. Nach einem schrecklichen Weltkrieg, bei dem etwa 60 Millionen Menschen ihr Leben lassen mussten, war unsere Hoffnung, das Leben friedlicher zu gestalten. Wir wollten nicht, dass sich Ost- und Westdeutschland hochgerüstet gegenüberstehen und so eine Wiedervereinigung fast aussichtslos erscheint. Auch schien es uns sinnvoller, nach der entsetzlichen Zerstörung Deutschlands, Geld und Ideen in bessere, nämlich friedliche Lösungen zu investieren.

Die Wiederbewaffnung führte zu den schärfsten innenpolitischen Auseinandersetzungen in der Bundesrebulik der 1950er-Jahre. Im Vordergrund stand die Frage, ob es moralisch zu verantworten sei, nach dem preußischen und deutschen Militarismus, der zu zwei Weltkriegen geführt hatte, die Deutschen wieder zu bewaffnen. Noch heftiger wurde um die Frage der atomaren Bewaffnung diskutiert. Im Dezember 1957 beschloss der NATO-Rat, die Bundeswehr mit Raketen auszurüsten, wobei die Atomsprengköpfe in amerikanischer Hand bleiben sollten. Der Bundestag stimmte im April 1958 nach einer sehr kontroversen Debatte diesem Beschluss zu.

2 **Protest gegen die Bundeswehr**

3 **Plakat 1958**

Arbeitsfragen

1. *Die beiden Zeitzeugen stellen die kontroverse Diskussion um die Wiederbewaffnung dar. Nimm zu den Argumentationen Stellung.*
2. *Informiere dich über Protestaktionen gegen die Wiederbewaffnung und atomare Rüstung im Internet. Wie ist Plakataktion einzuschätzen?*
3. *Diskutiert, welche Motive junge Menschen in den 1950er-Jahren gehabt haben können, sich freiwillig zur Bundeswehr zu melden.*

4 **Kinder in einem Minipanzer bei einer Parade 1956**

5 **NVA-Gründung 1956 mit General Willi Stoph**

6 **Kinder und Militär 1957**

Der 18. Januar 1956 gilt als offizielles Datum der Gründung der Nationalen Volksarmee (NVA) in der DDR. Doch schon seit 1950 wurden paramilitärische Verbände wie die Kasernierte Volkspolizei oder Betriebskampfgruppen aufgebaut. So standen im Jahr 1956 etwa 120 000 Soldaten zur Verfügung.

Bis 1961 wurden Freiwillige geworben. Nach dem Mauerbau wurde 1962 die allgemeine Wehrpflicht eingeführt. Der Feind war der imperialistische Westen. Neben der Waffenausbildung stand die ideologische Schulung im Vordergrund. Diese begann in der paramilitärischen Jugendorganisation Gesellschaft für Sport und Technik (GST) mit zuletzt 600 000 Mitgliedern. Die GST wurde 1952 von der Staatsführung, unterstützt durch die FDJ, gegründet.

In der Chronik zur Geschichte der GST von 1952 bis 1984 ist ausgeführt, wie sie ihren gesellschaftlichen Auftrag erfüllen sollte:

„… zur Stärkung des Sozialismus und zur Sicherung des Friedens beizutragen, indem durch die wehrpolitische Erziehung, die vormilitärische Ausbildung und den Wehrsport die Entwicklung sozialistischer Persönlichkeiten gefördert wird, die die Verteidigung des Sozialismus als wichtigste Konsequenz des sozialistischen Patriotismus und proletarischen Internationalismus erkennen und danach handeln.“ (Berlin 1988, S. 7 f.)

Die NVA war zu widerspruchslosem Gehorsam gegenüber den Prinzipien der SED verpflichtet. Paraden und Aufmärsche sollten die Akzeptanz in der Bevölkerung erhöhen. Eine öffentliche Diskussion über die Aufstellung der NVA und deren Ausrichtung fand nicht statt.

Arbeitsfragen

1. *Beschreibe die Aufgaben der Gesellschaft für Sport und Technik und ihre Beziehung zur NVA.*
2. *Erläutere anhand der Abbildungen die Außendarstellung der NVA.*
3. *Erörtere, welche Gefahren in einer einseitig ideologisch ausgerichteten Erziehung von Soldaten liegen.*

Der Widerstand der UdSSR gegen die Aufstellung der Bundeswehr war nicht nur Propanda, sondern entsprang auch echten Sorgen. Denn vor allem im russischen Volk war noch gegenwärtig, dass das Naziregime in ihrem Land verheerende Verwüstungen und mehr als 20 Millionen Tote hinterlassen hatte. Auf der westlichen Seite war die Angst vor der Ausweitung des kommunistischen Einflusses nicht unbegründet, denn die UdSSR unterdrückte in ihrem Herrschaftsbereich jede oppositionelle Regung.
Trotz der heftigen politischen Auseinandersetzungen in der Bundesrepublik stand die Mehrheit der Bevölkerung hinter dem Konzept der Regierung Adenauer. Bei der Bundestagswahl im September 1957 gewannen die CDU/CSU die absolute Mehrheit. Die Akzeptanz wurde dadurch erhöht, dass die Bundeswehr eine Armee mit Soldaten mündiger Bürger, den „Bürgern in Uniform", sein sollte. Als Mittler zwischen Bundeswehr und Parlament sowie als Beschwerdestelle sollte ein Wehrbeauftragter dienen. Im In- und Ausland wurde allerdings scharf kritisiert, dass die überwiegende Zahl der Offiziere der ehemaligen Reichswehr entstammte.

7 **Plakat aus der BRD, 1951, „Ohne-Mich" war ein Slogan gegen die Wiederbewaffnung**

8 **Plakat einer Bürgervereinigung aus der BRD 1953**

9 **Plakat „Die EVG bedroht den Frieden"**

10 **Plakat der SED 1954**

Arbeitsfragen

1. *Interpretiere die Plakate und schreibe auf dieser Grundlage einen Bericht über die politische Auseinandersetzung um die Wiederbewaffnung.*
2. *Erkläre den Begriff „Bürger in Uniform".*
3. *Vergleiche die Stellung der Bundeswehr in der bundesrepulikanischen Gesellschaft damals und heute.*

Nützliche Hinweise

- www.bundeswehr.de
- http://www.dhm.de/lemo/html/teilung/Jahre DesAuf bausInOstUndWest/Wiederbewaffnung/ nationale Volksarmee.html
- www.planet-schule.de/wissenspool/kalter-krieg-aether
- www.planet-schule.de/wissenspool/die-wilden-60er-jahre
- www.ddr-wissen.de

1. Der Mauerbau am 13. August 1961

Kaum ein Ereignis hat die deutsche Bevölkerung so aufgewühlt wie die Errichtung der Mauer in Berlin. Die Staatsführung der DDR begründete in einer Propagandaschrift „Da schlug's 13“ ihre Maßnahmen: „Am 13. August haben die friedliebenden Berliner eine Schlacht um den Frieden gewonnen. Die Kampftruppen der Berliner Arbeiterklasse setzen der Wühltätigkeit der in West-Berlin stationierten Agentenzentralen, Menschenhändler und Revanchisten-Organisationen gegen die DDR gemeinsam mit den Genossen der Nationalen Volksarmee und den Genossen der deutschen Volkspolizei in der Hauptstadt der DDR ein Ende. [...] Der 13. August war ein Tag des Sieges, der Kräfte des Friedens und des Sozialismus. [...] Gescheitert ist die Kriegspolitik der USA. Will sagen: ‚Ami, go home'. [...] Es gibt für unser Volk nur eine Perspektive, die Perspektive des Friedens und des Sozialismus.“

Schon in den Jahren zuvor hatte der Nachfolger Stalins und neue Parteichef Chruschtschow mit einem separaten Friedensvertrag mit der DDR gedroht und ultimativ den Abzug der Westalliierten aus Berlin gefordert. Der eigentliche Grund für die Mauer war der rapide steigende Flüchtlingsstrom, durch den die DDR-Wirtschaft viele Junge und qualifizierte Arbeitskräfte verlor. Allein 90 Prozent der etwa 200 000 Flüchtlinge im Jahr 1960/61 hatten die offene Grenze zwischen den Westsektoren und dem Ostsektor in Berlin zur Flucht in den Westen genutzt.

Die Mauer verursachte Leid, Verzweiflung und Tote. In Westberlin kam es zu tumultartigen Protesten und zu einer Protestkundgebung mit einer halben Millionen Menschen.

Nicht nur die Berliner waren von der Errichtung von befestigten Grenzanlagen quer durch Berlin völlig überrascht. Auch die Westalliierten und die deutsche Bundesregierung traf die Errichtung der Mauer im Hochsommer 1961 offensichtlich unvorbereitet. Zur Enttäuschung vor allem der Berliner begnügten sich die alliierten Schutzmächte mit Protestnoten. Der Regierende Bürgermeister Willy Brandt verlangte in einem Brief an den amerikanischen Präsidenten John F. Kennedy klare Worte dazu, dass die deutsche Frage für die Westmächte nicht erledigt sei. Er appellierte an die Bürger: „Mit dem 13. August hat die eigentliche Bewährung unseres ganzen Volkes begonnen. Eine Phase der Nachkriegsgeschichte ist zu Ende ... Wie wird die eigentliche Bewährungsprobe für unser Volk werden? Die Situation geht uns alle an. Wir werden in den Fragen der nationalen Existenz jetzt zusammenstehen müssen, wir in Berlin und in Westdeutschland, damit wir nicht von der Geschichte als zu leicht befunden werden.“

1 NVA-Soldat und Junge aus Westberlin

Arbeitsfragen

1. *Beurteile die Begründung der DDR-Führung für den Mauerbau.*
2. *Erkläre, was Willy Brandt mit seinem Brief an den US-Präsidenten erreichen wollte.*
3. *Diskutiert, wie Willy Brandts Appell aus heutiger Sicht beurteilt werden muss.*

Q1 *Knut Th., Lünen in Westfalen, 2008*

Als Zwanzigjähriger habe ich in den Tagen des Mauerbaus meine Mutter in Berlin-Wedding besucht. Sie hatte dort ein Lebensmittelgeschäft, in dem auch Ostberliner einkauften. Ich wollte wissen, was sich an der Sektorengrenze abspielte. Plötzlich waren Straßen nicht mehr zugänglich, die ich vorher wie selbstverständlich begehen konnte. Meine Tante und mein Onkel wohnten in Ostberlin. Es war beklemmend und unbegreiflich zu sehen, wie Menschen Stacheldrähte zogen, Mauern errichteten und dabei von NVA und Volkspolizei bewacht wurden. Ich war erschrocken. Mauern bauen hatte bis dahin für mich etwas Friedliches und Kreatives wie z. B. beim Häuserbau.

Traurigkeit und Ohnmacht ergriffen mich, als ich mit meinem westdeutschen Pass in den Osten gehen konnte, meine Verwandten aber drüben bleiben mussten. Ich benutzte den Übergang Seestraße. Ich musste dabei über eine lange Brücke gehen. Brücken verbinden eigentlich, nun war sie Niemandsland und trennte. Hinter einer Kette von NVA-Soldaten, Vopos und sowjetischen Soldaten im Hintergrund stand mein Onkel und wartete auf mich. Bei einem Gaststättenbesuch bemerkte ich, dass fast nur noch getuschelt wurde. Die Ostberliner wagten nicht, offen über ihre Situation zu reden. Mein Onkel hielt die Sperrmaßnahmen, wie viele Berliner, für eine wahnwitzige Aktion, die keinen Bestand haben konnte. Ich sah auch in den Straßen, wie eine für mich kaum vorstellbare Propagandamaschine anlief. An einer Hauswand hing z. B.: „Der Sozialismus sichert Frieden und Freiheit."

Die Grenze der Bundesrepublik zur DDR war etwa 1400 Kilometer lang. Sie war durch Sperrzonen, Todesstreifen, Minenfelder und hohe Drahtzäune gesichert.

Die Mauer um Westberlin hatte eine Länge von 155 Kilometern, die Trennung zwischen Ost- und Westberlin selbst war 43 Kilometer lang.

Die Grenzsicherung in Berlin wurde erst im Laufe der Zeit nahezu unüberwindlich ausgebaut. Es kam deshalb zu verwegenen Fluchtversuchen. Einige sprangen aus Häusern an der Grenze Bernauer Straße in Sprungtücher der Feuerwehr, andere durchschwammen die Spree oder entkamen durch die Kanalisation.

2 **Gespräch über den Stacheldraht hinweg**

3 **Die Mutter der Braut steht im Osten**

Arbeitsfragen

1. *Der Bericht des Zeitzeugen beschäftigt sich nicht mit der großen Politik. Welche wichtigen Erkenntnisse vermittelt er dennoch?*
2. *Die seltenen Fotos beziehen sich auf Einzelschicksale. Welche Tragik liegt in ihnen?*
3. *Diskutiert, warum Menschen unter Lebensgefahr ihre Heimat Ostberlin verlassen haben.*

4 **Westberliner Plakat, gegenüber der Mauer zur Information der Ostberliner aufgehängt**

Mittwoch, 16. August 1961 · 10 Pf

Bild ZEITUNG

Der Osten handelt – was tut der Westen?

...denn Zigarren raucht der Mann!

Der Westen tut NICHTS!

Enttäuscht

Präsident Kennedy schweigt...

Macmillan geht auf die Jagd...

...und Adenauer schimpft auf Willy Brandt

5 **Titelblatt der Bild-Zeitung am 16. August 1961**

Die Absperrung durch gesicherte Grenzanlagen sowohl in Berlin als auch an der innerdeutschen Grenze wurde von der DDR-Regierung schon lange vor dem 13. August geplant, um den Flüchtlingsstrom einzudämmen. Der spätere Staatsratsvorsitzende Erich Honecker war mit den Planungen Monate vorher beauftragt worden. Zur Verschleierung der Vorbereitungen schreckte der Staatsratsvorsitzende Walter Ulbricht auf einer internationen Pressekonferenz am 15. Juni 1961 auch nicht vor einer dreisten Lüge zurück.

Andrej Gromyko, langjähriger Außenminister der UdSSR, schrieb in seinen Erinnerungen zu den Gründen für den Mauerbau: „Die Regierungen der Länder des Warschauer Paktes appellierten an Regierung und Arbeiter Ostdeutschlands, an der Grenze zu Westberlin verlässliche Vorkehrungen zu treffen, die den Weg zu subversiven Tätigkeiten gegen die Staaten der sozialistischen Gemeinschaft blockierten, und das gesamte Gebiet West-Berlins einschließlich der Grenze nach Ost-Berlin mit zuverlässiger Sicherheit und effektiven Kontrollen zu umgeben.“

Das ganze Ausmaß der Tragödie des Mauerbaus, der Familien und Bekanntschaften zerriss, war den Menschen in Ost und West nicht bewusst. Viele gingen davon aus, dass eine solche Mauer am Schnittpunkt der beiden Machtblöcke nicht lange Bestand haben würde. Die Westalliierten würden etwas unternehmen oder aber der Osten würde sich Westberlin einverleiben – das war die vorherrschende Meinung. Beide Vorstellungen erzeugten Angst und führten dazu, dass in den folgenden Jahren vermehrt Westberliner nach Westdeutschland umzogen.

6 **Bau der Mauer in Berlin-Mitte**

Arbeitsfragen

1. *Erkläre, was Ulbricht mit seiner zynischen Lüge beabsichtigte.*
2. *Setze dich mit der Behauptung von Gromyko auseinander, dass die anderen osteuropäischen Staaten Maßnahmen der DDR-Regierung verlangt haben.*
3. *Versuche ausgehend vom Titelblatt der Bild-Zeitung, das Verhalten „des Westens“ zu erklären.*

Bei vielen Menschen in der DDR breitete sich mit dem Mauerbau Verzweiflung aus. Bisher hatten sich viele überlegt: Wir bleiben in der DDR, solange das Leben einigermaßen erträglich ist; sollte es ganz schlimm kommen, bleibt uns immer noch der Weg in den Westen. Diese Überlegung wirkte wie ein beruhigendes Hintertürchen, man fühlte sich nicht auf Gedeih und Verderb dem Staat ausgeliefert. Am 13. August 1961 wurde dieses Hintertürchen zugemauert, man saß in der Falle. Verzweiflung kam auf, Wut, aber auch Resignation.

Der Mauerbau war das sichtbare Eingeständnis der SED-Führung, dass ihre Politik zur Errichtung einer sozialistischen Gesellschaft mit Zustimmung der Bürger gescheitert war. Aber die SED hatte die Macht, den Bürgern ihren Willen aufzuzwingen. Sie nannte die Mauer „Antifaschistischen Schutzwall“ und behauptete, die Mauer müsse sein, weil der Westen die DDR überrennen wolle. Kein SED-Funktionär gab zu, dass die Mauer gebaut wurde, um die eigenen Bürger am Weglaufen zu hindern.

Kurz nach dem Mauerbau wurde „Republikflucht“ unter schwere Strafe gestellt und war nur unter Einsatz des Lebens möglich. Bis heute gibt es keine gesicherten Zahlen, wieviele Tote es bei Fluchtversuchen über die Berliner Mauer gegeben hat. Die Ermittlungsstelle für Regierungs- und Vereinigungskriminalität geht von mehr als 200 Todesopfern aus. Der letzte Mauertote im Mai 1989 war der 20-jährige Chris Gueffroy. Er wurde erschossen. Bis heute wird von ehemals führenden Personen der DDR behauptet, es habe keinen Schießbefehl gegeben. Die so genannten Einzelschicksale sind scheinbar vergessen worden. Was mag z. B. aus den Kindern auf dem Bild geworden sein?

7 **Mauerbau in Berlin-Neukölln/-Treptow am 13. August 1961**

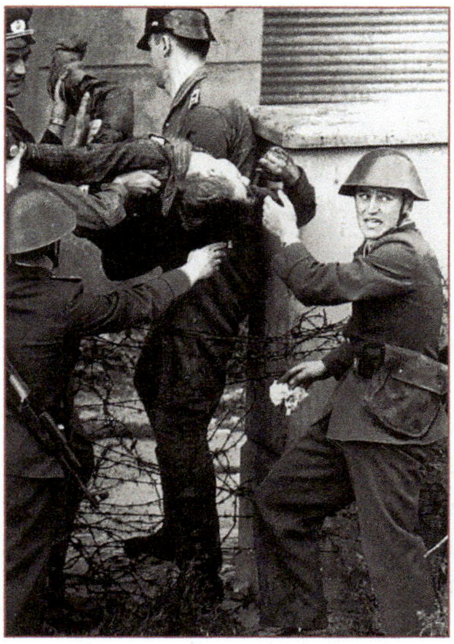

8 **Beim Fluchtversuch erschossener Peter Fechtner am 17. August 1962**

9 **Kinder an der Mauer in Berlin Kreuzberg, um 1964**

Arbeitsfragen

1. *Beschreibe Gedanken und Gefühle, die der Mauerbau bei Menschen in der DDR ausgelöst haben könnte.*
2. *Nimm zu der These Stellung, dass der Mauerbau das Scheitern des Aufbaus einer sozialistischen Gesellschaft mit Zustimmung der Bürger bedeutete.*

Nützliche Hinweise

- Ilko-Sascha Kowalczuk: Das bewegte Jahrzehnt, Bonn 2003
- www.chronik-der-mauer.de
- www.mauer-museum.com
- Fernsehfilm: 2006, Die Mauer – Berlin 61., Regie Hartmud Schoen
- www.zdf.de/ZDFxt/module/mauer

2. Ende der Ära Adenauer

1 Konrad Adenauer

2 Walter Ulbricht

Im Oktober 1963 trat der 87-jährige Konrad Adenauer von seinem Amt als Bundeskanzler zurück, im April 1967 starb er im Alter von 91 Jahren. Als erster Bundeskanzler war er die absolut bestimmende Persönlichkeit dieser ersten 14 Jahre der Bundesrepublik, man spricht deshalb auch von der „Ära Adenauer". In dieser Zeit gewann die BRD im Gegensatz zur Weimarer Republik, die Adenauer ständig gegenwärtig war, an politischer Stabilität. Die freiheitlich-demokratische Grundordnung wurde zunehmend von der westdeutschen Bevölkerung unterstützt. Wirtschaftswunder, soziale Marktwirtschaft und die Akzeptanz der Demokratie bei dem überwiegensten Teil der politischen Kräfte sowie die Integration in das westliche Bündnissystem sorgten für eine politische Stabilität, wie sie die Weimarer Republik nicht gekannt hatte.
Dass „Bonn nicht Weimar" wurde, forderte allerdings auch einen Preis: Auf vielen Gebieten des politischen und gesellschaftlichen Lebens hat keine wirkliche Neuordnung stattgefunden. Schon damals wurde deshalb die „Restauration" kritisiert, weil sich – z. B. im Bildungswesen und in Fragen der Gleichberechtigung zwischen den Geschlechtern – schon bald wieder traditionelle Vorstellungen durchsetzten. Auch das geringe politische Interesse in weiten Teilen der Bevölkerung hat es ermöglicht, dass die Opposition die Adenauersche Art zu regieren als „Kanzlerdemokratie" bezeichnete.
Neben der Westintegration und der politischen Stabilität ist Adenauers historischer Verdienst, die Aussöhnung mit dem ehemaligen „Erbfeind" Frankreich und mit dem deutsch-französischen Freundschaftsvertrag von 1963 eine bis heute vorbildliche Parnerschaft erreicht zu haben. Auch die Aussöhnung mit Israel und die Entschädigung für NS-Verbechen war ein bedeutender historischer Schritt.

In der DDR war die bestimmende Persönlichkeit der 1950er- und 1960er-Jahre Walter Ulbricht, der seit 1950 als Generalsekretär der SED den politischen Kurs bestimmte und nach dem Tod von Wilhelm Pieck 1960 auch die Positionen des Staatsoberhauptes, des Staatsratsvorsitzenden und des Vorsitzenden des Nationalen Verteidigungsrates und damit alle entscheidenden Ämter in Staat und Partei in seiner Person vereinte.
Ulbricht war verantwortlich für den Mauerbau, danach musste er etwas gegen die Resignation der Bürger unternehmen. Auf seine Weisung hin wurden wirtschaftliche Reformen eingeleitet, um Produktions- und Versorgungsengpässe zu überwinden. Löhne und Renten wurden erhöht, die Versorgung mit Konsumgütern verbessert. Die Folge dieser Maßnahmen war, dass der Lebensstandard in der DDR langsam stieg. Auch im kulturellen Leben sollten mehr Freiräume zugelassen werden. Aber schon 1965 wurden die zaghaften gesellschaftlichen Reformversuche wieder zurückgenommen.

Arbeitsfragen

1. *Recherchiere die Lebensläufe von Adenauer und Ulbricht und vergleiche ihr politisches Leben.*
2. *Erkläre, warum sich in der Bundesrepublik im Unterschied zur Weimarer Republik politische Stabilität durchsetzen konnte.*
3. *Diskutiert die Maßnahmen der DDR-Führung nach dem Mauerbau.*

3 Studentendemonstration in Frankfurt/Main im Oktober 1962

Q1 *Siegfried L., Dortmund 2008*

Da saßen wir nun, neun junge Männer, und diskutierten uns die Köpfe über die Politik Adenauers heiß. In Erinnerung ist mir noch der Satz des Kanzlers zur Wiederbewaffnung: „Meine Damen und Herren, es ist ein gewaltiger Unterschied, ob die Alliierten mit uns über unsere Probleme sprechen oder ob sie über uns sprechen." Nach Abschluss aller Verträge stand Adenauer für mich auf dem Gipfel seines Erfolges, weil wir im Westen anerkannt und gleichberechtigt waren. Bis heute erinnere ich mich an die umjubelte Rückführung der deutschen Kriegsgefangenen aus der UdSSR 1955, die er in zähen Verhandlungen erreicht hatte, ohne die DDR anzuerkennen.

Dennoch war die Ostpolitik für mich ein ungelöstes Kapitel, wie das Chruschtschow-Ultimatum 1958 und der Mauerbau 1961 eindeutig zeigten. Aber auch die Probleme mit dem Heißsporn Kennedy, dem amerikanischen Präsidenten, sind mir noch in Erinnerung.

Schwer beschädigt wurde die Republik schließlich durch die „Spiegel-Affäre", die uns junge Leute zu Protesten auf die Straße trieb. Adenauer und Strauß waren daran maßgeblich beteiligt. Hoffnung setzten wir dagegen auf eine erneuerte SPD, die mit dem „Godesberger Programm" alten ideologischen Muff abstreifte und zu neuen Ufern aufbrach. Ich meine, dass sich Adenauer selbst überlebt hatte. Seine Pläne waren, Erhard als Kanzler zu verhindern und selbst Bundespräsident als Nachfolger von Heuss zu werden, allerdings mit ganz anderer Machtausstattung als es das Grundgesetz vorsah. Auch die Gespräche Adenauers mit Wehner über die Gründung einer Großen Koalition mit der SPD waren für mich und andere nicht nachvollziehbar.

In den letzten Jahren seiner Regierungszeit verlor Konrad Adenauer durch zwei Entscheidungen an Ansehen: den Fernsehstreit 1960/61 und die „Spiegelaffäre" 1962.

Adenauer bemühte sich, neben dem unabhängigen ARD ein zweites Fernsehprogramm (ZDF) zu installieren, das er unter staatliche Aufsicht stellen wollte. Nachdem die Pläne für dieses „Staatsfernsehen" schon sehr weit gediehen waren, fällte das Bundesverfassungsgericht ein Grundsatzurteil zur Presse- und Meinungsfreiheit, das die Unabhängigkeit von Rundfunk und Fernsehen schützte und die Gründung des ZDF nur ohne direkten staatlichen Einfluss erlaubte.

Noch schwerwiegender waren die politischen Folgen der „Spiegelaffäre", weil sie eine schwere Regierungskrise auslöste. Ausgangspunkt der Krise war ein kritischer Bericht des Nachrichtenmagazins über ein NATO-Manöver. Auf Veranlassung des Verteidigungsministers Strauß wurden die Räume des „Spiegel" besetzt, und der Herausgeber, der Chefredakteur und weitere Redakteure wegen des Verdachts des Landesverrats verhaftet.

Über diesen Angriff auf die Pressefreiheit war die Empörung in der Öffentlichkeit groß. Die fünf Minister des Koalitionspartners FDP traten zurück. Adenauer konnte die Krise schließlich nur überwinden, indem er Strauß zum Rücktritt drängte und versprach, selbst bald zurückzutreten. Die Adenauer-Ära schien dem Ende entgegenzugehen, bevor Adenauer 1963 sein Amt an Ludwig Erhard abgab.

Arbeitsfragen

1. *Erarbeite, wie der Zeitzeuge die Ära Adenauer beurteilt. Was meint er damit, dass sich Adenauer selbst überlebt habe?*
2. *Beurteile die politische Bedeutung der „Spiegelaffäre".*

Der Mauerbau 1961 stabilisierte das DDR-System. In der Geschichtswissenschaft hat man später sogar einmal vom Mauerbau als „zweite Staatsgründung“ gesprochen. Da Flucht beinahe unmöglich war, blieb den Menschen nichts anderes übrig, als sich mit einem dauerhaften Leben in der DDR zu arrangieren. Für die DDR-Führung gab es jetzt nicht mehr die Möglichkeit, wirtschaftliche Schwierigkeiten mit den offenen Westgrenzen zu begründen. Gleichzeitig mussten Maßnahmen ergriffen werden, um die Resignation der Bevölkerung zu überwinden. Auf dem 6. Parteitag der SED 1963 wurde ein Programm verabschiedet, das den Kapitalismus beseitigen und den Sozialismus zum Sieg führen sollte. Der Ministerrat verkündete ein „Neues ökonomisches System der Planung und Leitung“ (NÖSPL), mit dem – so die SED-Propaganda – das Wirtschafts- und Wohlstandsniveau der BRD innerhalb weniger Jahre überholt werden sollte. Um die zentrale Wirtschaftsverwaltung flexibler zu machen, wurden finanzielle Anreize geschaffen und die Betriebe an der Gesamtplanung mehr beteiligt. Neben diesen Schritten zur wirtschaftlichen Konsolidierung und Erhöhung des Lebensstandards wurden Maßnahmen zur Förderung der Jugend und zur Gleichberechtigung der Frauen (z. B. mehr Jugendklubs und Kinderhorte) ergriffen. In den Jahren nach dem Mauerbau entwickelte sich so ein Stolz der Bevölkerung auf die eigene Leistung. Ein kulturelles Tauwetter war zu beobachten. Es war der SED trotz nahezu allgegenwärtiger Präsenz nicht möglich, die Bevölkerung total zu dirigieren.

1965 gab es dann wieder einen Schwenk: „Schädlichen Tendenzen“ im kulturellen Leben sollte durch Zensur und einem verschärften Personenkult um Ulbricht entgegengewirkt werden. Die Eigenverantwortlichkeit der Betriebe wurde wieder eingeschränkt, weil die SED um ihre ideologische Vorherrschaft fürchtete und die UdSSR eine Angleichung an das sowjetische Wirtschaftsmodell und eine noch stärkere Einbindung der DDR in das „sozialistische Lager“ verlangte.

Mit dem Verlust der absoluten Mehrheit bei den Wahlen 1961 zeichnete sich ab, dass die Ära Adenauer sich ihrem Ende zuneigte. Um weiter regieren zu können, brauchte CDU einen Koalitionspartner. Die FDP machte ihre Beteiligung an der Regierung davon abhängig, dass der 85jährige Adenauer während der Legislaturperiode zurücktrete.

4 **Parteitag der SED 1963**

5 **Demonstration der Jungen Pioniere in Schwerin 1963**

6 **Schaufenster zum 70. Geburtstag von Ulbricht 1963**

Arbeitsfragen

1. *Setz dich mit der These vom Mauerbau als „zweite Staatsgründung der DDR“ auseinander.*
2. *Interpretiere die drei Bilder unter dem Aspekt, was sie über das DDR-Regime nach dem Mauerbau aussagen. Vergleiche diese Aussagen mit dem Text.*

7 **Abschiedsbankett Oktober 1963: Ludwig Erhard und Konrad Adenauer**

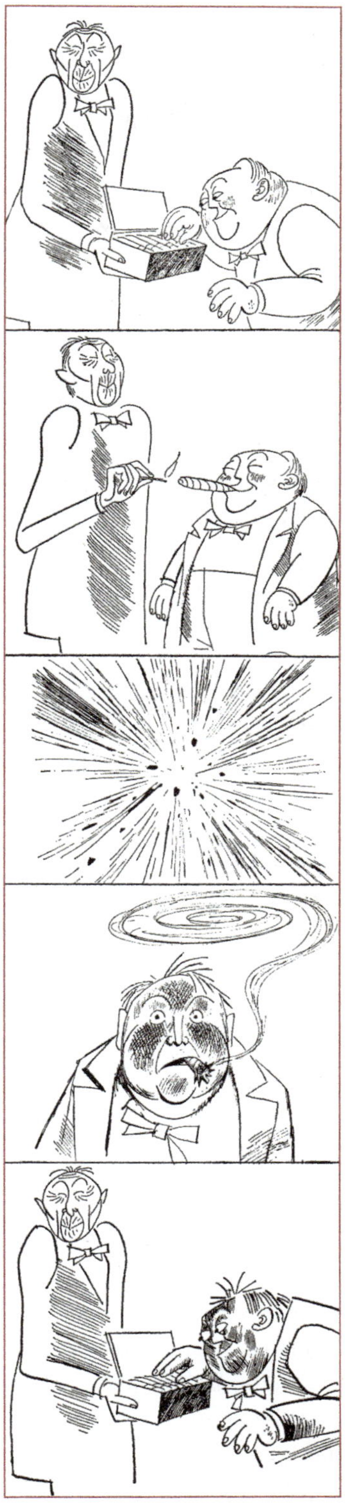

8 **„Rauchers Freud und Leid", Karikatur von E.-M. Lang 1963**

Als sein Nachfolger wurde Ludwig Erhard angesehen. Doch schon vor seinem Rücktritt hatte Adenauer mehrfach Zweifel an der Fähigkeit Erhards als sein Nachfolger geäußert. „Der Herr Erhard ist ein kluger Mann, jedenfalls gebildeter als ich, aber natürlich nicht politisch," hatte er einmal festgestellt. Doch mit den Stimmen der FDP wurde Ludwig Erhard im Oktober 1963 zum Bundeskanzler gewählt. Bei den Bundestagswahlen 1965 behauptete die CDU/CSU-FDP-Koalition ihre Regierungsmehrheit.

Mit dem Ende der Ära Adenauer begann in den 1960er-Jahren eine längere Phase der Umorientierung: Nach 14 Jahren CDU-Regierung war die Deutschland- und Ostpolitik ohne Perspektive; gesellschaftlich zeigten die Mängel im Bildungswesen, die fehlende Gleichstellung der Frau, die unzureichende Aufarbeitung der NS-Vergangenheit und das mangelnde demokratische Engagement der Mehrheit der Bevölkerung einen Reformstau an; wirtschaftspolitisch kündigte sich das Ende der Jahre des Wirtschaftswunders und Aufschwungs an. Die dreijährige Kanzlerschaft Erhards stand deutlich im Zeichen der politischen Stagnation. Vielleicht hatte Adenauer doch Recht, „den Mann mit der Zigarre" für einen guten Wirtschaftler, aber einen unzureichenden Politiker einzuschätzen.

Arbeitsfragen

1. *Interpretiere das Bild und die Karikatur. Was sagen sie über das Verhältnis von Adenauer zu Erhard aus? Vergleiche mit den Aussagen im Text.*
2. *Nenne die Defizite, die nach dem Text in Politik, Wirtschaft und Gesellschaft der Bundesrepublik am Ende der Ära existierte und nimm Stellung dazu.*

Nützliche Hinweise

- DEFA-Film: Die Spur der Steine (1966), Regie Frank Bayer, mit Manfred Krug u. a.
- www.dhm.de/lemo/html/biografien/ErhardLudwig
- www.dhm.de/lemo (Filmdokumentation: Spiegel-Affäre, 1962)
- bpb, Stefan Wolle: Aufbruch in die Stagnation – Die DDR in den Sechzigerjahren, Bonn 2005
- Mario Frank: Walter Ulbricht – Eine deutsche Biografie, München 2001

1. Neue Koalitionen in der BRD

1 **Kanzlersturz: Ludwig Erhard 1966**

Für die Bundesbürger war Ludwig Erhard der Vater des Wirtschaftswunders und der Begründer der sozialen Marktwirtschaft. Sein Ansehen als Bundeskanzler schwandt zunehmend durch einen wirtschaftlichen Abschwung, der in der ersten Hälfte der 1960er-Jahre einsetzte und 1966/67 zu einer ersten Wirtschaftskrise in der BRD führte und die Erhardsche These von der krisenfreien sozialen Marktwirtschaft erschütterte. So wurden z.B. im Ruhrgebiet Zechen stillgelegt und Kohle durch billigeres Öl ersetzt. Die Verdrängung der heimischen Kohle hatte auch direkte Folgen für die Stahlindustrie. Erstmals sank das Bruttosozialprodukt und stiegen die Arbeitslosenzahlen. Insgesamt zeichnete sich ein Strukturwandel von der Industrie- zur Dienstleistungsgesellschaft ab. Auf diesen Wandel war die Bundesrepublik nicht vorbereitet und die Erhardsche Politik fand keine Lösungen. Obwohl Wissenschaftler z.B. eine „Bildungskatastrophe" (Georg Picht 1964) mit zu wenig Abiturienten, Lehrern und Wissenschaftlern voraussagten, wurde das traditionelle Schul- und Hochschulsystem nicht reformiert.

Neben den wirtschaftlichen und gesellschaftlichen Schwierigkeiten kamen außenpolitische Probleme hinzu. Obwohl sich in den USA und der Sowjetunion nach der Konfrontation der Kubakrise 1962 die Einsicht in Maßnahmen zur Entspannung durchgesetzt hatte (Einrichtung eines „heißen Drahtes", Atomtestvertrag), hielt die Bundesregierung an ihrer Politik gegenüber der DDR und der Sowjetunion fest. Die Verbesserung der Beziehungen zu den sozialistischen Staaten Osteuropas kam über den Austausch von Handelsvertretungen nicht hinaus. Die Regierung Erhard war nicht bereit, die Hallstein-Doktrin aufzugeben, die Oder-Neiße-Grenze zu akzeptieren oder gar die DDR anzuerkennen. Als die CDU 1966 bei Landtagswahlen hohe Verluste hatte und die rechtsradikale NPD erstmals in Landesparlamente einzog, war des Ende der Erhardschen Kanzlerschaft eingeleitet. Der Streit zwischen den Regierungsparteien CDU/CSU und FDP über Maßnahmen gegen die Staatsverschuldung und Wirtschaftskrise spitzte sich zu einer Regierungskrise zu. Die eigene Partei ließ Erhard fallen und verhandelte mit der SPD über eine große Koalition, für die sich der SPD-Parteivorsitzende Willy Brandt und besonders sein Stellvertreter Herbert Wehner einsetzten.

Im Dezember 1966 löste Kurt Georg Kiesinger Erhard als Kanzler ab. Die SPD trat in die Regierung ein, Willy Brandt wurde Vizekanzler und Außenminister. Die Regierung der Großen Koalition setzte sich vier Hauptziele: Die Überwindung der Rezession, die Beendigung der Wirtschaftskrise, die Verabschiedung einer Notstandsverfassung und die Verabschiedung eines neuen Mehrheitswahlrechtes.

Die Bildung der Großen Koalition stieß bei zahlreichen Bürgern auf Ablehnung, weil es keine starke parlamentarische Opposition gab. Sie sahen eine Gefahr für die Demokratie, weil mit der überwiegenden Regierungsmehrheit Grundgesetzänderungen durchgesetzt werden konnten.

Arbeitsfragen

1. *Interpretiere die Karikatur und stelle sie in einen Zusammenhang mit den im Text geschilderten Entwicklungen.*
2. *Schreibe einen kurzen Bericht über die Situation in der BRD unter Bundeskanzler Erhard.*
3. *Diskutiert Vor- und Nachteile einer Großen Koalition.*

2 **Protest gegen Große Koalition 1966**

Q1 *Benno E., Bad Schwalbach, überliefert, 1969*
Ludwig Erhard war für mich ein großer Mann. Ohne ihn wäre es wirtschaftlich nicht so schnell aufwärts gegangen. Er hatte in seiner eigenen Partei keine Hausmacht, denn er ist erst kurz vor der Kanzlerwahl in die CDU eingetreten. Wenn man ihm mangelnde Durchsetzungsfähigkeit vorwirft, sollte man auch daran denken, dass ihm seine eigene Partei in den Rücken gefallen ist. Er hatte sicher Recht, dass er bei der ersten kleinen Wirtschaftskrise Sparsamkeit und Maßhalten predigte. Wir waren in kurzer Zeit sehr weit gekommen und hätten mit Augenmaß diese Krise überwunden. Auch die FDP hat durch ihre überzogene Politik gegen eine kleine Steuererhöhung zum Rücktritt Erhards beigetragen. Stattdessen wurde den Roten mit ihren mächtigen Gewerkschaften im Rücken die Tür geöffnet. Positiv fand ich, dass die schwarz-rote Koalition das Wahlrecht ändern wollte. Beim Mehrheitswahlrecht hätte man klare Verhältnisse gehabt und keinen Partner mehr gebraucht. Kiesinger, Brandt, Strauß und Schiller haben trotz allem erstaunlich gut zusammengearbeitet, auch wenn ich der Ostpolitik Brandts misstraut habe.

Q2 *Heidi B., Berlin 2008*
Als Mitglied der „Falken" (der SPD nahestehende Sozialistische Jugendorganisation) hat es mich nicht verwundert, dass die SPD-Führung nach dem Rechtsschwenk mit dem „Godesberger Programm" sich für die Große Koalition eingesetzt hat. Der Weg vom „Godesberger Programm" in die Große Koalition war nach meiner Meinung nur konsequent. Trotzdem war ich natürlich dagegen und habe mich an den Protestdemos beteiligt. Ich sah vor allem die Gefahr, dass jetzt die Rechtsradikalen, die gerade Stimmen gewonnen hatten, sich noch weiter ausbreiten würden und dass die antidemokratischen Notstandsgesetze, gegen die die SPD immer war, jetzt durchgesetzt werden. Später musste ich dann einsehen, dass es eine sozialliberale Regierung Brandt wahrscheinlich ohne die Große Koalition nie gegeben hätte.

Für die Bevölkerung und die Parteien war die Bildung einer Regierung ehemaliger politischer Gegner nur zu rechtfertigen, wenn sie als Zweckbündnis auf Zeit angesehen wurde, um anstehende Probleme gemeinsam zu lösen.
Finanzminister Strauß und Wirtschaftsminister Schiller brachten in erstaunlich kurzer Zeit die Wirtschaft wieder in Schwung und verminderten die Arbeitslosenzahlen. Die Grundlagen dafür waren das Stabilitätsgesetz, das dem Staat die Möglichkeit gab, Gelder für die Wirtschaftsförderung auszugeben. Arbeitgeber und Gewerkschaften stimmten ihre Wirtschafts- und Sozialpolitik aufeinander ab. Wirtschaftsminister Schiller nannte dies „Konzertierte Aktion".
Für die Notstandsgesetze musste das Grundgesetz geändert werden. Sie stellten dem Staat Maßnahmen zur Verfügung bei inneren und äußeren Notlagen. Dagegen gab es heftige Proteste.

Arbeitsfragen
1. *Nenne die Gründe, aufgrund derer nach Meinung des ersten Zeitzeugen Ludwig Erhard als Kanzler gescheitert ist und warum er eine Große Koalition nicht befürwortet. Nimm Stellung dazu.*
2. *Erkläre die Einstellung der zweiten Zeitzeugin zur SPD und zur Großen Koalition.*
3. *Vergleiche die damalige „Konzertierte Aktion" mit dem heutigen Verhältnis von Arbeitgeberverbänden zu Gewerkschaften.*

3 **IX. Deutscher Bauernkongress 1966 in Ost-Berlin**

4 **Walter Ulbricht stellt auf einer Rede vor dem Präsidium der Volkskammer am 31. Januar 1968 den Entwurf der neuen „Sozialistischen Verfassung" der DDR vor. In dieser Verfassung, die im April 1968 in Kraft trat, lautet Artikel 8: „Die Herstellung und Pflege normaler Beziehungen und die Zusammenarbeit der beiden deutschen Staaten auf der Grundlage der Gleichberechtigung sind nationales Anliegen der Deutschen Demokratischen Republik. Die Deutsche Demokratische Republik und ihre Bürger erstreben darüber hinaus die Überwindung der vom Imperialismus der deutschen Nation aufgezwungenen Spaltung Deutschlands, die schrittweise Annäherung der beiden deutschen Staaten bis zu ihrer Vereinigung auf der Grundlage der Demokratie und des Sozialismus."**

In der Mitte der 1960er-Jahre wagte die DDR im Rahmen ihres Ziels zum „Aufbau des Sozialismus" vorsichtige wirtschaftliche und soziale Reformen. Für alle Werktätigen wurde die 45-Stunden-Woche und ab August 1967 die Fünf-Tage-Woche eingeführt. In den Betrieben wurde unter verschiedenen Losungen wie auf dem Bauernkongress 1966 zum sozialistischen Wettbewerb aufgerufen. „Rationeller produzieren – für dich, für deinen Betrieb, für unseren sozialistischen Friedensstaat ..." Dennoch musste eine Verordnung zur Lenkung des Wohnraumes erlassen werden. Die knappen Wohnungen wurden von einer Lenkstelle nach sozialen und politische Kriterien vergeben.

Zusammen mit den anderen Mitgliedstaaten des Warschauer Paktes wurde im Februar 1967 die so genannte Ulbricht-Doktrin beschlossen: Kein Mitglied des Paktes durfte Botschafter mit der BRD austauschen, solange die Bundesrepublik auf ihrem Alleinvertretungsanspruch bestand. Ein weiterer Schritt auf dem Weg zu einer „Zwei-Staaten-Theorie" war, dass die bis dahin gültige gemeinsame Staatsbürgerschaft mit der Bundesrepublik außer Kraft gesetzt und eine eigene DDR-Staatsangehörigkeit eingeführt wurde. 1968 wurde diese „Zwei-Staaten-Theorie" in die neue Verfassung der DDR aufgenommen, indem es im Artikel 1 lautete: „Die Deutsche Demokratische Republik ist ein sozialistischer Staat deutscher Nation." Wie im Auslandsverkehr wurden nun auch von den Bürgern der BRD Reisepässe und Einreisevisa verlangt. Mit all diesen Maßnahmen wollte die DDR ihre Eigenständigkeit nach außen und innen manifestieren – natürlich bei gleichzeitiger engster Anbindung an die Sowjetunion.

5 **Erich Honecker, Leonid Breschnew und Walter Ulbricht auf der Ehrentribüne während einer Parade zum VII. Parteitag der SED 1967**

Arbeitsfragen

1. *Vergleiche die Hallstein-Doktrin der BRD mit der Ulbricht-Doktrin der DDR.*
2. *Erkläre, warum die DDR sich 1968 eine neue „Sozialistische Verfassung" gab.*
3. *Diskutiert den Artikel 8 der DDR-Verfassung unter dem Aspekt der Bedeutung für eine Wiedervereinigung.*

6 **Ehemalige KZ-Insassen demonstrieren in Sträflingskleidung gegen die Notstandsgesetze**

7 **„Wanderstäbe vom Koalitionsparnter", Karikatur 1968**

In der BRD versuchte die Große Koalition als Erstes die Wirtschaftskrise zu bewältigen. Durch Eingriffe des Staates in die Wirtschaft durch ein Stabilitätsgesetz und durch die Abstimmung der Regierungspolitik mit Unternehmern und Gewerkschaften („Konzertierte Aktion") gelang die Überwindung der Krise. Schon 1968 setze ein Konjunkturaufschwung ein.

Auch ihr Ziel, eine Notstandsgesetzgebung zu verabschieden, konnte die Große Koalition mit ihrer Zwei-Drittel-Mehrheit im Bundestag im Juni 1968 erreichen. Allerdings ging dies nicht ohne massive Proteste ab. Denn durch die Notstandsgesetze konnte die Regierung in bestimmten Notsituationen Grundrechte außer Kraft setzen. Besonders heftig umstritten war, dass die Regierung selbst anordnen konnte, wann ein „Notstand" vorliegen würde. Die Regierung meinte damit vor allem Naturkatastrophen, die Gegner befürchteten, dass die Regierung auch bei Streiks und Demonstrationen von der Einschränkung der Grundrechte Gebrauch machen könnte.

Neben den wirtschaftlichen Maßnahmen und der Verabschiedung der Notstandsgesetze wurden von Außenminister Willy Brandt auch mit ersten vorsichtigen Schritten eine neue Ostpolitik eingeleitet. Ohne die „Hallstein-Doktrin" ganz aufzugeben, wurden 1967 diplomatische Beziehungen zu Rumänien und Jugoslawien aufgenommen. Der Sowjetunion und dem Warschauer Pakt wurde ein Gewaltverzichtsvertrag angeboten. Es kam auch zu einem Briefwechsel zwischen Bundeskanzler Kiesinger und dem Ministerpräsidenten der DDR, Willi Stoph, der jedoch ohne konkretes Ergebnis blieb.

Diese ersten Ansätze einer Entspannungspolitik wurden durch zwei Tatsachen gebremst: Die Ostblockstaaten forderten als Bedingung für jede Veränderung die völkerrechtliche Anerkennung der DDR und die Anerkennung der Oder-Neiße-Grenze als deutsche Ostgrenze. Der neue Kurs war aber auch in der Großen Koalition heftig umstritten. Die CDU/CSU als stärkste Regierungspartei stand ihm ablehnend gegenüber. Die Niederschlagung des Prager Frühlings durch Truppen des Warschauer Paktes im August 1968 beendeten dann zunächst alle Entspannungsbemühungen.

Arbeitsfragen

1. *Erläutere die Maßnahmen, die gegen die Wirtschaftskrise unternommen wurden.*
2. *Interpretiere die Karikatur und vergleiche ihre Aussage mit dem Text.*
3. *Suche anhand der Abbildung Gründe für eine Demonstration ehemaliger KZ-Häftlinge gegen die Notstandsgesetze.*

Nützliche Hinweise

- www.politik-fuer-die-freiheit.de
- www.dradio.de
- Rangmar Staffa (Hrsg.): Spuren der Breschnew-Doktrin, Ergolding 1973
- Philipp Gassert, Kurt Georg Kiesinger: 1904–1988 Kanzler zwischen den Zeiten, München 2006

2. Die 68er

1 **Demonstration von Hamburger Studenten anlässlich der Einführung des neuen Rektors 1967**

Das Jahr 1968 steht synonym für den Aufstand der Studenten. Unter dem Ruf „Kampf dem Establishment“ ist dieser Protest zum Mythos einer aufbegehrenden Jugend geworden. Die Ereignisse des Jahres 1968 können aber nicht isoliert betrachtet werden, sondern hatten eine lange Vorgeschichte in der Entwicklung der BRD in den 1950er- und 1960er-Jahren. Nach Jahren wirtschaftlichen Aufschwungs, der Verankerung im Westen und einer gesellschaftlichen Restauration kam es zu Spannungen zwischen den Generationen. „Trau keinem über 30!“ war eine der Parolen. Die bisherigen Wertvorstellungen und Autoritäten – Staat, Eltern, Kirchen, Schule – wurden in Frage gestellt. Durch lange Haare, auffällige Kleidung, Hippi-Bewegung und Beatmusik, neue Wohnformen und mit dem Ideal einer antiautoritären Erziehung wollten sich große Teile der jungen Generation von ihren Eltern und Großeltern abgrenzen.

Das Zentrum des Protestes lag in Berlin, erfasste aber auch viele andere Großstädte. Der Student Rudi Dutschke wurde zu seinem Symbol. Mit großen Demonstrationen und Sit-Ins auf den Straßen und an den Universitäten rebellierten die Studenten gegen den Vietnamkrieg, die Notstandsgesetze und die traditionellen Schul- und Hochschulstrukturen. Auch die mangelnde Aufarbeitung der NS-Zeit war ein Motiv des Protestes. Sie nannten sich „Außerparlamentarische Opposition“ (APO), weil nach Bildung der Großen Koalition im Parlament mit der kleinen FDP kaum Opposition vertreten war.

Das teilweise brutale Vorgehen der Polizei gegen die Protestaktionen und die Erschießung des Studenten Benno Ohnesorg bei einer Anti-Schah-Demonstration im Juni 1967 sowie ein Attentat auf Rudi Dutschke im April 1968 führten zur Radikalisierung und einer Welle der Gewalttätigkeiten eines Teils der Protestbewegung.

Viele Bürger reagierten erschreckt. Hetzparolen wie „langhaarige Affen“, „rote Verbrecher“ oder „arbeitsscheues Gesindel“ trugen nicht zur Beruhigung bei. Doch es gab auch Solidarisierungen. So protestierten Gewerkschaften und Studenten gemeinsam gegen die Notstandsgesetze. Nicht zuletzt führten die studentischen Proteste zu ersten Reformen in Schulen und Hochschulen und Neuorientierungen in der Gesellschaft.

Aus der am Problem der Gewalt gegen Staat und Menschen 1969 zerfallenden APO gingen unterschiedliche Strömungen hervor: Wenige enttäuschte Fanatiker verschrieben sich dem Terrorismus und bildeten später im Untergrund die „Rote Armee Fraktion“ (RAF). Der größte Teil begab sich auf den „Marsch durch die Institutionen“, um die Gesellschaft zu verändern. Die Parteien verzeichneten einen ungeahnten Mitgliederzuwachs. So haben die 68er die weitere Entwicklung der bundresrepublikanischen Gesellschaft nachhaltig beeinflusst und geprägt.

Arbeitsfragen

1. *Schreibe aus der Sicht eines 68er einen Bericht über die APO und ihre Ziele.*
2. *Erkläre, warum auch heute noch sehr kontrovers über die Protestbewegung der 68er diskutiert wird.*

2 **Demonstration gegen staatliche Willkür in Düsseldorf 1968**

3 **Gegendemonstration in Berlin 1968**

Q1 *Götz S., Berlin 1997*

Unser Engagement gegen Demokratiedefizite an Hochschulen und in der Gesellschaft der Adenauer-Ära, Aufklärung über die antikommunistische Hetze der Springer-Presse und Notstandspläne, Demonstration gegen die US-Aggression in Vietnam – all diese Aktionen haben uns 68er sicherlich entscheidend geprägt. Persönlicher Einsatz, individuelle Radikalität und nachhaltige Wirkung der Studentenbewegung lassen sich jedoch nur dadurch erklären, dass das Erwachsenwerden vieler 68er ein Prozess der ständigen Auseinandersetzung mit der nationalsozialistischen Vergangenheit der Elterngeneration war. In diesem Milieu aufgewachsen tauchten bei mir bewusst gestellte Fragen nach der Mitbeteiligung oder Mitschuld der Eltern und der Aktualität der NS-Vergangenheit in der bundesrepublikanischen Gesellschaft erstmals Ende der 50er-Jahre auf. Unsere Eltern haben bei den NS-Verbrechen geschwiegen und mussten sich deshalb zu Recht von uns fragen lassen: Was hättet ihr tun können und warum habt ihr nichts getan? Was aber sollen wir 68er unseren Kindern sagen, wenn wir z. B. zum Vietnamkrieg schweigen?

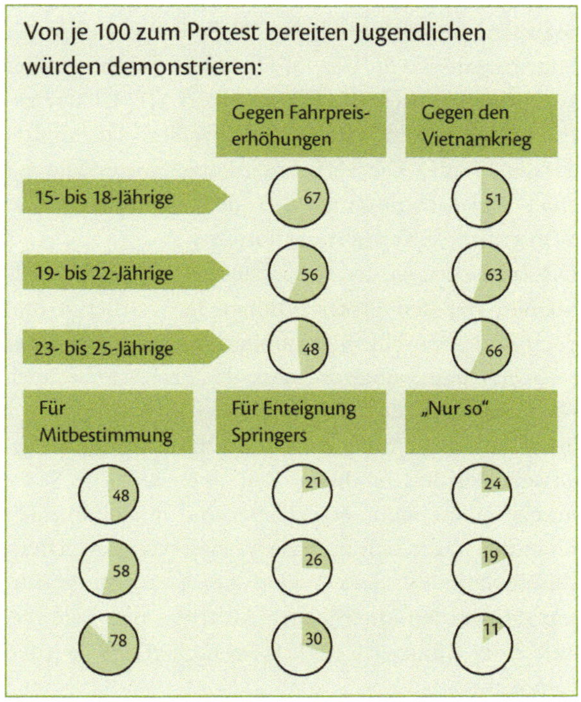

4 **Demonstrationsbereitschaft von Jugendlichen 1968**

Begonnen hatte 1964/65 die Protestbewegung als Kampf für bessere Studienbedingungen. Seit 1966/67 richteten sich die Proteste der APO gegen den Vietnamkrieg, gegen die Politik die Große Koalition und die fehlende Auseinandersetzung mit der NS-Vergangenheit. Die Aktionen weiteten sich zum Kampf gegen Ausbeutung und Unterdrückung der Entwicklungsländer und schließlich 1968 gegen die Notstandsgesetzgebung und das Meinungsmonopl des Springer-Konzerns aus. Zeitweise war die Situation so aufgeheizt, dass es zu Gegendemonstrationen kam.

Arbeitsfragen

1. *Erläutere, welche Demokratiedefizite der Zeitzeuge in der bundesrepublikanischen Gesellschaft sieht. Beurteile seine Vorwürfe an die Elterngeneration.*
2. *Schildere die Anlässe von Protestaktionen der APO und von Gegendemonstrationen.*
3. *Erkläre die in der Umfage zum Ausdruck kommenden Einstellungen.*

5 Demonstration für die DDR-Verfassung in Ostberlin 1968

Während in der BRD die APO-Proteste im Frühjahr 1968 ihrem Höhepunkt zustrebten, organisierte die DDR-Führung eine breite Kampagne für eine neue sozialistische Verfassung der DDR. In ihr wurde der Führungsanspruch der SED festgeschrieben, aber auch demokratische Rechte verankert, z. B. Glaubens-, Presse-,Rede- und Versammlungsfreiheit – zumindest auf dem Papier. Die Verfassungskampagne endete mit einer Volksabstimmung, bei der 94,5 Prozent der Wähler für die Verfassung stimmten.
Die Menschen in der DDR blieben schon durch die Medien von den Protestaktionen in Westberlin und der Bundesrepublik nicht unberührt. Die Angst der SED-Führung war groß, dass die Protestwelle auch Ostberlin und die DDR erreichen könnte. Wie wir heute aus den Archiven der Staatssicherheit (Stasi) wissen, wurden in dieser Zeit oppositionelle Stimmungen besonders beobachtet und verfolgt. Auch Meinungen, die sich für eine Verbesserung der DDR-Gesellschaft auf dem Boden des Sozialismus einsetzten, wurden unterdrückt. Auftritts- und Lehrverbote von Künstlern und Wissenschaftlern wurden verhängt.
In den Augen der DDR-Führung stellten die Ereignisse in der Tschechoslowakei im Frühling 1968 eine besondere Bedrohung dar: Hier forderten Bürger und eine neue kommunistische Parteiführung unter Alexaner Dubcek einen „Sozialismus mit menschlichem Antlitz", die Zulassung von Parteien und die Pressefreiheit. Die Planwirtschaft sollte durch marktwirtschaftliche Elemente ergänzt und eine Öffnung zum Westen eingeführt werden. Es gab viele DDR-Bürger, die mit diesem reformkommunistischen Kurs sympathisierten. Doch im August 1968 beendete der Einmarsch von Truppen des Warschauer Paktes, darunter auch DDR-Soldaten, die Hoffnung der tschechoslowakischen Reformer. Auch in der DDR schwanden die Hoffnungen auf eine Demokratisierung. SED und Stasi verschärften die Unterdrückung. Vor allem in der FDJ wurde zur ideologischen Wachsamkeit aufgerufen.

6 „Sichtagitation" für die neue Verfassung 1968 in Dresden

Bundeskanzlerin Angela Merkel zur Stimmung in der DDR anlässlich des „Prager Frühlings":
„Die einen wollten den Sozialismus aufbrechen und menschlicher machen, hatten aber keine Abneigung gegen die soziale Marktwirtschaft. Und die anderen kamen aus der Marktwirtschaft und haben den Sozialismus verherrlicht. Eigentlich waren diese Bewegungen gegenläufig, und trotzdem waren sie in manchem gleich."

Arbeitsfragen

1. *Beschreibe anhand der Bilder und des Textes die Kampagne zur neuen Verfassung.*
2. *Interpretiere die Aussage von Angela Merkel im Zusammenhang mit den Ereignissen in der Tschechoslowakei.*

Für die Menschen von heute und vor allem für Schülerinnen und Schüler stellt sich die Frage, was von der Aufbruchstimmung der 68er geblieben und was aus den damals protestierenden Studenten geworden ist. Festzuhalten ist: Manche haben den „Marsch durch die Institutionen“ geschafft und sind heute in führenden Positionen in Politik, Wirtschaft und Kultur. Nachhaltige Wirkung hat der von den 68er damals angestoßene Wertewandel entfaltet. Traditionelle bürgerliche Werte wie Ordnungsliebe, Autoritätsgläubigkeit, Ehe und Familie wurden in Frage gestellt und durch andere Werte wie Demokratisierung, Konfliktbereitschaft, Emanzipation und Selbstverwirklichung ersetzt. Besonders im Erziehungs- und Bildungsbereich hat es hier in den 1970er- und 1980er-Jahren einen Wandel gegeben, weil viele 68er in diesen Bereichen tätig wurden. Weniger im Rampenlicht der Öffentlichkeit, aber mit langfristigen Konsequenzen standen damals die Anfänge der neuen Frauenbewegung.

Es ist auch zu hinterfragen, ob für die Bürger der DDR mit der Niederschlagung des reformkommunistischen Kurses in der Tschechoslowakei die Hoffnungen auf einen politischen und gesellschaftlichen Wandel völlig verschwanden und sich Resignation ausbreitete. Oder ob sich nicht in dieser Zeit das kritische Potential der Bevölkerung erhöht hat und hier die Keimzelle für die spätere Bürgerbewegung liegt.

Wer die 68er als revolutionäre Fantasten bezeichnet oder die Zeit der APO als vergessene Episode unserer Geschichte ansieht, hat die Vielzahl der Bücher und TV-Sendungen im Jahr 2008 übersehen. Es erhebt sich die Frage, ob die Diskussion abgeschlossen ist oder fortgeführt werden muss.

7 **Mitglieder der Westberliner „Kommune 1“ beim gemeinsamen Essen, 1968**

> ***Arbeitsfrage***
>
> 1. *Stelle aus dem Text und den Bildern Fragen zusammen, die die 68er aufgeworfen haben. Was ist daraus heute geworden?*

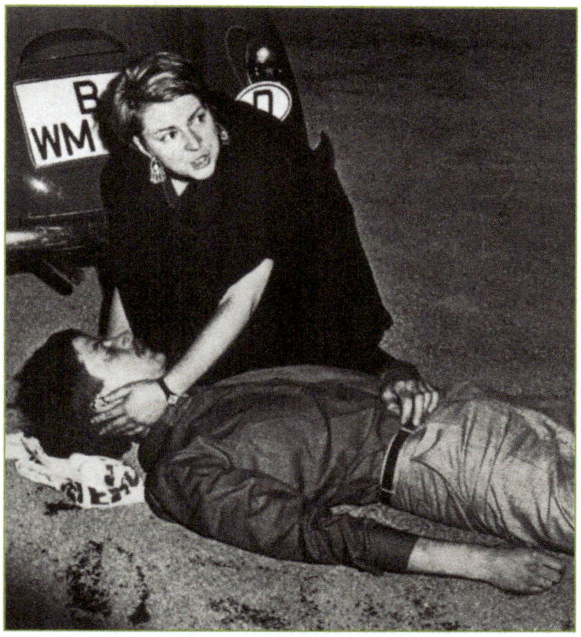

8 **Der von einem Polizisten erschossene Benno Ohnesorg**

9 **Flugblatt zum 1. Mai 1968**

Nützliche Hinweise

- Filmdokumentation gegen den Vietnamkrieg: www.dhm.de
- Information zur politischen Bildung, Zeit des Wandels 1961–1974, Nr. 258, Bonn 1998
- bpb, Christa Wolf: Die Hoffnung stirbt zuletzt (Video)
- www.hr-online.de/Website/specials/68er

3. Schwerpunkte der Regierung Brandt

1 **Plakat zur Bundestagswahl 1969**

Die Parteien der Großen Koalition standen sich Anfang 1969 als Wahlkämpfer gegenüber. Die CDU/CSU setzte mit dem Slogan „Auf den Kanzler kommt es an" ganz auf den Amtsinhaber Kiesinger. Die SPD warb u.a. mit „Wir schaffen das moderne Deutschland" und „Wir haben die richtigen Männer". Bei der FDP hieß es „Wir schneiden die alten Zöpfe ab."

Neben dem offiziellen Wahlkampf entstand eine Sozialdemokratische Wählerinitiative (SWI), die von namhaften Persönlichkeiten aus Kultur und Kunst unterstützt wurde. In den Umfragen lagen die beiden großen Parteien etwa gleichauf. Große Sorge herrschte bei allen Parteien, ob die NPD diesmal die 5 Prozent-Hürde überspringen würde, denn sie war seit 1966 in sieben Landtagen vertreten. Dies wurde auch im Ausland kritisch betrachtet. Die DDR sah sich durch die Wahlerfolge der NPD darin bestätigt, dass die Bundesrepublik ein „Hort des Neonazismus" sei.

Am Wahlabend des 28. September 1969 gab es mehrere Möglichkeiten einer Regierungsbildung. Die CDU/CSU erhielt 46,1 Prozent, die SPD 42,7 Prozent und die FDP nur 5,8 Prozent. Die NPD blieb unter 5 Prozent.

Bundeskanzler Kiesinger, aber auch Herbert Wehner und Helmut Schmidt von der SPD standen der Fortsetzung einer Großen Koalition nicht ablehnend gegenüber. Bestätigt durch Glückwunschtelegramme aus aller Welt hielt H. G. Kiesinger eine sozialliberale Koalition nur rechnerisch für möglich. Zur Überraschung vieler trat Willy Brandt aber noch am Wahlabend vor die Mikrofone und bekundete seine Entschlossenheit, mit der FDP ein Regierungsbündnis einzugehen. Schon im März 1969, als Bundespräsident Lübke zurückgetreten war, hatten SPD und FDP gemeinsam Gustav Heinemann (SPD) zum Bundespräsidenten gewählt. In kurzer Zeit verständigen sich beide Parteien auf eine Regierungskoalition. Der Deutsche Bundestag wählte am 21. Oktober 1969 Willy Brandt mit 251 Ja-Stimmen und 235 Gegenstimmen zum neuen Bundeskanzler. Der Parteivorsitzende der FDP, Walter Scheel, wurde Vizekanzler und Außenminister.

Innenpolitisch stellte Brandt seine Politik unter das Motto „Mehr Demokratie wagen". Ein ganzes Bündel von Reformmaßnahmen sollten eine Modernisierung der Gesellschaft, vor allem im Bildungswesen, die Erweiterung politischer Mitbestimmungsmöglichkeiten und den Ausbau des Sozial- und Rechtsstaates einleiten. Zu den Reformen gehörten z. B. Gesetze zur Gleichstellung der Frauen, die Herabsetzung des Wahlalters zum Bundestag von 21 auf 18 Jahre sowie die enormen Erhöhungen der Bildungsausgaben. Mit der Einführung des BAFöGs wurden finanziell schwache Familien unterstützt, um ihren Kindern eine Ausbildung bzw. ein Studium zu ermöglichen. Erstmals konnten auch Schüler der gymnasialen Oberstufe BAFöG erhalten. Neben diesen innen- und gesellschaftspolitischen Reformen stand aber vor allem eine neue Deutschland- und Ostpolitik im Zentrum der Reformmaßnahmen.

Arbeitsfragen

1. *Erkläre, welche Entwicklungen zur Bildung der sozialliberalen Koalition beigetragen haben.*
2. *Beurteile, ob die Bildung der sozialliberalen Koalition als historischer Einschnitt anzusehen ist.*

Q1 *Hans-Eberhard U., 32 Jahre Mitglied des Bundestages, Dortmund 2008*

Als besonders charakteristisch habe ich die ausgeprägte Menschlichkeit Willy Brandts empfunden. Er ging positiv auf seine Diskussionspartner zu, und man merkte ihm an, dass das nicht nur taktischer Natur war. Dadurch konnte er Menschen für sich gewinnen. Ich habe miterlebt, dass seine Ostpolitik unter der Prämisse stand, den Eisernen Vorhang zu öffnen. Er wusste sehr genau, dass dies nur gelingen konnte über Verträge mit der Sowjetunion. Wichtig dabei war auch die Berlin-Frage wie z. B., ob Bundesgremien in Berlin tagen dürfen. Die konservative Seite bezichtigte Brandt des Landesverrates, denn seine Politik würde dem Kommunismus nur den Rücken stärken. Dabei war die SPD der konsequenteste Gegner des Kommunismus. Tatsache ist, dass Brandt 1971 für seine Politik den Friedensnobelpreis erhielt. Bei der Bekanntgabe im Bundestag verweigerten in ihrer Mehrheit die Konservativen den anerkennenden Beifall. Aufgrund seiner Ostpolitik traten einige SPD-Abgeordnete aus Berlin zur CDU über. Ich vermute, dass man ein konstruktives Misstrauensvotum aufbauen wollte, was April 1972 auch zustande kam. Es wurde namentlich abgestimmt. Bei dem parlamentarischen Vorgang der Stimmenauszählung war ich in unmittelbarer Nähe. Ich stellte fest, dass mehrmals gezählt wurde. Die CDU-Kollegen in der Zählkommission waren sehr aufgeregt. Da hörte ich, wie der Obmann feststellte, „der Kandidat Barzel hat die Mehrheit nicht erreicht." Noch vor der offiziellen Bekanntgabe durch den Parlamentspräsidenten raste ich zu Willy Brandt und schrie: „Du bleibst Kanzler". Ich war der erste, der ihm das Ergebnis zurufen konnte. Ich habe noch nie so viele Frauen und Männer in der Bundestagsfraktion weinen gesehen.

Willy Brandt als Kanzler und internationaler Politiker

Der in aller Welt hoch angesehene Politiker wurde in Deutschland oft angefeindet. Er bestimmte mehr als zwei Jahrzehnte die Politik der SPD. Die von ihm und Egon Bahr auf den Weg gebrachte Ostpolitik hat entscheidend dazu beigetragen, dass das festgefahrene Denken in militärischen Blöcken überwunden wurde. Für seine Politik der Versöhnung erhielt er 1971 den Friedensnobelpreis. Seine Politik gegenüber dem Ostblock war geprägt durch kleine Schritte und den Leitgedanken „Wandel durch Annäherung". Seinen Erfolgen auf dem Wege der Entspannung des Ost-West-Verhältnisses wurden in Westdeutschland mit heftigen Angriffen und in Ostdeutschland mit Argwohn begegnet. Als Meilensteine seiner Kanzlerschaft (1969–1974) gelten: Der Moskauer Vertrag (August 1970), der Warschauer Vertrag (Dezember 1970), sein Treffen 1970 mit Willi Stoph, dem Vorsitzenden des Ministerrates der DDR, in Erfurt, der Abschluss des Vier-Mächte-Abkommens über Berlin (1971), der Grundlagenvertrag mit der DDR 1972 und der deutsch-tschechoslowakische Vertrag 1973.

Nachdem im Frühjahr 1972 das von der CDU/CSU wegen der Ostpolitik eingebrachte Misstrauensvotum gescheitert war, wurde die SPD bei den Bundestagswahlen im November erstmals stärkste Partei, Brandt war auf dem Höhepunkt seiner Popularität. 1974 trat er wegen des DDR-Spions Guillaumes zurück, der jahrelang in seiner unmittelbaren Nähe im Kanzleramt sein Vertrauen missbraucht hatte. Sein internationales Ansehen litt darunter nicht, denn 1976 wurde er zum Vorsitzenden der Sozialistischen Internationale und 1977 der Nord-Süd-Kommission gewählt.

Arbeitsfragen

1. *Diskutiert die Gründe für die Polarisierung gegenüber Brandt, die der Zeitzeuge beschreibt.*
2. *Erläutere die Ziele, die die Regierung Brandt mit ihrer Ostpolitik verfolgte.*
3. *Welche Bedeutung hat das Wort „konstruktiv"" im Zusammenhang mit einem Misstrauensvotum?*

2 **DDR-Bürger jubeln Willy Brandt in Erfurt 1970 zu**

1969 feierte die DDR ihr 20-jähriges Bestehen. Gewaltige Neubauten, z. B. am Alexanderplatz in Ostberlin, wurden fertiggestellt. Stolz auf das Geleistete sollte demonstriert werden. Auch in den folgenden Jahren stand der Wunsch nach weltweiter Anerkennung – gestützt auf das politisch und ökonomisch immer größere Gewicht der DDR im „sozialistischen Lager" – im Vordergrund der DDR-Politik. Ein Hindernis auf diesem Weg stellte der SED-Generalsekretär Walter Ulbricht dar, der langsam im Personenkult erstarrt war und sich gegen die sowjetische Entspannungspolitik stellte. Mit Unterstützung des sowjetischen Parteiführers Leonid Breschnew wurde er 1971 durch seinen Stellvertreter Erich Honecker abgelöst.

Unter Honeckers Führung begann ein neuer Abschnitt der DDR-Geschichte: Mit einer neuen Wirtschafts-, Sozial- und Wohnungsbaupolitik sollten die Konsumbedürfnisse der Bevökerung stärker berücksichtigt und damit die innenpolitische Stabilität des SED-Regimes gefestigt werden. Mit einem Einschwenken auf die von der Sowjetunion vorgegebenen Entspannungspolitik sollte der außenpolitische Spielraum vergrößert und so die Anerkennung der staatlichen Souveränität der DDR in der internationalen Staatengemeinschaft erreicht werden.

Vor dem Hintergrund der Entspannungspolitik der Weltmächte USA und UdSSR und der Anerkennung der Oder-Neiße-Linie als Westgrenze Polens in Verträgen mit Moskau und Warschau durch die neue sozialliberale Bundesregierung bestanden 1970 auch Voraussetzungen für Verhandlungen zwischen der BRD und der DDR. Ein erstes Signal stellte das deutsch-deutsche Gipfeltreffen zwischen Bundeskanzler Willy Brandt und Ministerpräsident Willi Stoph in Erfurt und der Gegenbesuch in Kassel dar. Als dann auch die osteuropäischen Staaten vorweg nicht mehr auf eine völkerrechtliche Anerkennung der DDR und den Sonderstatus von Westberlin bestanden, war der Weg frei für Verhandlungen über konkrete Projekte der erweiterten Beziehungen (Transitabkommen, Post- und Fernmeldeabkommen, Verkehrsvertrag). Im Grundlagenvertrag zwischen der BRD und der DDR 1972 erkannte die BRD die DDR als gleichberechtigten Staat an, ohne die DDR völkerrechtlich als Ausland anzuerkennen. Ein deutliches Zeichen der Normalisierung der Beziehungen war 1973 die Aufnahme beider deutscher Staaten in die Vereinten Nationen. Willy Brandt sagte dazu vor der UNO: „Wir werden also versuchen, friedliche Koexistenz auf deutsch zu buchstabieren."

3 **Brandt und Stoph treffen sich in Erfurt, 1970**

Arbeitsfragen

1. *Schildere die Entwicklung der Beziehungen zwischen der Bundesrepublik und der DDR von 1969 bis 1973. Welches waren die Haupthindernisse für eine Annäherung?*
2. *Interpretiere das Bild und erkläre warum die DDR-Bürger Willy Brandt zujubelten.*
3. *Diskutiert die Bedeutung, die die die Verträge für die DDR-Führung und die DDR-Bürger hatten.*

4 **Demonstrationen des „Bundes der Vertriebenen" 1970**

Die sozialliberale Ost- und Deutschlandpolitik, die international als große Leistung Brandts angesehen worden ist und im Rahmen ihrer Entspannungspolitik von den westlichen Verbündeten unterstützt wurde, war alles andere als selbstverständlich. Das zeigte sich an der erbitterten innenpolitischen Auseinandersetzung. Vor der Unterzeichnung der Verträge von Moskau und Warschau 1970 kam es zu beinahe tumultartigen Auseinandersetzungen im Bundestag. Der „Bund der Vertriebenen"(BdV) mobilisierte bis zu 50 000 Menschen, um gegen die „Verzichtspolitik" der sozialliberalen Bundesregierung zu protestieren. Das gleiche Bild des Protestes auf der Straße, in den Medien und im Parlament gab es 1972, als die Ostverträge zur Ratifizierung im Bundestag anstanden. Als die knappe Mehrheit der Regierung im Bundestag durch Parteiübertritte zur CDU/CSU-Opposition abbröckelte und die knappe Mehrheit von SPD und FDP durch Parteiwechsler zur CDU/CSU geschrumpft war, sah die CDU/CSU-Opposition die Chance, durch ein konstruktives Misstrauensvotum die Regierung abzulösen. Das Misstrauensvotum scheiterte, dem CDU/CSU-Kandidaten Rainer Barzel fehlten zwei Stimmen zum Erfolg. Da die sozialliberale

5 **Demonstration des Bundes der Vertriebenen 1972**

Regierungskoalition keine Mehrheit hatte, wurden Neuwahlen festgelegt. Die folgenden Bundestagswahlen wurden zu einem Plebiszit über die Ostpolitik: Bei einer sehr hohen Wahlbeteiligung von 91 Prozent ging die SPD/FDP-Koalition als klarer Sieger aus der Wahl hervor.

Arbeitsfragen

1. *Stelle aus den Bildern die Argumente gegen die Ostpolitik zusammen.*
2. *Recherchiere im Internet die Ereignisse, die zum Misstrauensvotum geführt haben.*
3. *Diskutiert die Verleihung des Friedensnobelpreises an Willy Brandt.*

Nützliche Hinweise

- www.ghi-dc.org
- www.dhm.de: Biographie Brandt, Verträge von Moskau und Warschau, Vier-Mächte-Abkommen
- Peter Merseburger: Willy Brandt – 1913–1992. Visionär und Realist, München 2004
- Hans-Eberhard Urbaniak: Unerschrocken vorwärts, Dortmund 2006
- www.bwbs.de/bwbs_biografie

1. Ölkrise und wirtschaftliche Veränderungen

1 **Sonntagsfahrverbot 25. November 1973**

2 **Buchumschlag 1973**

Nur ein Jahr nach Brandts triumphalen Wahlsieg erschütterte der Beginn einer Wirtschaftskrise die Zuversicht auf dauerhaftes Wachstum. Konjunktureinbruch und Wachstumsschwäche 1973–1975 hatten mehrere Gründe, die Öffentlichkeit hat aber vor allem den Auslöser, die weltweite Ölkrise, wahrgenommen. Nach der Niederlage von Ägypten und Syrien im so genannten „Sechs-Tage-Krieg" oder „Yom-Kippur-Krieg" im Oktober 1973 gegen Israel setzten die arabischen Staaten die Öllieferungen als politische Waffe ein. Weil die westlichen Industriestaaten Israel unterstützen, sollten sie durch diese Maßnahmen bestraft werden. Die arabischen Mitgliedstaaten der Organisation der Erdöl exportierenden Staaten (OPEC) drosselten die Produktion, verhängten Embargos und erhöhten die Preise.

Die westlichen Industriestaaten, so auch die Bundesrepublik Deutschland, suchten nach alternativen Energiequellen. Als Lösung erschien u. a. die Atomkraft. Sie galt zu dieser Zeit als sicher und unerschöpflich. Außerdem wurde die weitere Stilllegung von Steinkohlezechen in Frage gestellt.

Da die Bundesrepublik in den 1970er-Jahren ihren Energiebedarf zu über 50 Prozent mit Rohölimporten deckte, traf sie die Ölkrise besonders hart. Sie war zu etwa 75 Prozent abhängig von Öl aus dem Nahen Osten. Die Bundesregierung griff zu Sofortmaßnahmen, durch die allerdings keine langfristige Veränderung im Energieverbrauch bewirkt werden konnte: Es wurden vier Sonntagsfahrverbote erlassen und die Geschwindigkeit auf Autobahnen und Landstraßen begrenzt. Schon im November 1973 wurde ein Energieschutzgesetz erlassen. Erhebliche Auswirkungen hatte die Ölkrise und die wirtschaftliche Rezession für die Schlüsselindustrien, z. B. die Autoproduktion. Der Autoverkauf sank um ein Viertel, der Export hatte große Einbrüche zu verzeichnen. Der Bürger musste bedeutend mehr für die Energieversorgung der Wohnung und für die Fahrt zur Arbeit bezahlen. Der Einzelne hatte weniger Geld im Portmonee. Das führte zu Einbrüchen im Konsumbereich. Selbst der Brotpreis stieg an.

Die Ölkrise gab aber auch einen Anstoß zum Nachdenken über die künftige Energieversorgung. Besondere Aufmerksamkeit fand jetzt der Bericht des „Club of Rome" zu den Grenzen des Wachstums, der 1973 in Deutschland veröffentlicht wurde. Es blieb nicht nur dabei, über Energieversorgung und die begrenzten Energiereserven nachzudenken. Es setzte vielmehr ein umfassenderer Sinneswandel ein, in dem immer häufiger eine grundsätzliche Frage gestellt wurde: Wie zukunftsfähig ist eigentlich die konsumorientierte Industriegesellschaft, die Wachstum nur noch auf Kosten der Umweltzerstörung hervorbringt?

Arbeitsfragen

1. *Beschreibe die Möglichkeiten, die die Bundesrepublik hatte, um auf die Krise zu reagieren.*
2. *Erläutere die direkten und indirekten Folgen, die die Ölkrise für die Verbraucher hatte.*
3. *Diskutiert die am Ende des Textes gestellte Frage.*

3 **Menschen auf der Autobahn**

Q1 *Jens Frederik S., Bremen, 2008*
Wir schimpften auf die Ölscheichs und die Multis, die uns den Hahn abgedreht haben. Was haben wir mit den Problemen im Nahen Osten zu tun gehabt? Wir dachten über neue Energien nach, ohne jedoch zu einem Ergebnis zu kommen, außer vielleicht Atomkraftwerke zu bauen oder aus Kohle Benzin zu machen. Verantwortungslos fanden wir das Verhalten der Ölstaaten und der Ölkonzerne. Sie waren dabei, unsere Wirtschaft zu ruinieren. Ich hatte Angst vor der Zukunft. Trotz kräftiger Lohnerhöhungen 1973 waren wir knapp bei Kasse. Nicht nur Benzin, sondern auch Lebensmittel und die warme Bude wurden teurer. Erstmalig wurde auch Kurzarbeit und Arbeitslosigkeit ein Thema für uns. Auf unserer Werft gab es auch Kollegen, die nach radikalen Maßnahmen gegen die Ölscheichs riefen.
Unsere Gewerkschaftsbosse haben wir damals schwer unter Druck gesetzt, mit den Politikern Tacheles zu reden, damit sie weltweit gegen das teuere Öl vorgehen. Sie kamen uns tatenlos vor. So wie ich haben viele von uns ihren Urlaub gestrichen. Das war neu für meine Kinder.

Q2 *Peter B., München, 2008*
Das Entscheidene war, dass es bei allen Reformen, die uns von der Brandt-Regierung versprochen worden waren, plötzlich hieß: „Das geht nicht, dafür ist kein Geld da."

4 **Hamsterkauf von Benzin**

Die Ölkrise hat den Bundesbürgern schlagartig ins Bewusstsein gerufen, wie abhängig der erreichte Wohlstand, aber auch die Industrie von ausländischen Energieimporten ist.
Das Geld, das in den Tank fließt, kann nicht mehr für den täglichen Konsum ausgegeben werden. Zum Ausmaß der Wirtschaftskrise folgende Zahlenangaben: Von 1973 bis 1974 stieg der Preis für eine Tonne Erdöl trotz der Dollarentwertung von 82,20 DM auf 223,87 DM, das heißt um 172,2 Prozent. Insgesamt gab die Bundesrepublik 1974 knapp 23 Milliarden DM für Erdöl aus, das waren 152,7 Prozent mehr als 1973. Die Industrieproduktion sank um 6,7 Prozent. Die Zahl der Arbeitslosen stieg von 273 000 im Jahre 1973 auf 1 047 000 im Jahre 1975. Die Zahl der „Gastarbeiter" fiel von 2 493 000 im Jahre 1973 auf 2 039 000 im September 1975.

Arbeitsfragen
1. *Beschreibe, wie der erste Zeitzeuge die Ölkrise erlebt hat und welche Konsequenzen er persönlich aus der veränderten Situation gezogen hat.*
2. *Erkläre den Zusammenhang zwischen der Ölkrise und den steigenden Arbeitslosenzahlen.*
3. *Stellt weitere Möglichkeiten zusammen, um unabhängiger von der Erdöleinfuhr zu werden.*

5 **Weltjugendfestspiele in Ostberlin im Sommer 1973**

6 **Soldaten der NVA beim Einsatz im Braunkohlentagebau, Anfang der 1970er-Jahre**

7 **KSZE 1973–1975**

Die DDR feierte in den 1970er-Jahren große außenpolitische Erfolge. Auf den Weltfestspielen der Jugend im Sommer 1973 präsentierte sie sich als offener und moderner Staat, aber unter ständiger Beobachtung der Sicherheitsorgane. Ein Höhepunkt der außenpolitischen Anerkennung der DDR war ihre gleichberechtigte Teilnahme an der Konferenz für Sicherheit und Zusammenarbeit (KSZE), die von 1973 bis 1975 in Helsinki tagte. In der 1975 verabschiedeten Schlussakte verpflichteten sich die europäischen Staaten, die souveräne Gleichheit und Unabhängigkeit zu achten, bestehende Grenzen nicht zu verletzen und auf Gewalt zu verzichten. Neben weiteren Vereinbarungen zur wirtschaftlichen Zusammenarbeit wurden auch die Regelung von humanitären Fragen wie Familienzusammenführung, Reisen und journalistische Arbeitsbedingungen sowie Fragen der Einhaltung von Grundfreiheiten in Angriff genommen. Gerade die Beschlüsse zu den zuletzt genannten Problemen sollten in der Folgezeit in der DDR und anderen Ostblockstaaten ihre Sprengkraft entfalten.

Während das internationale Ansehen der DDR in den 1970er-Jahren unter Honecker wuchs, stagnierte die wirtschaftliche Entwicklung. Die Ölpreiskrise traf auch die DDR hart, da die Preise für Rohstoffe drastisch stiegen. Doch die SED-Führung gab die höheren Kosten nur zum Teil an die Bevölkerung weiter und subventionierte die Preise für viele Konsumgüter und Dienstleistungen. Dafür nahm sie eine ständig wachsende Staatsverschuldung in Kauf. Die Versuche, mehr westliche Devisen zu erhalten (z. B. durch Verkauf politischer Häftlinge an den Westen, Zwangsumtausch für Westbesucher) konnten die steigende Verschuldung nicht aufhalten. Auch die Maßnahmen zur verstärkten Nutzung der Braunkohle als heimischer Energieträger waren nicht sehr erfolgreich. Die teilweise veraltete Technik führte in strengen Wintern dazu, dass die Produktion ausfallen musste oder nur mit Hilfe der Volksarmee aufrechterhalten werden konnte. Der wirtschaftliche Kollaps war absehbar, allerdings kannten nur wenige DDR-Bürger das ganze Ausmaß der Misere.

Arbeitsfragen

1. *Informiere dich über die Weltjugendfestspiele 1973 in Ostberlin und ihre Wirkung nach innen und außen. Warum wurden sie durch die Staatssicherheit beobachtet?*
2. *Erkläre, warum sich nach der Unterzeichnung der KSZE-Akte erste Bürgerrechtsgruppen in den Ostblockstaaten bildeten.*
3. *Stelle die Folgen der Ölpreiskrise für die DDR-Wirtschaft dar.*

In einem indirekten Zusammenhang mit der Ostpolitik der Regierung Brandt standen Maßnahmen zum Schutz des öffentlichen Dienstes vor politischen Extremisten. Dieser so genannte „Radikalenerlass“ führte zu jahrelangen Kontroversen über staatliche „Gesinnungsschnüffelei“ und „Berufsverbote“. Aktueller Anlass war eine kleine Anfrage der CDU/CSU im Bundestag zum Umgang der SPD mit DKP-Mitgliedern im öffentlichen Dienst, z. B. Lehrern, Lokomotivführern oder Postbriefträgern. Die SPD wollte sich angesichts ihrer Ostpolitik und der Beitritte von Teilen der APO in die SPD nicht dem Verdacht aussetzen, kommunistenfreundlich zu sein. Deshalb kam es im Januar 1972 bei einer Konferenz des Bundeskanzlers mit den Ministerpräsidenten der Länder zur Verabschiedung des „Extremistenbeschlusses“, wonach nur in ein Beamtenverhältnis berufen werden durfte, wer die Gewähr bot, jederzeit für die freiheitlich-demokratische Grundordnung einzutreten. Die Kritiker dieses Beschlusses hielten das bestehende Beamtenrecht für ausreichend und die Ausdehnung auf Angestellte und Arbeiter des öffentlichen Dienstes für eine Einschränkung des Grundrechts auf freie Berufswahl.

Zu den Widersprüchen der Regierung Brandt in den Jahren 1972 bis 1974 gehörte auch, dass trotz der negativen Wirtschaftsentwicklung die Gewerkschaften 1973 und 1974 durch spontane Arbeitsniederlegungen und Streiks Bruttolohnerhöhungen von über 10 Prozent durchsetzen konnten. Im Frühjahr 1974 kam es zum ersten Streik im öffentlichen Dienst. Straßenbahndepots in vielen Städten bleiben geschlossen, der Müll blieb liegen. Nach drei Tagen wurde eine Lohnerhöhung von elf Prozent vereinbart.

Die Regierung Brandt schien 1974 keine Antworten auf die Wirtschaftskrise zu haben, die sich zu einer Strukturkrise auszuweiten begann. Die alten Industriezweige Kohle und Stahl und damit auch ihre Zulieferfirmen verloren an Bedeutung. Die Textilindustrie, die Radio-, Fernseh- und Tonträger- sowie die Fotoindustrie konnten mit den Billiglohnländern nicht mehr konkurrieren. Durch Rationalisierungsmaßnahmen versuchte die Wirtschaft, auf dem Weltmarkt konkurrenzfähig zu bleiben. Durch diese Maßnahmen gingen aber Arbeitsplätze in größerem Ausmaß verloren. Den meisten Menschen war damals nicht bewusst, dass die Ölkrise und der beginnende Strukturwandel ein Signal für schwerwiegende Veränderungen waren.

8 **„Sind Sie Kommunist?“, Karikatur 1976**

9 **Streikende Busfahrer in Frankfurt am Main 1974**

Arbeitsfragen

1. *Diskutiert Absicht und Zweckmäßigkeit des „Radikalenerlasses“.*
2. *Erkläre, warum die Gewerkschaften trotz Wirtschaftskrise hohe Lohnforderungen stellten.*
3. *Erläutere, warum es zu einem Strukturwandel kam.*

Nützliche Hinweise

- Landesinstitut für Schule und Medien, Brandenburg: www.lisum.brandenburg.de (hier: Auswahl von audiovisuellen Medien zur Geschichte der ehemaligen DDR)
- KSZE-Schlussakte 1975: www.dhm.de/lemo
- Sven Wettach: Die Ölkrise 1973 … E-Book, o. O. 2004

2. 1974: Kanzlerwechsel – Regierung Schmidt

1 **Willy Brandt gratuliert Schmidt zur Wahl zum Bundeskanzler 1974**

Der Kanzlerwechsel von Willy Brandt zu Helmut Schmidt bahnte sich durch die Wahlniederlage bei den Hamburger Bürgerschaftswahlen im März 1974 an. Diese Niederlage wurde innerparteilich der Führungsschwäche Willy Brandts als Parteivorsitzenden angelastet. Am 6. Mai 1974 trat Brandt zur Überraschung der Öffentlichkeit als Kanzler zurück. Anlass war, dass sein persönlicher Referent Günter Guillaume als Spion für die DDR enttarnt wurde. Angesichts der innerparteilichen Querelen, aber auch der schwierigen wirtschaftlichen Situation in der Bundesrepublik wählte die Regierungskoalition von SPD und FDP am 16. Mai den ehemaligen Verteidigungsminister und amtierenden Finanz- und Wirtschaftsminister Helmut Schmidt zum Bundeskanzler. Zum Außenminister wurde Hans Dietrich Genscher berufen.

In seiner Regierungserklärung, die er unter die Schlagworte „Kontinuität“ und „Konzentration auf das Wesentliche“ stellte, spielten die Themen Vollbeschäftigung und Stabilität der Wirtschaft die zentrale Rolle. Seine enge Verbundenheit mit dem französischen Staatspräsidenten Valéry Giscard d'Estaing führte dazu, dass sie den Weltwirtschaftsgipfel (damals G 6, heute G 8 bzw. G 20) ins Leben rufen konnten. Dort werden bis heute globale Wirtschaftsprobleme abgesprochen. In dieser Zeit legten Frankreich und Deutschland auch den Grundstein für eine gemeinsame Währung in Europa, um künftigen Dollarkrisen zu begegnen.

Die Entspannungspolitik Brandts führte Helmut Schmidt vorsichtig fort. 1975 unterzeichnete er die KSZE-Akte in Helsinki. Die Menschenrechtselemente dieser Akte haben vielen Oppositionellen im Ostblock geholfen.

Bei der Bundestagswahl 1976 konnte die sozialliberale Koalition ihre Mehrheit knapp behaupten und weiter regieren. Der Wahlkampf war schon stark von dem Streit zwischen Regierung und Opposition über die Bekämpfung des Terrorismus bestimmt, 1977 rückte dieses Problem in den Mittelpunkt der Innenpolitik. Anlass war eine Reihe blutiger Terroranschläge der Roten Armee Fraktion (RAF), vor allem die Ermordung des Generalbundesanwalts Buback, des Bankiers Jürgen Ponto sowie die Entführung und Ermordung des Arbeitgeberpräsidenten Hans Martin Schleyer. Diese Terroristen hatten dem deutschen Staat den Krieg erklärt.

Als die UdSSR Mittelstreckenraketen mit Richtung auf Westeuropa aufstellte, von der eine einzige das gesamte Ruhrgebiet vernichten konnte, wurde auf Schmidts Initiative hin 1979 der so genannte „Nato-Doppelbeschluss“ gefasst, der zu heftigen Protesten und einer neuen Friedensbewegung in der BRD führte. Daneben formierte sich immer stärkerer Widerstand gegen den Ausbau der Atomkraftwerke. Aus beiden Bewegungen entstanden die Grünen, die sich 1980 bundesweit als Partei etablierten.

Arbeitsfrage

1. *Stelle die Probleme zusammen, die die Kanzlerschaft Helmut Schmidts bestimmten.*

Rote Armee Fraktion (RAF)
Diesen Namen gab sich 1968 eine terroristische Vereinigung. Die RAF hatte etwa 80 aktive Mitglieder. Bis in die 1990er-Jahre verübte die Gruppe in Deutschland zahlreiche Attentate, bei denen 35 Menschen ermordet wurden. Es gab außerdem viele Verletzte und Sachbeschädigungen, insbesondere an Einrichtungen der US-Truppen in Deutschland. Sympathisanten versuchten, durch die Entführung eines Flugzeuges der Lufthansa nach Mogadischu (Somalia) im Gefängnis sitzende Terroristen freizupressen. Doch der Staat ließ sich nicht erpressen. Darauf nahmen sich die zu lebenslänglichen Freiheitsstrafen verurteilten Terroristen im Gefängnis das Leben. Mehrere Mitglieder der RAF und von Nachfolgegruppen tauchten in der DDR unter. Zur Bekämpfung des Terrorismus hat die Bundesregierung mehrfach das Strafrecht verschärft.

2 **Arbeitgeberpräsident Hans Martin Schleyer als Gefangener der RAF**

Q1 *Hans-Eberhard U., 32 Jahre Bundestagsabgeordneter, Dortmund, 2008*
Der DDR-Spion im Kanzleramt suchte bewusst den Kontakt zu den SPD-Abgeordneten. Ich habe mitbekommen, wie er sich in den Gesprächen als Kommunistenfresser darstellte. Die Politik Ost-Berlins und Moskaus verurteile er scharf. Damit wollte er dem rechten Flügel der Partei imponieren. Nachdem der Spion enttarnt war, suchte Willy Brandt die Fraktion auf. Herbert Wehner rief „Wir grüßen Willy Brandt" und gab ihm unter großem Beifall einen Strauß Rosen. Wir erwarteten eine Erklärung des Bundeskanzlers, die aber nicht erfolgte. Am nächsten Tag trat Willy Brandt zurück. Wir waren alle sehr enttäuscht. Aus meiner heutigen Sicht war es die richtige Entscheidung. Mir war klar, dass nur Helmut Schmidt als Bundeskanzler in Frage kam wegen seiner großen Erfahrung als Fraktionsvorsitzender, als Verteidigungsminister und als Wirtschafts- und Finanzminister in Personalunion. Seine Tatkraft war mir hinreichend bekannt. Ich habe ihn im Kanzleramt aufgesucht, um ihn zu bitten, die Millionen bereitzustellen, den Strukturwandel in Kohle und Stahl sozial zu flankieren. Ich erhielt seine Unterstützung. Dadurch sind z. B. die älteren Arbeitnehmer zu Tausenden nicht in die Arbeitslosigkeit gefallen. In der schwierigen Zeit der Terrorismusbekämpfung ist mir sein ausgeprägter Sinn für Rechtstaatlichkeit aufgefallen. Die Ausübung des Gewaltmonopols steht nur dem Staat und niemandem anderen zu. Ich kann feststellen, dass seine Politik national und international immer auf das öffentliche Wohl des Volkes bezogen war.

Neben den wirtschaftlichen Problemen kam es zum so genannten „Heißen Herbst" 1977. Der Arbeitgeberpräsident Hans Martin Schleyer wurde entführt, um Terroristen aus dem Gefängnis freizupressen. Die Entführung eines Urlauberflugzeuges sollte dem Nachdruck verleihen. Helmut Schmidt berief einen Krisenstab aus allen Parteien. Schließlich wurden alle Passagiere durch den Einsatz einer Spezialeinheit des Bundesgrenzschutzes befreit. Aus Rache ermordete die RAF Hans Martin Schleyer.

Arbeitsfragen
1. *Schildere, wie sich der Übergang von Willy Brandt zu Helmut Schmidt aus der Sicht des Zeitzeugen darstellt.*
2. *Recherchiere im Internet die Ereignisse im Herbst 1977 und diskutiert, warum sich der Staat nicht von den Terroristen hat erpressen lassen.*

3 **Feierlichkeiten zum 30. Jahrestag der DDR 1979**

1979 feierte die DDR mit großem Propagandaaufwand ihr 30-jähriges Bestehen. Doch die Propaganda konnte nur unzureichend darüber hinwegtäuschen, dass die DDR-Wirtschaft in großen Schwierigkeiten war. Die Öl- und Weltwirtschaftskrise und die Zahlungen für Rohstoffimporte an die UdSSR hatten die Staatsschulden weiter in die Höhe getrieben. Außerdem ermunterte die vorsichtige Öffnung des Regimes als Konsequenz der Entspannungspolitik und der KSZE-Schlussakte die Opposition. Robert Havemann forderte 1976 unabhängige Oppositionsparteien und Zeitungen zuzulassen. Rudolf Bahros im Westen erschienenes Buch „Die Alternative“ erregte Aufsehen. 1976 sollen 100 000 DDR-Bürger einen Antrag auf Übersiedlung in die BRD gestellt haben. Die SED reagierte erneut mit Repressionen. Havemann wurde unter Hausarrest gestellt, Bahro zu acht Jahren Zuchthaus verurteilt, Wolf Biermann 1976 während einer Konzertreise im Westen ausgebürgert.
Diese Maßnahmen stellten eine Belastung des deutsch-deutschen Dialogs dar, die Bundesregierung wollte ihn aber nicht abbrechen, um Fortschritte bei den menschlichen Erleichterungen zu erreichen. Unter diesen Bedingungen wurde der Besuch des Bundeskanzlers Schmidt im Dezember 1981 teilweise zu einen gespenstischen Auftritt. Um Szenen wie beim Brandt-Besuch in Erfurt zu vermeiden, standen an den Straßen und Plätzen nur Polizei und Stasi. Schmidt bezeichnete die Gespräche als Schritt zu normalen nachbarlichen Beziehungen. Das SED-Zentralorgan Neues Deutschland titelte auf Seite 1: „Gespräche verliefen freimütig, konstruktiv und vertrauensvoll.“

Brief Erich Honeckers an Leonid Breschnew vom 4. September 1981

Teurer Leonid Iljitsch!
Mit großer Aufmerksamkeit hat sich das Politbüro des ZK der SED mit Deinem Brief über die sich im Bereich der Brennstoff- und Energieressourcen der Sowjetunion im laufenden Fünfjahresplanzeitraum entwickelnde Lage und die Notwendigkeit, in diesem Zusammenhang die Lieferung von Energieressourcen aus der UdSSR in die DDR in dem Zeitraum 1982–1985 zu verringern, vertraut gemacht. Wir verstehen, dass diese Entscheidung nicht einfach ist und dass außerordentliche Umstände Euch gezwungen haben, sie zu treffen. Gleichzeitig möchten wir, da sie in unmittelbarer Weise auch die inneren Pläne der DDR berührt, Deine Aufmerksamkeit, teurer Leonid Iljitsch, auf die Folgen lenken, die eine Reduzierung der Lieferungen von Energieträgern aus der UdSSR für unsere Republik hätte. Wie Dir bekannt ist, Leonid Iljitsch, ist die DDR im Zusammenhang mit der in den letzten Jahren erfolgten Einstellung des Imports von Getreide und Futterkulturen aus der UdSSR in die DDR gezwungen, diese für Devisen im Ausland zu kaufen.

www.chronik-der-mauer.de (SAPMO-BA)

Arbeitsfragen

1. *Analysiere den Brief Honeckers nach Stil und Inhalt. Beschreibe das Verhältnis der SED-Führung zur Sowjetunion und die Probleme, die zwischen beiden Ländern bestehen.*
2. *Charakterisiere die wirtschaftliche und innenpolitische Situation der DDR 1976.*
3. *Diskutiert, ob es richtig war, dass Schmidt Honecker in der DDR besuchte.*

4 **Britischer Soldat bei einem Nato-Manöver vor einem SPD-Plakat zur Bundestagswahl 1980 in Niedersachsen**

5 **Rudolf Bahro auf dem Gründungsparteitag „Die Grünen" 1980**

Die Kanzlerschaft Helmut Schmidts ist gekennzeichnet durch die Bekämpfung des Terrorismus und durch innen- und außenpolitische Probleme. Seine Zielstrebigkeit und seine wirtschaftliche Kompetenz wurden international anerkannt. Der Nato-Doppelbeschluss und der Ausbau der Atomkraftwerke riefen in Deutschland zahlreiche Demonstrationen auf den Plan. Daraus entwickelten sich als Gegenbewegung die Grünen, die sich 1980 bundesweit als Partei etablierten. Hinzu kam noch, dass die FDP begann, sich auf eine andere Koalition hin zu bewegen, weil aus ihrer Sicht die Gemeinsamkeiten schwanden.

Der NATO-Doppelbeschluss

„Am 12.12.1979 auf der Tagung der Außen- und Verteidigungsminister in Brüssel wurde ein Beschluss gefasst über die Modernisierung der US-amerikanischen, bodengestützten Raketensysteme (108 Peshing-II-Raketen und 464 Marschflugkörpern), die von Ende 1983 an in Europa aufgestellt werden sollten. Parallel dazu erging ein Angebot an die Sowjetunion, über die Begrenzung solcher Waffensysteme mit den USA zu verhandeln. Der Erfolg dieser Verhandlungen sollte über die Durchführung des ersten Teils dieses Beschlusses entscheiden. Die INF-Verhandlungen begannen 1981, brachten jedoch bis Ende 1983 keine Einigung. Daraufhin begann die Nato mit der Aufstellung der Waffensysteme in mehreren westeuropäischen Ländern, darunter auch Deutschland. 1985 wurden die Verhandlungen wieder aufgenommen. Sie führten 1987 zum Abschluss des INF-Vertragen (Vertrag zur Abrüstung atomarer Mittelstreckenraketen)."

Arbeitsfragen

1. *Erkläre, warum der Beschluss zur Modernisierung der Raketensysteme in Westeuropa „NATO-Doppelbeschluss" genannt wurde.*
2. *Beschreibe die Voraussetzungen, die dazu beigetragen haben, dass sich „Die Grünen" zu einer beachtenswerten Partei etablieren konnten.*

Nützliche Hinweise

- Todesspiel (2 Teile), Dokumentation- und Spielfilm zur RAF, 1997, Regie Heinrich Breloer
- www.film.wdr.de
- Helmut Schmidt – Der deutsche Kanzler, von Ruprecht Eser, ZDF 16.12.08
- Text und Hintergrundinformation zum Nato-Doppelbeschluss: www.dhm.de
- Hartmut Soell: Helmut Schmidt – Macht und Verantwortung – 1969 bis heute: Bd 2, München 2008
- www.zeitgeschichte-online.de

3. 1982: Kanzlerwechsel – Regierung Kohl

1 **Helmut Schmidt gratuliert Helmut Kohl zur Wahl nach dem erfolgreichen konstruktiven Misstrauensvotum am 1. Oktober 1982**

Obwohl die sozialliberale Koalition bei der Bundestagswahl 1980 klar gesiegt hatte, kam es zu immer stärkeren Spannungen zwischen SPD und FDP über die Wirtschafts-, Sozial- und Beschäftigungspolitik. Die zunehmende Staatsverschuldung erforderte einschneidende Sparmaßnahmen im sozialen Bereich, die jedoch innerhalb der SPD nur schwer durchsetzbar waren. Zur Schwächung der Kanzlerschaft Schmidts führte aber auch die Auseinandersetzung innerhalb der SPD über den NATO-Doppelbeschluss und die immer stärker auftretende Friedensbewegung, zu der sich auch viele SPD-Mitglieder bekannten.

Besonders viele junge Menschen hatten Angst vor den Atomwaffen in Ost und West. Sie glaubten auch nicht an ein unbeschränktes Wachstum der Wirtschaft. Sie befürchteten einen Zusammenbruch des Ökosystems und damit die Vernichtung der menschlichen Existenz. Zur Verunsicherung trug zusätzlich die Weltwirtschaftskrise bei, die allein in Deutschland zu über 12 000 Insolvenzen führte.

Der FDP-Wirtschaftsminister Otto Graf Lambsdorf legte im September 1982 Vorschläge zur Überwindung der Wirtschaftskrise vor, die mit den Vorstellungen der CDU große Gemeinsamkeiten hatten. Das führte dazu, dass Bundeskanzler Helmut Schmidt am 17. September 1982 die Koalition aufkündigte. Die FDP-Minister traten zurück. Die SPD hoffte auf vorgezogene Neuwahlen. Doch CDU/CSU und FDP hatten sich auf ein konstruktives Misstrauensvotum verständigt und wählten am 1. Oktober 1982 den CDU-Vorsitzenden Helmut Kohl zum Bundeskanzler. Außenminister und Vizekanzler blieb Hans-Dietrich Genscher von der FDP. Der Machtwechsel ging nicht spurlos an der FDP vorüber. Etwa 40 Prozent von ihren Abgeordneten stimmten nicht für Helmut Kohl. Einige traten aus der Partei aus oder wechselten zur SPD. Der neue Bundeskanzler konnte sich seiner Mehrheit nicht sicher sein.

Am 6. März 1983 wurde der Bundestag neu gewählt. Die christlich-liberale Koalition wurde durch ein eindeutiges Wahlergebnis bestätigt: Die CDU/CSU erhielt 48,8 Prozent, die SPD mit Hans-Jochen Vogel an der Spitze bekam 38,2 Prozent, die FDP 6,9 Prozent. Zur Überraschung der etablierten Parteien zogen die Grünen mit 5,6 Prozent erstmals in den Bundestag ein. Gleich bei der ersten Sitzung überraschten sie durch ihr buntes Auftreten. Einige Abgeordnete quer durch die Parteien sahen die Würde des Hohen Hauses gefährdet.

Ziel der neuen Koalition war eine „geistig-politische Wende", wie es Bundeskanzler Kohl in seiner Regierungserklärung nannte. Diese fand aber nicht in der vorher von der CDU/CSU bekämpften Deutschland- und Ostpolitik der sozialliberalen Koalition statt. Schärfer trat die Wende in der Wirtschafts- und Sozialpolitik hervor: Sozialleistungen wurden gekürzt und Unternehmenssteuern gesenkt, um die wirtschaftliche Lage zu verbessern und dadurch Arbeitsplätze zu schaffen.

Arbeitsfragen

1. *Stelle die Gründe zusammen, die zum Ende der sozialliberalen Koalition 1982 führten.*
2. *Nimm Stellung dazu, dass es sich bei der „Wende" mehr um ein „Schlagwort als um ein Ereignis" (W. Benz) handelte.*

Q1 *Erich R., Freiburg, 2008*

Als FDP-Mitglied war ich damals eigentlich ganz zufrieden mit der SPD-Koalition. Aber als die wirtschaftliche Lage sich verschlechterte, war ich überzeugt, dass eine grundlegende Wende herbeigeführt werden müsse. Geschürt von den SPD-nahen Gewerkschaften war das Anspruchsdenken an Staat und Wirtschaft ohne Augenmaß. Die Sozialleistungen waren am oberen Ende angelangt. Deshalb war ich für einen Koalitionswechsel hin zur CDU. Darüber haben wir in der Partei heftig gestritten. Einige meinten, wir würden so zu einer reinen Wirtschaftspartei und zum Anhängsel der CDU, ohne liberales Gesicht. Ich jedoch glaubte, dass eine bessere Unternehmenspolitik für alle gut wäre. Das war mit der SPD nicht zu machen. Bei einem solchen Wechsel musste man in Kauf nehmen, dass es auch Parteiaustritte gab. Die neue Ausrichtung war nun, dass der Begriff ‚liberal' mit mehr Selbstbestimmung, Leistung und Verantwortung verbunden wurde.

Q2 *Kurt F., Hamburg, 2008*

Als altes SPD-Mitglied war ich entsetzt, wie die FDP mit Helmut Schmidt umgegangen ist und auch die Linke in der SPD ihn verheizt hat. Dass die FDP vorher mit der CDU/CSU gemauschelt hat, bevor ihre Minister zurücktraten, war doch klar und zeigte, dass es ihr nur darum ging, an der Regierung zu bleiben. Die Linke in der SPD, die ja fast nur aus Studierten bestand, hing ja eigentlich immer noch an Willy Brandt und hat Helmut Schmidt nie als echten Sozialdemokraten akzeptiert.

3 **Einsamer Abgang von Helmut Schmidt**

2 **CDU und CSU werben um FDP, Karikatur Mai 1982**

4 **Demonstration von SPD-Sympathisanten für Schmidt und Neuwahlen in Bonn am 30. September 1982**

Arbeitsfragen

1. *Vergleiche die Aussagen der beiden Zeitzeugen zum Regierungswechsel 1982 und nimm Stellung dazu.*
2. *Interpretiere die Karikatur und die Bilder und schreibe einen Bericht über den Regierungswechsel.*
3. *Was ist unter „Weg von mehr Staat, hin zu mehr Markt" zu verstehen?*

Q1 *Christina S., Berlin 2009*

Mein Eintritt in die Freie Deutsche Jugend erfolgte 1974 obligatorisch mit dem Beginn des achten Schuljahres. Dieser Eintritt war nach der Mitgliedschaft bei den Jungen Pionieren und anschließend bei den Thälmannpionieren für mich so selbstverständlich wie der Wechsel von der siebenten in die achte Klasse. Nichtsdestotrotz gab es aber auch Mitschüler, die nicht der FDJ beitraten. Diese Mitschüler waren ein wenig Außenseiter, Paradiesvögel, die durchaus gleichberechtigt dem Klassenverband angehörten. Nur außerschulisch, in der blauen Masse, waren sie nicht dabei und somit auch nicht bei der Jugendweihe. Nun die Jugendweihe: Ein Höhepunkt, im ersten Halbjahr der achten Klasse, auf der Theaterbühne in festlichem Rahmen. Am nächsten Schultag drückte sich das „Erwachsensein" darin aus, dass die Lehrer nunmehr vom „Du" zum „Sie" übergingen. Weitere FDJ-Erlebnisse waren während der Schulzeit Klassenfahrten (z.B. nach Berlin), Ernteeinsätze (z.B. in Ungarn) und so mancher „Subotnik" (= schulfreier Tag), der zum Sammeln von Sekundärrohstoffen verplant war.

Außerdem gab es FDJ-Nachmittage, an denen über Problemfälle, z.B. Lernschwierigkeiten, Berufswahl und über Fragen wie „Wie schafft man sich Freunde?", „Wie Feinde?", „Wann handelt ein Lehrer ungerecht?" diskutiert wurde. Zudem wurde an den FDJ-Nachmittagen häufig Zeitungsschau betrieben aus dem Blatt „Junge Welt".

Mit dem Wechsel von der Schule in die Ausbildung änderte sich der Inhalt des FDJ-Lebens. Es gab Veranstaltungen im Rahmen der „Zivilverteidigung", an denen die Teilnahme unbedingte Pflicht war. Ebenso wurde das Fehlen bei den Aufmärschen zum 1. Mai ungnädig honoriert. Überhaupt kann ich mich sehr gut erinnern, dass in dieser Phase meiner FDJ-Mitgliedschaft ein Gefühl von Leichtigkeit bzw. Freiwilligkeit verschwand und an die Stelle dessen rückte ein erstes Unbehagen. Noch stärker wurde dieser Eindruck drei Jahre später beim Studium an einer Pädagogischen Hochschule. Leider musste ich schon in den ersten Wochen entdecken, dass parteilose Studenten wie ich ziemlich massiv agitiert wurden: Erst eine SED-Kandidatur rüstet einen angehenden Lehrer umfassend genug für sein Berufsleben usw.

5 **Zeltlager der FDJ 1983**

Dies wollte mir nicht einleuchten und nicht nur in mir regte sich Widerspruchsgeist. Es kam zu unangenehmen Konfrontationen; sie sind mir unvergesslich und sie waren sehr ernüchternd. An dieser Hochschule bekam ich es zunehmend zu tun mit dogmatischen Vorurteilen. An der Pädagogischen Hochschule wurde Diskussionsfreudigkeit gleichgesetzt mit Anarchie. Nach fast zwei Jahren warf ich das Handtuch und beantragte die Exmatrikulation. Das war Mitte der 80er-Jahre ein Wagnis und der beruflichen Laufbahn nicht förderlich. Ich wurde Sekretärin beim Betriebsdirektor eines Werkes, welches Blutentnahmesysteme für Rinder produzierte. Es war kein Zufall, dass ich damit in einer fast ideologiefreien Zone angekommen war.

Arbeitsfragen

1. *Erläutere die Haltung der Zeitzeugin zur FDJ. Wie und warum hat sich ihre Einstellung geändert?*
2. *Erkläre, warum die Zeitzeugin die Pädagogische Hochschule verlässt.*
3. *Diskutiert, wie ihr euch in einer solchen Situation verhalten hättet.*

Die DDR erschien vielen in den 1980er-Jahren aufgrund der außenpolitischen Anerkennung als stabil. In Wirklichkeit steigerte sich aber die Stagnation seit 1976 zu einer allgemeinen Systemkrise.

Die Krise zeigte sich zuerst als Wirtschaftskrise. Schon 1982 drohte der DDR der finanzielle Ruin, der durch einen 1983 von Franz-Josef Strauß vermittelten Milliardenkredit abgewendet werden konnte, für den das DDR-Regime Zugeständnisse z. B. bei der Familienzusammenführung und Ausreisebewilligungen machen musste. Zusätzliche Auslandsschulden verhinderten nicht den ökonomischen Niedergang der technologisch rückständigen DDR-Industrie und auch nicht die sich ausweitende Umweltkatastophe, weil für Umweltschutz kein Geld vorhanden war.

Zur wirtschaftlichen Krise kam eine Glaubwürdigkeitskrise hinzu, weil viele Bürger die Hoffnung auf bessere Verhältnisse aufgaben. Entweder stellten sie – unter Berufung auf die KSZE-Schlussakte – Ausreiseanträge oder sie schlossen sich zu kleinen oppositionellen Gruppen zusammen. Trotz des massiven Ausbaus der Staatssicherheit ließ sich die Entstehung einer aktiven DDR-Friedensbewegung, die sich gegen die Aufrüstung in Ost und West wandte und bei der evangelischen Kirche Rückhalt fand, nicht verhindern. Auf den Aufnäher „Schwerter zu Pflugscharen", als Symbol für den Protest besonders von Jugendlichen getragen, reagierten die staatlichen Behörden, Schulen und Stasi mit Verfolgung. Der Aufnäher wurde verboten, seine Träger von höheren Bildungsabschlüssen und Lehrstellen ausgeschlossen.

6 **Aufnäher der DDR-Friedensbewegung 1983**

> ***Arbeitsfragen***
> 1. *Fasse die Situation der DDR in der ersten Hälfte der 1980er-Jahre zusammen.*
> 2. *Schildere die Auswirkungen, die der Milliardenkredit hatte.*
> 3. *Erläutere die Motive, die bei der Demonstration in Jena eine Rolle spielten.*
> 4. *Ordne die drei Abbildungen dieser Seite politischen Gruppen zu. Vergleiche mit dem Text.*

7 **Demonstration gegen US-Atomraketen in Jena, März 1983**

Grenzfall

1. Ausgabe zur Berliner Friedenswerkstatt 29.6.86

nur für innerkirchlichen gebrauch

Die Gruppe "Grenzfall versteht sich als ein unabhängiger, selbstständiger Arbeitskreis innerhalb der Friedensbewegung.
Sie will versuchen, ein D D R weites Informationsnetz auf- und auszubauen, das den einzelnen Friedens-, Ökologie-, Menschenrechts-, 2/3 Welt- und sonstigen Gruppen die über staatliche Medien keine Möglichkeit zur Informationsweitergabe bzw. -verbreitung besitzen, den Weg zur Verständigung untereinander zu ebnen.
Außerdem will sie selbst thematisch arbeiten und hat sich dazu die Aufgabe gestellt, den Strukturaufbau und die Strukturveränderungen des gesellschaftlichen Überbaus in der DDR von ihrem Beginn an zu untersuchen.
"Grenzfall" beabsichtigt, regelmäßig ein Informationsblatt herauszugeben, in dem Beiträge verschiedener Arbeitskreise, Berichte über die eigene thematische Arbeit, sowie Stellungnahmen zu aktuellen, politischen Ereignissen veröffentlicht werden sollen.

8 **Die erste Ausgabe der illegalen Zeitung „Grenzfall" vom 29. Juni 1986**

Nützliche Hinweise
- Informationen zur politischen Bildung Nr. 270, Bonn 2001
- Krefelder Appell der Friedensbewegung in: Information zur politischen Bildung Nr. 270
- Erhart Neubert: Geschichte der Opposition in der DDR 1949–1989, Bonn 1997
- Friedensbewegung in der DDR: www.jugendopposition.de
- http://mediathek.bpb.de

1. Deutschland und die Politik Gorbatschows

1 **„Bruderkuss" Gorbatschow und Honecker am 8. Oktober 1989**

Im März 1985 wurde der Reformpolitiker Michail Gorbatschow zum Generalsekretär der Kommunistischen Partei der UdSSR gewählt. Gorbatschow beschrieb seine Politik mit den Schlagworten „Perestroika" (Umbau) und „Glasnost" (Offenheit). „Perestroika" meinte die Modernisierung des politischen und wirtschaftlichen Systems der Sowjetunion und „Glasnost" bezeichnete die Absicht, mehr Transparenz der Politik und Informationsfreiheit zuzulassen. Vor allem die schwierige wirtschaftliche Situation mit dem starren bürokratischen Überbau und die riesigen Kosten für den Militärapparat waren die Ursachen für Gorbatschows Reformideen. Voraussetzung für eine erfolgreiche Reformpolitik war deshalb nach Gorbatschows Überzeugung, dass die Rüstungskosten gesenkt und der Rüstungswettlauf mit dem Westen beendet würden. Eine neue Entspannungspolitik mit weitreichenden Abrüstungsmaßnahmen sollten den Spielraum für den Umbau der Wirtschaft und eine Verbesserung der Konsumgüterversorgung eröffnen.
Gorbatschows Politik belebte rasch reformerische Strömungen in den anderen Ostblockstaaten, aber auch Ängste bei den Machthabern. Entscheidend für die weitere Entwicklung zur Auflösung des sozialistischen Lagers sollte vor allem die Aufhebung der so genannten „Breschnew-Doktrin" werden, mit der die Intervention des Warschauer Paktes in die Tschechoslowakei 1968 begründet worden war und die nur eine beschränkte Souveränität der einzelnen sozialistischen Staaten vorsah. Im Zusammenhang mit seiner neuen Entspannungspolitik stellte Gorbatschow diese Breschnew-Doktrin 1987 in Frage, indem er erklärte, dass alle sozialistischen Länder ein Recht auf ihren eigenen Weg hätten.
Die Entspannungspolitik der beiden Supermächte USA und UdSSR blieben nicht ohne Folgen auf die Politik der Bundesregierung unter Kohl und Genscher. Die Bundesregierung hielt zwar an der Doppelstrategie von Entspannung und Rüstung fest. Die Kontakte zu Polen und der Sowjetunion wurden aber intensiviert und auch der deutsch-deutsche Dialog wurde fortgesetzt. Bundeskanzler Kohl erneuerte die Einladung von seinem Vorgänger Schmidt an den DDR-Staatsratsvorsitzenden Honecker, der zweimal einen Besuchstermin auf Druck von Breschnew hatte absagen müssen. Im September 1987 wurde Honecker in Bonn mit allen zeremoniellen Ehren empfangen. Bundeskanzler Kohl betonte in seiner Tischrede, dass das Bewusstsein für die Einheit der Nation wach und nach wie vor die Deutsche Frage offen sei, auch wenn ihre Lösung nicht auf der Tagesordnung stehe. Staatsratsvorsitzender Honecker erwiderte, dass die Beziehung beider Staaten von den Realitäten dieser Welt gekennzeichnet sei. Sozialismus und Kapitalismus ließen sich ebenso wenig vereinigen wie Feuer und Wasser. Die DDR und die Bundesrepublik seien fest eingefügt in die mächtigsten Militärkoalitionen dieser Zeit. Einigkeit bestand darüber, dass beide Staaten sich zu ihrer Verantwortung für den Frieden bekannten. In den Gesprächen stimmte Honecker Erleichterungen im Post- und Reiseverkehr zu, auch wenn sich die Bundesregierung und vor allem die oppositionellen Strömungen in der DDR von dem Besuch mehr versprochen hatten.

Arbeitsfragen

1. *Im Westen ist der Friedensnobelpreisträger Gorbatschow bis heute ein hoch angesehener Politiker. Warum genießt er in Russland nur ein geringes Ansehen?*
2. *Beschreibe und vergleiche die Positionen von Kohl und Honecker zu Deutschland.*

2 **Bilder vom Empfang Erich Honeckers in Bonn im September 1987**

Q1 *Liesel und Walter K., Dresden 2008*

Als Honecker im September 1987 die Bundesrepublik besuchte, durften wir offiziell aus der DDR ausreisen. Jedes Mal, wenn wir unsere ehemalige Heimatstadt Dresden besuchen, kommen die Erinnerungen hoch. Wir haben fünf Jahre auf unsere Ausreise gewartet. Es war eine Zeit voller Angst und schrecklicher Schikanen. Die Vopo, die Stasi und die Kaderleitung im Betrieb übten regelmäßig Druck auf uns aus, den Ausreiseantrag zurückzunehmen. Einige unserer Nachbarn und Freunde schnitten uns. Wir hatten Angst, uns irgendwo zu äußern, weil wir wussten, dass wir bespitzelt wurden. Da wir glaubten, dass die Stasi in unserer Wohnung war, haben wir nach Abhörgeräten gesucht. Unser Sohn wurde mitten in der Ausbildung in einen anderen Betrieb geschickt. Er war 25 Kilometer entfernt und mit öffentlichen Verkehrsmitteln nur schwer zu erreichen. Fürchterlich für uns war, dass sie ständig versuchten, dass sich unser Sohn von uns lossagen sollte. Er war stark und hat die Unterschrift nicht zurückgezogen. Wir saßen fünf Jahre lang praktisch auf gepackten Koffern, denn wenn die Ausreise genehmigt wird, waren wir gezwungen, in kürzester Zeit die DDR zu verlassen.

Bis heute machen wir hier in Dresden einen großen Bogen um das ehemalige Gebäude der Stasi und um die Apparatschiks, von denen wir einige gesehen haben.

Q2 *Schilderung des Besuchs von Honecker in Bonn im September 1987*

Vor dem Staatsbesuch Honeckers musste die DDR-Führung einer Life-Übertragung der Tischreden zustimmen. Diese Reden hatten deshalb eine besondere Bedeutung. Kanzler Kohl sagte neben dem zur Maske erstarrten Honecker: „Die Menschen in Deutschland leiden unter der Trennung. Sie leiden an der Mauer, die ihnen buchstäblich im Wege steht und sie abstößt. Wenn wir abbauen, was Menschen trennt, tragen wir dem unüberhörbaren Verlangen der Deutschen Rechnung: Sie wollen zueinander kommen können, weil sie zusammengehören. ..." Das Zentralorgan der SED, Neues Deutschland, meinte hierzu: „Die Tatsache, dass das Staatsoberhaupt der DDR mit Hymne, Staatsflagge und militärischem Zeremoniell in Bonn empfangen wurde, gibt wohl den Kommentaren der Weltagenturen Recht, dass sich damit der Realismus endgültig durchgesetzt hat."

Arbeitsfragen

1. *Beschreibe das Leben der ausreisewilligen Zeitzeugen während des Wartens auf ihre Ausreise. Was sagt es über das DDR-Regime in den 1980er-Jahren aus?*
2. *Es gab heftige Diskussionen in der bundesrepublikanischen Öffentlichkeit darüber, ob Honecker als Staatsoberhaupt einer Diktatur in Bonn empfangen werden sollte. Nimm Stellung dazu.*

3 **Tücher als „Geruchsspurenträger“ in Einweckgläsern der Stasi**

4 **Stasi-Akten im Archiv der Bundesbeauftragten für die Unterlagen des Staatssicherheitsdienstes in Berlin**

Die Politik Gorbatschows war für die DDR-Führung von Anfang an ein Problem. Für viele Bürger war Gorbatschow ein Symbol für mehr Freiheiten. Seine Vorstellungen von einer neuen Politik waren bekannt. Reformer konnten sich auf ihn berufen. Immer deutlicher wurde, dass das System erstarrt war und die wirtschaftlichen Schwierigkeiten mit der Planwirtschaft nicht zu überwinden waren. Das Regime suchte der wachsenden Kritik und der immer mutiger werdenden Bürgerbewegung durch Straffung des engmaschigen Spitzelsystems zu begegnen.
Es gab „Hausbücher“, in die vor allem Westbesucher eingetragen wurden. Sie wurden von Hauswarten geführt. Geradezu ein Lebensbegleiter war die „Kaderakte“, die von der Schule bis zum Arbeitsplatz stets geführt wurde. Der Einzelne hatte kein Recht zur Einsicht, wohl aber das Ministerium für Staatssicherheit. Die Stasi konnte jederzeit Wohnungen kontrollieren und verwanzen, die Post öffnen und Telefone abhören. Eine besonders perfide Methode war, sich von politisch Auffälligen Geruchsproben in Form von persönlichen Dingen zu beschaffen. So konnten durch Spürhunde Menschen gesucht und identifiziert werden. Prominente Regimekritiker wie der Liedermacher Wolf Biermann oder der Schriftsteller Jürgen Fuchs wurden ausgewiesen oder die Einreise verweigert. Doch alle Maßnahmen hielten einige Bürger nicht davon ab, Kritik zu üben und sich zu organisieren.

Politische Häftlinge in der DDR

„In der DDR wurden weit mehr als 200 000 Menschen aus politischen Gründen zu einer Haftstrafe verurteilt. Die Anzahl der Gefangenen ist inzwischen gut erforscht. Von 1949 bis 1989 gab es selten weniger als 30 000 Häftlinge. Diese Zahlen unterlagen starken Schwankungen. 1953 befanden sich etwa 6000, 1955 rund 4700, 1960 etwa 2300, 1974 48 000 und 1987 nur rund 5000 Menschen in Haft. Die geringe Anzahl von 1987 spiegelt eine der typischen Erscheinungen in der Strafzurechnungspraxis wider. Sie kam wegen einer umfassenden Amnestie zustande, von denen es in größeren Abständen mehrere gegeben hat. Nach solchen Amnestien füllten sich die Gefängnisse rasch wieder auf. So gab es bis Oktober 1989 wieder 27 000 Häftlinge ... Besonders in der Untersuchungshaft kam es zur Erpressung von Geständnissen mit psychologisch ausgefeilten Methoden, Erpressung mit Drohungen gegen den Häftling und seine Familie, Verunsicherungen und vielen Arten der Angstauslösung, Desinformationen, Herbeiführung von psychischen Erschöpfungszuständen, sowie zur Anwendung des gesamten Arsenals der operativen Psychologie des MfS.“

(Schwarzbuch des Kommunismus, S. 866 ff.)

Arbeitsfragen

1. *Erkläre, warum die DDR-Führung die Reformvorschläge Gorbatschows ignorierte.*
2. *Stelle die Maßnahmen zusammen, die von der Stasi zur Unterdrückung oppositioneller Stömungen eingesetzt wurden.*

Mit der Reformpolitik Gorbatschows veränderte sich in zentralen Punkten der bisherige Status quo im Kalten Krieg:

1. Es begann eine neue Ära der Entspannungspolitik. Sofort nach seinem Amtsantritt begann Gorbatschow damit, die atomare Abrüstung wieder in die internationale Debatte zu bringen. 1987 kam es zwischen den USA und der UdSSR zu einem Vertrag über die Mittelstreckenraketen in Europa. Außerdem machten jetzt die Verhandlungen zwischen NATO und Warschauer Pakt über die konventionelle Abrüstung in Europa große Fortschritte, sodass sie 1990 erfolgreich abgeschlossen werden konnten. Auch das militärische Engagement in Afghanistan wurde mit dem Abzug der sowjetischen Truppen 1988/89 beendet.
2. Die reformerischen Strömungen in vielen osteuropäischen Staaten erlebten einen Aufschwung. Nach Unterzeichnung der KSZE-Schlussakte von Helsinki in vielen osteuropäisachen Staaten entstanden, sahen sie jetzt unter Berufung auf die Reformpolitik Gorbatschows große Chancen, auch in ihren Ländern Veränderungen zu erreichen. Nachdem Gorbatschow die Breschnew-Doktrin der beschränkten Souveränität der Staaten des sozialistischen Lagers aufgegeben und allen sozialistischen Ländern das Recht auf ihren eigenen Weg zugestanden hatte, waren damit die Voraussetzungen geschaffen, dass der Wandel in den sozialistischen Staaten Osteuropas größtenteils friedlich verlaufen konnte.

Auch für die BRD war damit ein neuer politischer Rahmen für die Politik gegenüber der Sowjetunion abgesteckt. Die Bundesregierung unter Kanzler Kohl griff vor allem die Entspannungspolitik Gorbatschows auf, insgesamt verbesserte sich das Verhältnis der Bundesrepublik zur Sowjetunion entscheidend. Nach Kohls Besuch in Bonn im Oktober 1988 wurde Gorbatschow im Juni zu einem Staatsbesuch in Bonn empfangen, bei dem elf Verträge zum Ausbau der deutsch-sowjetischen Zusammenarbeit unterzeichnet wurden; u. a. wurden ein Schüler- und Lehreraustausch, Schulpartnerschaften und ein Austauschprogramm von Jugendorganisationen vereinbart.

5 Austausch von Vertragsurkunden beim Staatsbesuch Gorbatschows in Bonn im Juni 1989

Die westlichen Partner der BRD sahen die Annäherung an die Sowjetunion kritisch. Deshalb war es für die Bundesregierung von großer Bedeutung, die vertrauensvolle Zusammenarbeit mit den USA zu betonen.

Zum Treffen Gorbatschow-Kohl 1988 in Moskau:
„Hervorgehoben wurde die dringende Notwendigkeit, das gesamte System der wirtschaftlichen und wissenschaftlich-technischen Verbindungen zwischen der UdSSR und der BRD, zwischen dem Osten und dem Westen Europas zu vervollkommnen, die gegenseitige Verfremdung zu überwinden und neue Modelle und Formen der Zusammenarbeit ins Leben zu rufen."

Arbeitsfragen

1. *Erkläre, warum die beiden im Text genannten Voraussetzungen entscheidend für den Wandel in den folgenden Jahren waren.*
2. *Beschreibe, welche Aussagen und Hoffnungen der Text zum Moskauer Treffen ausdrückt. Schildere die Entwicklung der deutsch-sowjetischen Beziehungen bis zum Besuch Gorbatschows im Juni 1989.*

Nützliche Hinweise

- www.bpb.de/publikationen/KSYZ4F.html (Die demokratische Revolution in Osteuropa)
- Gerd Ruge: Michail Gorbatschow, Frankfurt 1990
- www.kssursee.ch/schuelerweb/kalter-krieg/ende/gorbatschow.htm (Reformpolitik Gorbatschow 1985–90)
- www.jugendopposition.de
- Spielfilm: Das Leben der Anderen, 2006, Regie Florian Henckel von Donnersmarck, mit Ulrich Mühe
- www.stiftung-hsh.de

2. Aufbruch

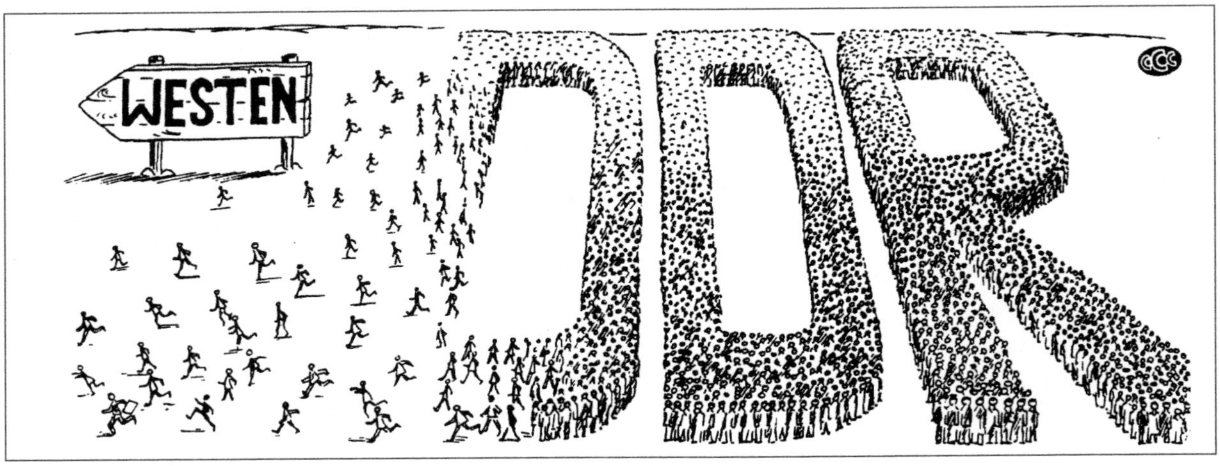

1 **Karikatur Flüchtlingsbewegung 1989**

Sprüche von Erich Honecker wie „Weder Ochs noch Esel in ihrem Lauf halten den Sozialismus auf!" zeugen von einer unrealistischen Einschätzung der eigenen Lage und Wirklichkeit. Die DDR-Regierung glaubte sich auf einer Insel des „wahren und realen Sozialismus" halten zu können. Selbst die ständig steigende Zahl der Ausreisewilligen veranlasste kein Umdenken.

Der Verzicht der sowjetischen Regierung auf die Vormachtstellung im Ostblock nahm den Ländern die Furcht vor einem militärischen Eingreifen. In Polen gewann die Gewerkschaftsbewegung Solidarność mit Lech Wałęsa an der Spitze zunehmend an Bedeutung. Im Frühjahr 1989 sah sich die kommunistische Regierung zu Verhandlungen mit der Opposition an einem „Runden Tisch" gezwungen und Parlamentswahlen zuzustimmen.

Auch Ungarn und die Tschechoslowakei schlugen mit Reformen zur Versammlungs- und Pressefreiheit den Weg zur Demokratie ein. Ungarn, „sozialistisches Bruderland" und Urlaubsziel vieler DDR-Bürger, öffnete Anfang Mai 1989 seine Grenzen zu Österreich. Immer mehr DDR-Bürger flohen nun über die „grüne Grenze" in den Westen. Die Führung der DDR weigerte sich aber weiterhin, innenpolitische Reformen einzuleiten. Im Gegenteil: Durch starres Festhalten am bisherigen Weg und Verschärfung der Unterdrückungsmaßnahmen lieferte sie selbst den Nährboden für den steigenden Wunsch auszureisen und für die Bildung von oppositionellen Menschenrechts-, Friedens- und Umweltgruppen. Anlässlich der – wie üblich – gefälschten Wahlergebnisse der Kommunalwahlen im Mai 1989 traten diese mit Protesten und Strafanzeigen gegen die Wahlfälscher an die Öffentlichkeit. In Leipzig und anderen Städten fanden von Woche zu Woche mehr Menschen den Mut, für die Verbesserung der Verhältnisse in der DDR auf die Straße zu gehen. Erstmals zeigte sich die mögliche Stärke der Opposition. Parallel zum wachsenden inneren Protest steigerte sich die Ausreisewelle. Tausende besetzten die Botschaften in Budapest, Prag und Warschau, um ihre Ausreise zu erzwingen.

Für die Politik der Bundesrepublik wurden die innerdeutschen Beziehungen durch diese Ereignisse noch brisanter. Trotz der Versuche einer Normalisierung, waren die Ziele beider deutschen Staaten grundsätzlich verschieden. Während die Bundesrepublik durch das Grundgesetz verpflichtet war, die Wiedervereinigung anzustreben, ging es dem SED-Regime um die Erhaltung ihres Systems. Die Reformen und dramatischen Vorgänge in den Ostblockstaaten konnten von der Bundesregierung nur mit Zurückhaltung begleitet werden. Es herrschte auch Unsicherheit, wie sich die Sowjetunion tatsächlich verhalten würde, die allein in der DDR eine Armee mit etwa 340 000 Soldaten stationiert hatte.

Arbeitsfragen

1. *Beschreibe die Karikatur.*
2. *Erläutere, warum die Ereignisse in Osteuropa Einfluss auf die Entwicklung in Deutschland hatten.*
3. *Recherchiere, welche oppositionellen Gruppen sich im Sommer 1989 in der DDR bildeten.*

Q1 *Jakob Hein, heute Schriftsteller und Arzt in Berlin, erinnert sich an seine Zeit als Punk in Ostberlin in den 1980er-Jahren:*

Wir gingen in eine ganz normale Kirche, wo man sonst immer nur vorbeiläuft. Dort lagen auf Klopapier gedruckte Postillen gegen Atomkraftwerke, Razzien und politische Verfolgung bei uns... Der Keller der Kirche war gerammelt voll mit richtigen Punks, und dann spielte die Band drei mal drei Akkorde himmlischer Verheißung. Die Leute tanzten Pogo, und die Texte waren glasklar gegen das Schweinesystem. Ich kaufte mir die Kassetten von allen Bands und wusste nun, wo ich politisch stand.

Von diesem Abend an änderte sich mein ganzes Leben ... Wir lasen illegale Postillen. Langsam änderte sich unser Aussehen, die Haare wurden bunter und länger, die Stiefel höher und dreckiger. Nur wenige Monate, nachdem ich meine Bestimmung gefunden hatte, wurde mir von einem Angehörigen der Volkspolizei das ehrenhafte Prädikat „unsozialistisches Aussehen" verliehen.

Andauernd wurden wir auf der Straße kontrolliert, bekamen ein Alexanderplatz-Verbot ausgesprochen. Einmal wurde ich zwölf Stunden in Polizeigewahrsam genommen, weil ich die Straße diagonal überquert hatte. Mehrere Male wurde ich von Polizisten in Diskussionen über mein „unsozialistisches Aussehen" verwickelt, das aus schwarz gefärbten Haaren und Schnürstiefeln bestand. Wenn ich dann aus der DDR-Verfassung zitierte, dass jeder aussehen darf, wie er will, kam der überzeugende Satz „Nun werden se nich noch frech!".

Q2 *Johanna K., Dresden 2006*

Wir hatten eigentlich ein ganz gutes Netzwerk. Dadurch, dass jedes Jahr dieses „Konkret für den Frieden" war, hat man viele Leute kennengelernt und Kontakte schließen können. Wir hatten ganz gute Kontakte nach Berlin. In Leipzig hatte ich auch Freunde, wo man sich abgesprochen und geholfen hat. Wir hatten noch ganz gute Kontakte zur „Charta 77" in Prag. Da war ich regelrecht befreundet mit Anna. Wir haben Kinderklamotten getauscht und uns besucht. Aber haben auch Texte von der „Charta 77" rübergeholt, übersetzt und im „grenzfall" (siehe S. 105) abgedruckt. Eigentlich war es ein ganz gut funktionierendes Netzwerk.

Eine der Hauptstoßrichtungen im subversiven Vorgehen des Gegners gegen den Sozialismus bilden Versuche der Schaffung und Legalisierung einer sogenannten inneren Opposition ... Gegenwärtig bestehen in der DDR ca. 160 derartige Zusammenschlüsse. Unter diesen befinden sich eine größere Anzahl, von der kontinuierlich, bzw. anlassbezogen feindlich-negative bzw. anderweitige, gegen die sozialistische Staats- und Gesellschaftsordnung gerichtete Handlungen ausgehen. Sie gliedern sich in knapp 150 sogen. kirchliche Basisgruppen, die sich selbst ausgehend von den demagogisch vorgegebenen „Ziel" und „Inhalt" ihrer Tätigkeit bzw. ihrer personellen Zusammensetzung bezeichnen als „Friedenskreise" (35), „Ökologiegruppen" (39), gemischte „Friedens- und Umweltgruppen" (23), „Frauengruppen" (7), „Ärztekreise" (3), „Menschenrechtsgruppen" (10) bzw. 2–3 „Welt-Gruppen" (39) und sogen. Regionalgruppen von Wehrdienstverweigerern. Über die Hälfte aller derartigen Zusammenschlüsse wurden vor dem Jahre 1985 gebildet. In Ergebnis staatlicher und gesellschaftlicher Anstrengungen ist es bisher nicht gelungen, ihre Gesamtzahl zu verringern ...

Dabei berufen sich diese Kräfte immer stärker auf die Umgestaltungsprozesse und die damit verbundenen Entwicklungen in der UdSSR und anderen sozialistischen Ländern. Demagogisch werden Begriffe wie Glasnost, Demokratisierung, Dialog, Bürgerrechte, Freiheit für „Andersdenkende" oder Meinungspluralismus missbraucht, um damit eigene politische Konzeptionen und Ziele zu bemänteln. Kernpunkte solcher Forderungen sind Aufhebung der politischen Macht der Arbeiterklasse und der führenden Rolle der marxistisch-leninistischen Partei, Beseitigung des Marxismus-Leninismus als herrschende Ideologie des Sozialismus und Abschaffung von Planung und Leitung gesellschaftlicher Prozesse.

Auszug aus einem Bericht des Ministeriums für Staatssicherheit am 01. Juni 1989, zit. nach: Mitter, Armin, Wolle, Stefan, Hrsg., Befehle und Lageberichte des MfS, Berlin 1990, S. 46ff.

Arbeitsfragen

1. *Vergleiche die Aussagen der beiden Zeitzeugen. Erläutere die unterschiedlichen Motive für die oppositionelle Haltung.*
2. *Skizziere die Einschätzung des MfS über die Opposition in der DDR im Juni 1989.*
3. *Diskutiert, auf welcher Grundlage das MfS einen solchen Bericht erstellt hat.*

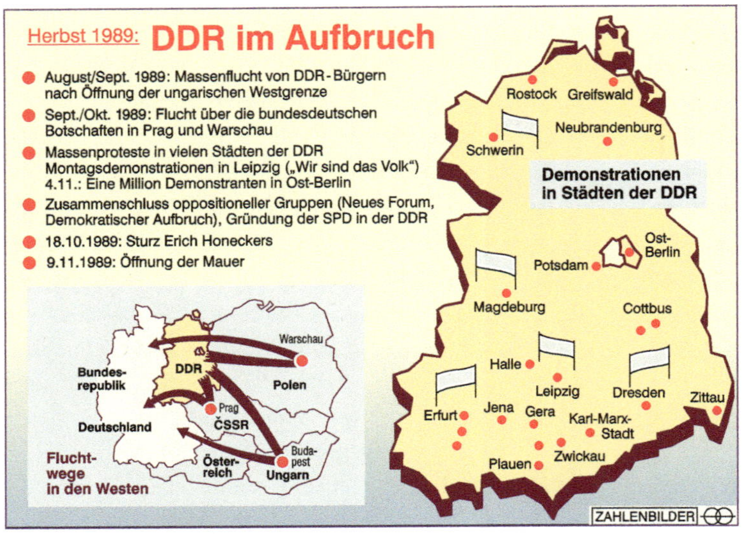

2 DDR im Aufbruch

3 Demonstration in Leipzig Ende September 1989

Bis zum Sommer 1989 setzte sich die unabhängige Opposition in der DDR im Grunde aus Hunderten von Freundesgruppen – vorwiegend unter dem Dach der Kirche – zusammen, ihr fehlte eine organisatorische Struktur. Das änderte sich jetzt. Am 10. September veröffentlichte das „Neue Forum“ seinen Gründungsaufruf, zwei Tage später folgte die Bürgerbewegung „Demokratie jetzt“. In den folgenden Wochen entstanden weitere Organisationen wie der „Demokratische Aufbruch“ und der „Unabhängige Frauenverband“. Als das „Neue Forum“ die Zulassung als politische Vereinigung beantragte, wurde diese wegen „staatsfeindlicher Ziele“ abgelehnt. Trotzdem trugen sich Tausende in die Mitgliederlisten ein. Den Schritt zu einer neuen, bis dahin nicht zugelassenen Partei vollzog am 7. Oktober die „Sozialdemokratische Partei in der DDR“. Auch in der Bevölkerung wich die Angst, offen Farbe zu bekennen. Seit Anfang September demonstrierten in Leipzig Montag für Montag mehr Bürger im Anschluss an ein Friedensgebet und forderten neben Reisefreiheit demokratische Rechte bis hin zu freien Wahlen. Das Machtmonopol der SED begann zu bröckeln. Die Menschen hatten das Vertrauen in die SED und in die von ihr beherrschten Massenorganisationen verloren.

Q3 *Till B., Berlin 2007*

Was neu war, waren die vielen Menschen, die aus unterschiedlichsten Anlässen für ihre Rechte auf die Straße gingen. Das brachte eine enorm positive Stimmung, so dass man nicht mehr das Gefühl hatte, im Keller alleine zu sein und in kleinen Gruppen vor sich hin zu kochen. Sondern wirklich Breite zu gewinnen und gesellschaftliche Kraft zu entwickeln.

Q4 *Reinhard S., Berlin 2007*

Der Gründungsaufruf beinhaltete, dass man in dieser kritischen Situation (Fluchtbewegung, Botschaftsbesetzung), das Gefühl hatte, die politischen Verhältnisse sind völlig erstarrt. Da hat sich überhaupt nichts mehr bewegt. Er beinhaltete, dass man den Dialog eingefordert hat, dass man eine andere Gesellschaft haben will, dass Flucht nicht die Alternative ist.
Ich denke schon, dass das der Orientierungspunkt auf den Demonstrationen war. Die Rufe „Neues Forum zulassen!“ waren ja auf ziemlich allen Demonstrationen zu hören. Die Leute, die das Neue Forum in der Provinz gemacht haben, waren oftmals die einzige Bürgerbewegung, die einzige oppositionelle Organisation, die DDR-weit existierte, gerade in den kleinen Städten.

Arbeitsfragen

1. *Schildere anhand der Grafik und des Textes die Entwicklung der oppositionellen Gruppen in der DDR vom August bis Oktober 1989.*
2. *Erarbeite aus dem Text und den Zeitzeugenberichten die Ziele der oppositionellen Gruppen.*

Am 6. Oktober 1989 traf der sowjetische Parteichef Gorbatschow in Ostberlin ein, um an den Feiern zum 40. Jahrestag der DDR teilzunehmen. Am Flughafen sagte er zu Journalisten: „Wer zu spät kommt, den bestraft das Leben." In seiner Festrede betonte Gorbatschow, dass es zur Reformpolitik in der Sowjetunion keine Alternative gebe und auch in der DDR Reformen notwendig seien, dass aber jedes Land seinen eigenen Weg wählen müsse. Honecker dagegen pries in den bekannten phrasenhaften Formulierungen die ruhmreiche Entwicklung der DDR auf der Grundlage des Marxismus-Leninismus und ging weder auf die Fluchtbewegung noch auf die inneren Probleme ein.

Während des Festbanketts am 7. Oktober demonstrierten Tausende vor dem „Palast der Republik". Kaum hatte Gorbatschow am Abend des 7. Oktobers Ostberlin verlassen, gingen Polizei und Sicherheitskräfte mit Gewalt gegen die Demonstranten vor, über 700 Menschen wurden verhaftet, viele wurden misshandelt.

Den Durchbruch für die Oppositionsbewegung brachte die Leipziger Montagsdemonstration am 9. Oktober 1989. Über 70 000 Menschen nahmen teil, obwohl Gerüchte über den Einsatz der Volksarmee gegen die Demonstranten umliefen. Der „Appell an die Gewaltlosigkeit" wurde von den Demonstranten beachtet, angesichts der Menschenmassen griff das bedrohliche Aufgebot an Sicherheitskräften nicht ein. Unter der Parole „Wir sind das Volk!" ging die Demonstration friedlich zu Ende.

Von diesem Tag an sollte die SED das Gesetz des Handels nicht mehr bestimmen. Die Demonstrationen gingen weiter, obwohl am 17. Oktober Erich Honecker abgesetzt und durch Egon Krenz ersetzt wurde. Mit einem Wechsel an der Spitze war die Systemkrise jedoch nicht mehr zu lösen. Allein in Leipzig demonstrierten jetzt Montag für Montag Hundertausende, in vielen Strädten kam es zu ähnlichen Aktionen.

Am 4. November erreichte die Demonstrationswelle in Ostberlin ihren Höhepunkt. Über eine halbe Million Menschen forderten Presse-, Reise-, Meinungs- und Versammlungsfreiheit, Rechtsstaatlichkeit und freie Wahlen.

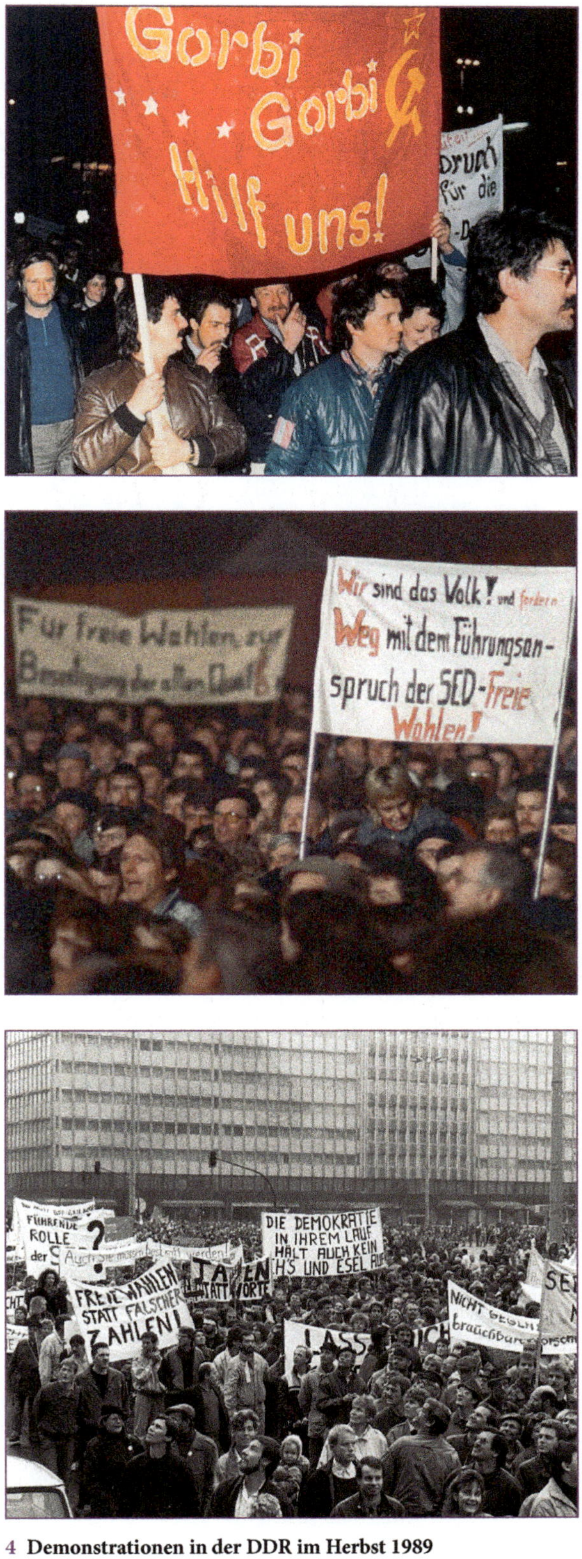

4 Demonstrationen in der DDR im Herbst 1989

Arbeitsfrage

1. *Ordne die Bilder der Demonstrationen den im Text erwähnten Ereignissen zu.*
2. *Erkläre, warum die Ablösung Honeckers keine Beruhigung brachte.*
3. *Diskutiert, wie ihr euch am 9. Oktober in Leipzig verhalten hättet.*

Nützliche Hinweise

- www.planet-schule.de
- Armin Mitter, Stefan Wolle (Hrsg.): Befehle und Lageberichte des MfS, Berlin 1990, 2. Aufl.
- www.jugendopposition.de
- www.dhm.de/lemo/html/DeutscheEinheit.html
- www.chronik-der-mauer.de

3. Der Fall der Berliner Mauer und die Folgen

1 Jubel auf der Berliner Mauer am 10. November 1989

Am 9. November 1989 fiel die Berliner Mauer. Aus einer in beiläufigem Ton abgegebenen Mitteilung des SED-Politbüromitglieds Günter Schabowski am Abend des 9. November, dass es eine befriedigende Regelung für Westreisen von DDR-Bürgern geben werde, entwickelte sich innerhalb weniger Stunden eine faktische Öffnung der DDR-Grenze. Noch in der Nacht strömten Zehntausende von Ostberlinern in den Westen der Stadt und in den nächsten Tagen waren es Hunderttausende, die unbehelligt die Mauer in Berlin oder die DDR-Grenze zur Bundesrepublik passierten.

Mit der Öffnung der Grenze änderte sich von einem zum anderen Tag fast alles, auch für die Westdeutschen. Plötzlich gingen die Ereignisse in der DDR sie direkt an und sie ahnten, dass auch die BRD nicht unverändert bleiben würde. „Jetzt wächst zusammen, was zusammengehört", sagte Willy Brandt am 10. November auf einer Kundgebung vor dem Schöneberger Rathaus in Berlin. Zumindest nachträglich scheint es so, als habe mit dem Fall der Mauer auch die staatliche Souveränität der DDR geendet.

Bis Ende Januar 1990 zerfiel die DDR zusehends. Trotz Einsetzung einer Koalitionsregierung unter Hans Modrow, der Streichung des Führungsanspruchs der SED aus der Verfassung und der Umbenennung der SED in „Partei des demokratischen Sozialismus" (PDS) war der Machtzerfall nicht mehr aufzuhalten. Die SED schrumpfte von 2,6 Millionen auf 700 000 Mitglieder. Der neuen DDR-Regierung unter Modrow fehlte es an Autorität. Überall im Staatsapparat saßen noch die alten Kader und im Unterdrückungsapparat des MfS arbeiteten die alten Spitzel auf Hochtouren daran, Akten zu vernichten und Spuren zu verwischen. Auf Initiative der Bürgerbewegung wurden in dieser Situation nach polnischem Vorbild „Runde Tische" eingerichtet. Der zentrale „Runde Tisch" sollte an allen Entscheidungen der Regierung und der Volkskammer beteiligt werden.

Hatten die Menschen bei Demonstrationen in der DDR bisher gerufen „Wir sind das Volk", so hieß es jetzt immer häufiger „Wir sind ein Volk". Bis zum 9. November waren alle Energien nach innen, auf den politischen Umsturz in der DDR, gerichtet. Jetzt wurde die Frage der Wiedervereinigung Deutschlands, vorher aus Rücksicht auf den Status quo in Europa kaum thematisiert, gestellt. Die Politiker in der BRD und der DDR mussten dieser Entwicklung Rechnung tragen. Ende November 1989 legte Bundeskanzler Kohl ein „Zehn-Punkte-Programm" zur Bildung einer künftigen Staatengemeinschaft vor. Die DDR-Regierung schlug eine Vertragsgemeinschaft mit Wirtschaftshilfen vor. Michail Gorbatschow kommentierte diese Pläne mit dem Satz: „Die deutsche Frage steht wieder auf der Tagesordnung."

Arbeitsfragen

1. *Verfasse einen Bericht über den 9. und 10. November 1989 in Berlin.*
2. *Stelle anhand des Textes eine Liste der Probleme zusammen, die sich in der DDR nach der Maueröffnung stellten.*
3. *Erkläre, was Gorbatschow mit seinem Ausspruch gemeint hat.*

Q1 *Der Journalist Axel Vornbäumen als Zeitzeuge der Pressekonferenz Schabowskis am 09. November 1989*

Um 18 Uhr 53 fragt Ehrmann (Journalist einer italienischen Nachrichtenagentur) nach dem aus seiner Sicht fehlerhaften Reisegesetz – und Schabowski beginnt in den Unterlagen zu kramen. Es dauert ein paar Sekunden, aber was dann folgt, wird die Welt verändern. Schabowski liest vom Blatt, müde schon, unwirsch, ein bisschen nuschelnd und in enormer Geschwindigkeit rasselt er die wesentlichen Passagen aus der Beschlussvorlage des Ministerrates herunter: „Privatreisen nach dem Ausland können ohne Vorliegen von Voraussetzung – Reiseanlässe und Verwandtschaftsverhältnisse – beantragt werden. Genehmigungen werden kurzfristig erteilt." Im Saal entsteht Unruhe. Einer ruft, ob das auch für West-Berlin gelte, und auf dem Podium fällt Schabowski siedend heiß ein, dass mit den Sowjets zu diesem Zeitpunkt noch nichts besprochen ist. Ja, sagt er dann im Vertrauen auf die Politik der Perestroika des Michail Gorbatschow, ja, das gelte seines Wissens auch für West-Berlin. „Wann tritt das in Kraft?", fragt Riccardo Ehrmann, und Günter Schabowski sagt: „Das trifft nach meiner Kenntnis ... ist das sofort, unverzüglich." Die Mauer ist gefallen. In diesem Moment aber gehört Riccardo Ehrmann zu den Ersten, die das auch begreifen. Er stürzt aus dem Pressesaal. Er hört die Frage nicht mehr, was nun aus der Berliner Mauer werde. Ehrmann ruft in Rom an. Bei der Telefonaufnahme diktiert er einen Satz. So wie er ihn formuliert, ist es eine Sensation ...Er erklärt, was das gesprochene Wort bedeutet – es bedeutet, das die Mauer gefallen ist. „Riccardo, bist du wirklich nicht verrückt geworden?", fragt der Chefredakteur – Und dann kommt der Satz, der so ähnlich wahrscheinlich hundert mal in jenen Minuten gefallen sein muss in allen Agenturbüros rund um den Globus: „Aber die Anderen haben noch gar nichts gemeldet ..." In den Minuten rund um 19 Uhr aber ringt die Medienwelt nach Worten, das Unfassbare zu beschreiben, immer noch fieberhaft rätselnd, was genau Günter Schabowski gemeint haben könnte. Um 19 Uhr 05 wählt die Nachrichtenagentur AP erstmals den Begriff „Grenzöffnung".

Altbundeskanzler Willy Brandt in seiner Rede vor dem Schöneberger Rathaus am 10. November 1989:

Sicher ist, dass nichts im anderen Teil Deutschlands wieder so werden wird, wie es war. Die Winde der Veränderung, die seit einiger Zeit über Europa ziehen, haben an Deutschland nicht vorbeiziehen können. Meine Überzeugung war es immer, dass die betonierte Teilung und dass die Teilung durch Stacheldraht und Todesstreifen gegen den Strom der Geschichte standen ... Denen, die heute noch so schön jung sind, und denen, die nachwachsen, kann es nicht immer leicht fallen, sich die historischen Zusammenhänge, in die wir eingebettet sind, klar zu machen. Deshalb sage ich nicht nur, dass wir bis zum Ende der Spaltung – zornig, aber auch im Gefühl der Ohnmacht habe ich im August '61 dagegen angeredet – noch Einiges vor uns haben, sondern ich erinnere uns auch daran, dass das alles nicht erst am 13. August 1961 begonnen hat. Das deutsche Elend begann mit dem terroristischen Nazi-Regime und dem von ihm entfesselten Krieg. Jenem schrecklichen Krieg, der Berlin wie so viele andere deutsche und nichtdeutsche Städte in Trümmerwüsten verwandelte. Aus dem Krieg und auch aus der Veruneinigung der Siegermächte erwuchs die Spaltung Europas, Deutschlands und Berlins. Jetzt wächst zusammen, was zusammengehört.

Arbeitsfragen

1. *Schildere die besondere Stimmung und die Reaktionen, die der Zeitzeuge von der historischen Pressekonferenz vermittelt.*
2. *Nimm Stellung zu der These, dass durch die Liveübertragung eines Missverständnisses das Fernsehen „Geschichte gemacht" hat.*
3. *Erkläre die geschichtlichen Zusammenhänge, in die nach Auffassung von Willy Brandt die Öffnung der Berliner Mauer gestellt werden muss.*

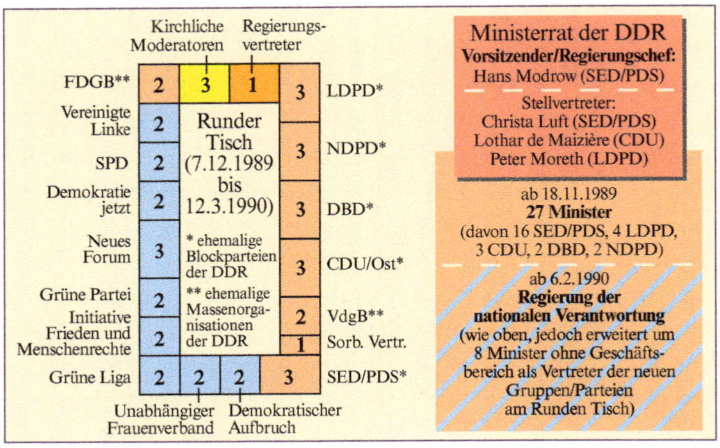

2 **Der „Runde Tisch“ und seine Einbindung in die DDR-Regierung vom 07. Dezember 1989 bis 13. März 1990**

Der DDR-Regierung unter dem Reformkommunisten Hans Modrow, die seit dem 13. November 1989 im Amt war, standen die Menschen der Bürgerbewegung sehr kritisch gegenüber. Nicht durch demokratische Wahlen legitimiert, sondern als Koalitionsregierung aus SED und den alten Blockparteien gebildet, vermuteten viele, dass sie an einem echten Wandel nicht interessiert war. Die Bürgerbewegung, die den Wandel bewirkt hatte, war weiterhin an den politischen Entscheidungsprozessen in der Volkskammer und der Regierung nicht beteiligt und konnte sich nur durch Demonstrationen, Aufrufe und Medien Gehör verschaffen.

Am 7. Dezember 1989 änderte sich dies. Auf Initiative der neuen politischen Kräfte, allen voran das Neue Forum und die Sozialdemokratische Partei in Zusammenarbeit mit Vertretern der Blockparteien, wurde in Berlin nach polnischem Vorbild ein zentraler „Runder Tisch“ ins Leben gerufen. Vom Dezember 1989 bis zu den Wahlen im März 1990 arbeitete dieses Gremium als Kontrollorgan der Regierung Modrow. Unter der Moderation von Kirchenvertretern beschloss der Runde Tisch schon auf seiner ersten Sitzung einen Termin für die ersten freien Wahlen zur Volkskammer (ursprünglich den 6. Mai 1990, im Januar auf den 18. März vorgezogen) und die Einsetzung eines Ausschusses, der eine demokratische Verfassung ausarbeiten sollte. Ein weiterer Beschluss betraf die Auflösung der Stasi. Die zögerliche Umsetzung dieses Beschlusses durch die Regierung sowie Informationen, dass bergeweise Stasi-Akten vernichtet werden, führten dazu, dass am 15. Januar 1990 von Tausenden die Stasi-Zentrale in Berlin gestürmt wurde.

Mit *Fantasie* gegen Stasi und Nasi

Aktionskundgebung: 15. Januar um 17 Uhr

Das Neue Forum Berlin ruft für den 15. Januar 1990 um 17.00 Uhr zur Aktionskundgebung vor dem Stasi-Gebäude Ruschestraße auf.

Wir fordern:

Sofortige Schließung aller Stasi-Einrichtungen
Hausverbot für alle Stasi-Mitarbeiter
Einleitung von Ermittlungsverfahren gegen das MfS
Offenlegung der Befehlsstrukturen zwischen SED und Stasi
Stasi in die Volkswirtschaft
Keine Sonderzahlungen und Privilegien für ehemalige Stasi-Mitarbeiter
Keine Bildung von neuen Geheimdiensten

Schreibt Eure Forderungen an die Mauern der Normannenstraße!
Bringt Farbe und Spraydosen mit!
Wir schließen die Tore der Stasi!
Bringt Kalk und Mauersteine mit!

Mit *Fantasie* und ohne Gewalt

3 **Flugblatt des Neuen Forums, einer Bürgerbewegung in der DDR**

Arbeitsfragen

1. *Untersuche anhand der Grafik die Zusammensetzung des „Runden Tisches“.*
2. *Erläutere anhand der Grafik und des Textes den Einfluss des „Runden Tisches“ auf die Regierungspolitik.*
3. *Diskutiert die Forderungen, die in dem Flugblatt aufgestellt werden.*

Im Laufe des Novembers 1989 wuchs die Zahl der DDR-Bürger, die eine schnelle Vereinigung mit der Bundesrepublik wollten. Wie der Aufruf „Für unser Land“ deutlich machte, wollte dagegen die Bürgerbewegung eine demokratische Umgestaltung der DDR, aber den Fortbestand der DDR als selbstständigen Staat. Auch in der BRD war anfangs umstritten, wie auf die Frage einer möglichen Wiedervereinigung zu reagieren sei. Die Regierung Kohl schlug ein „Zehn-Punkte-Programm“ vor, das ein schrittweises Vorgehen bis zur Staatengemeinschaft vorsah. Ab Jahresbeginn 1990 trat die CDU/FDP-Bundesregierung jedoch für eine schnellere Vereinigung beider deutscher Staaten ein. Die Haltung der SPD zur Wiedervereinigung war gespalten. Ein Teil um Willy Brandt strebte vorbehaltslos die schnelle Wiedervereinigung an. Andere führende SPD-Politiker zögerten jedoch, weil sie als Folge einer zu schnellen Vereinigung den totalen Zusammenbruch der ostdeutschen Wirtschaft und eine entsprechende Belastung der Bundesrepublik befürchteten.

Der Wahlkampf zu den ersten freien Wahlen zur Volkskammer der DDR drehte sich praktisch nur um eine Frage: „Wie schnell kommt die Einheit?“ Allgemein wurde ein haushoher Wahlerfolg der SPD erwartet. Es kam jedoch anders: Fast zwei Drittel der Wähler gaben den Parteien ihre Stimme, die sich für das Konzept der Bundesregierung ausgesprochen hatten, nämlich sich ohne Experimente schnell der BRD anzuschließen. Für die erste frei gewählte DDR-Regierung unter Lothar de Maizière (CDU) war deshalb die wichtigste Aufgabe, möglichst schnell die Einheit herzustellen.

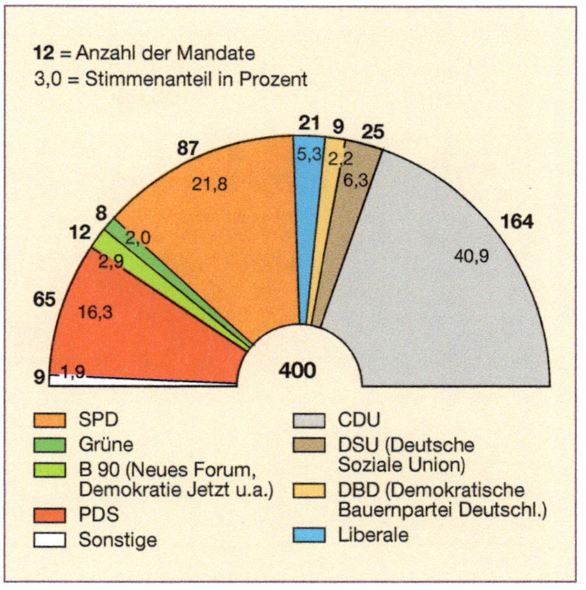

4 Ergebnis der Wahlen zur Volkskammer der DDR am 18. März 1990 (Wahlbeteiligung 93,2 Prozent)

Q2 *Sebastian Pflugbeil, „Neues Forum“, im Februar 1990*

Wir haben die Leute zusammenbekommen gegen die Stasi, gegen Stalinismus. Es war so leicht, den Stöpsel rauszuziehen und den Hass abzulassen. Aber etwas Neues zu entwickeln, das war eine unmenschliche Aufgabe, die haben wir nicht geschafft. Die Übersiedler verdarben unser Konzept.

Q3 *Bärbel Bolley, Mitbegründerin des „Neuen Forums“ zum Wahlkampf*

Plötzlich hörte uns im Wahlkampf keiner mehr zu. Es war wirklich ein emanzipatorischer Prozess gewesen, eine Aufbruchstimmung, nicht nur in Berlin und Leipzig, auch auf den Dörfern. Aber dann gab es nur noch das eine große Bild, das alles erdrückte: den Westen.

Arbeitsfragen

1. *Erläutere den Stimmungswandel in der DDR und nenne Gründe für den wachsenden Wunsch nach einer deutschen Wiedervereinigung.*
2. *Diskutiert das Wahlergebnis und die Folgen für die erste frei gewählte Regierung.*

Nützliche Hinweise

- Richard von Weizsäcker: Der Weg zur Einheit, München 2009
- zum „Runden Tisch“: www.hdg.de/lemo und www.ddr-wissen.de
- www.unsere-geschichte.zdf.de
- www.chronik-der-wende.de
- www.meinherbst89.de
- www.ddr89.de

4. Der Weg zur Wiedervereinigung

1 Staatsvertrag zwischen der DDR, der BRD, Frankreich, den USA, dem Vereinten Königreich und der Sowjetunion.

Mit dem Wahlergebnis vom März 1990 hatte eine deutliche Mehrheit der DDR-Bürger ihren Willen zur Wiedervereinigung dokumentiert. Jetzt standen die beiden deutschen Regierungen vor folgenden zentralen Fragen:

1. Wie ist die Zustimmung der ehemaligen Siegermächte des Zweiten Weltkrieges zu erreichen?
2. Wie kann der Vereinigungsprozess wirtschaftlich, sozial und rechtlich organisiert werden?

Die Haltung der Siegermächte war unterschiedlich: Die USA unterstützten den Wiedervereinigungsprozess vorbehaltlos. Großbritannien und Frankreich hatten anfangs Bedenken, da sie befürchteten, dass die wirtschaftliche und militärische Macht eines vereinten Deutschlands das Gleichgewicht in Europa gefährden könnte. Gorbatschow hatte zwar im Februar 1990 gegenüber Kohl erklärt, „es gebe zwischen der Sowjetunion, der Bundesrepublik und der DDR keine Meinungsverschiedenheiten über die Einheit“. Doch konkret mussten Lösungen für die Mitgliedschaft eines vereinten Deutschlands in der NATO und den Abzug der sowjetischen Soldaten und Zivilangestellten aus der DDR gefunden werden.

Als Mitte Juli bei einem Treffen im Kaukasus Gorbatschow – nach anfänglichen Zögern und trotz Kritik aus dem eigenen Land – der Vereinigung Deutschlands und dessen Mitgliedschaft in der NATO zustimmte und sich die Bundesregierung zu Rückführungszahlungen der sowjetischen Truppen in Höhe von 14 Milliarden verpflichtete, war der Weg frei: Im September 1990 wurden die Verhandlungen mit dem „Zwei-plus-Vier-Vertrag“ als Friedensvertrag zwischen den ehemaligen Siegermächten und den beiden deutschen Staaten abgeschlossen. Die Nachkriegsepoche war zu Ende.

Im innerdeutschen Verhältnis war der erste Schritt zur Wiedervereinigung, die Einführung der D-Mark und der Marktwirtschaft in der DDR durch das Inkrafttreten des „Staatsvertrags zur Währungs-, Wirtschafts- und Sozialunion“ am 1. Juli 1990 vollzogen. Mit der Einführung der D-Mark verbesserte sich zwar schlagartig das Warenangebot in der DDR, aber der plötzliche Sprung der maroden DDR-Wirtschaft in die Weltmarktkonkurrenz ließ die Arbeitslosenzahlen rasch steigen. Ungeklärte Eigentumsfragen und bürokratische Hemmnisse taten ein Übriges dazu, dass im Sommer 1990 eine massive wirtschaftliche Rezession in der DDR einsetzte, während die westdeutsche Wirtschaft einen neuen Absatzmarkt erhielt und boomte. Unter Zeitdruck verliefen im Sommer 1990 die innerdeutschen Verhandlungen zur Übernahme der bundesrepublikanischen Rechtsordnung. Dieser mehr als 1000 Seiten umfassende „Einigungsvertrag“ wurde am 20. September von der Volkskammer und dem Bundestag verabschiedet. In ihm wurde auch geregelt, dass die wiedergegründeten fünf neuen Bundesländer am 3. Oktober 1990 der Bundesrepublik beitreten. Die deutsche Teilung war beendet. Dieser Tag wurde als „Tag der Deutschen Einheit“ zum gesetzlichen Feiertag bestimmt.

Arbeitsfragen

1. *Fasse zusammen, welche Probleme im Einigungsprozess gelöst werden mussten und wie sie gelöst wurden.*
2. *Politiker und Sachverständige standen der Wirtschafts- und Währungsunion sowie dem Ablauf des Vereinigungsprozesses kritisch gegenüber. Welche Argumente konnten sie vorbringen ?*

Q1 *Peter V., 49 Jahre, Erfurt*
Die Leute gehen jetzt alle in den Westen und schaffen das Begrüßungsgeld wieder rüber. Wenn sie die Handelsspanne abrechnen, verdienen die im Westen wieder an dem Geld, das sie den DDR-Leuten gegeben haben. Vielleicht können wir die Menschen überzeugen, dass es auch bei uns vorangeht. Und vielleicht fahren ein paar Leute nicht nach Kassel oder Hamburg, sondern kaufen hier ein.

Q2 *Karin S., Wittstock, 2006*
Mit der D-Mark fing auch die Marktwirtschaft und die Ellenbogengesellschaft an. Jeder musste zusehen, wie er weiter kommt. Wir haben angefangen, unsere Produktion täglich auf den Märkten zu verkaufen. Und haben über den Platz geschrieen: „Frische Broiler, gestern noch lebend, heute schon hier". Eines Tages tauchen zwei Westdeutsche mit Mercedes in der Geflügelschlachterei auf. Mit Zigarette im Mund führen sie gleich die ersten Verhandlungen. Angeblich betrieben sie Geschäfte in England und anderswo. Sie versprachen, dass sie die Produktion so weiterführen wollen wie bisher. Die sahen so komisch aus, die Herren, ungepflegt und mit dreckigen Jeans. Ich konnte mir gar nicht vorstellen, dass die Geschäftsleute sind. Im Fernseher tragen die eigentlich immer Schlips und Kragen.

2 **Feier zur Wiedervereinigung, 3. Oktober 1990 in Berlin**

Q3 *Günter H., Berka/Werra, 2. Februar 2009*
Am Tag der Wiedervereinigung war ich überzeugt, dass die Mängel und Versorgungsengpässe beseitigt würden. Ich war optimistisch. Arbeitsmäßig hatte ich keine Sorgen. Auch den Absatz unseres Kalisalzes hielt ich für gesichert, obwohl wir fast ausschließlich in den RGW-Raum lieferten.

Q4 *Rudolf Seiters, der 1989/1990 als Kanzleramtminister führend an den innerdeutschen Verhandlungen zur Wiedervereinigung beteiligt war, in einem Interview 2009*
Es gibt ja heute Agitatoren, die da sagen, das sei alles zu schnell gegangen, man hätte auf den Weg einer gemeinsamen neuen deutschen, gesamtdeutschen Verfassung setzen müssen. Wer das sagt, vergisst einfach, dass die Menschen in der DDR die Einheit schnell wollten, dass der Übersiedlerstrom aus der DDR nicht abriss nach dem Fall der Mauer und auch nicht nach der Öffnung des Brandenburger Tores, sondern erst, als die Menschen durch das Angebot der D-Mark und der Wirtschafts- und Währungsunion die Chance auf die schnelle Einigung Deutschlands erkannten. Und außerdem: Was wäre eigentlich wohl geschehen, wenn wir uns noch ein, zwei Jahre Zeit genommen hätten für eine neue Verfassung? Die weltpolitische Lage hatte sich von 1989/90 auf 1991 dramatisch verändert. Es gab den Putsch gegen Gorbatschow, es gab den Golfkrieg mit den neuen Spannungen zwischen Moskau und Washington im Jahre 1991, und ich behaupte, dass der Resonanzboden für eine schnelle Lösung der deutschen Frage dann nicht mehr gegeben gewesen wäre, jedenfalls nicht mehr in dem Umfang. Und deswegen gab es zur schnellen deutschen Einheit aus unserer Sicht keine vernünftige Alternative.

Arbeitsfragen
1. *Verfasse auf der Grundlage der Materialien einen Bericht zur Wiedervereinigung.*
2. *Nimm zu der Aussage Stellung, dass es keine Alternative zur schnellen deutschen Einheit gab.*

3 **Vertrag über die Schaffung einer Währungs-, Wirtschafts- und Sozialunion, am 1. Juli 1990 in Kraft getreten.**

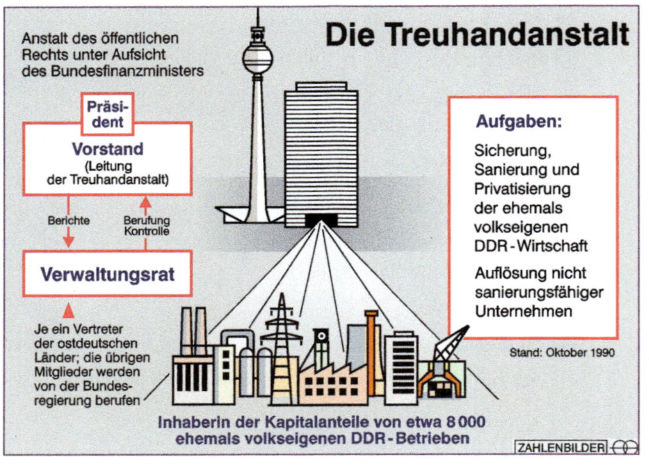

4 **Aufgaben und Aufbau der 1990 gegründeten Treuhandanstalt**

Durch den Staatsvertrag zur „Wirtschafts-, Währungs- und Sozialunion" sollte die Planwirtschaft der DDR durch die soziale Marktwirtschaft der BRD abgelöst werden. Um eine Wirtschaftsunion herstellen zu können, musste zuerst die Währung vereinheitlicht werden. Am 1. Juli 1990 wurde daher die DM in der DDR eingeführt und die Ostmark aufgegeben. Bundeskanzler Kohl und die CDU hatten einen Umtauschkurs von 1:1 versprochen. Doch die Bundesbank und viele westdeutsche Wirtschaftsvertreter hielten dies angesichts der bankrotten DDR-Wirtschaft volkswirtschaftlich für nicht vertretbar. Der Kompromiss sah vor, kleinere Sparguthaben, Löhne, Gehälter, Renten und Mieten im Verhältnis 1:1 umzustellen und alles, was darüber hinausging, im Verhältnis 2:1. Die große Freude über die Einführung der DM jedoch hielt nicht lange an, weil die Arbeitslosigkeit sprunghaft stieg.

Mit der Wirtschaftsunion nahm in Berlin die schon im März 1990 von der DDR-Regierung gegründete Treuhandanstalt ihre Arbeit auf. Unter Aufsicht des Finanzministeriums sollte sie die Volkseigenen Betriebe in marktfähige Unternehmen umwandeln, privatisieren oder stilllegen. Zudem verwaltete sie rund 30 000 Einzelhandelsgeschäfte, Hotels und Gaststätten, landwirtschaftliche Nutzflächen und Liegenschaften. Die Verkaufserlöse aus der Privatisierung konnten jedoch die wirtschaftlichen Folgelasten der Wiedervereinigung im Osten nicht kompensieren. Probleme entstanden aus der geringen Produktivität der Betriebe, ökologische Altlasten, ungeklärte Eigentumsfragen und dem Zusammenbruch der osteuropäischen Märkte. Millionen von Arbeitsplätzen gingen verloren. Nicht zuletzt haben einige westliche Firmen versucht, mögliche östliche Konkurrenten durch den Aufkauf auszuschalten, sodass auch erhaltenswerte Firmen keine Zukunft mehr hatten. Die Bilanz der Treuhandanstalt, die Ende 1994 aufgelöst wurde, weist die Privatisierung von 91 042 Betrieben jeder Art aus. Wurde im Juli 1990 der Besitz auf 600 Milliarden DM geschätzt, so waren es 1994 Schulden in Höhe von ca. 300 Milliarden DM, die die Bundesrepublik zu tragen hatte. Die Zahl der Beschäftigten sank von ca. 4 Millionen auf 1,5 Millionen. Diese Zahlen erklären den Zorn der DDR-Bürger, denen die Treuhandanstalt oft als Stillleger, Abwickler und Ausverkäufer der ostdeutschen Wirtschaft erschien.

Arbeitsfragen

1. *Erarbeite, was der Staatsvertrag zur Wirtschafts-, Währungs- und Sozialunion und die Treuhandanstalt leisteten und wo ihre Grenzen lagen.*
2. *Diskutiert, welche Alternative es zur Schließung von Betrieben gegeben hätte.*

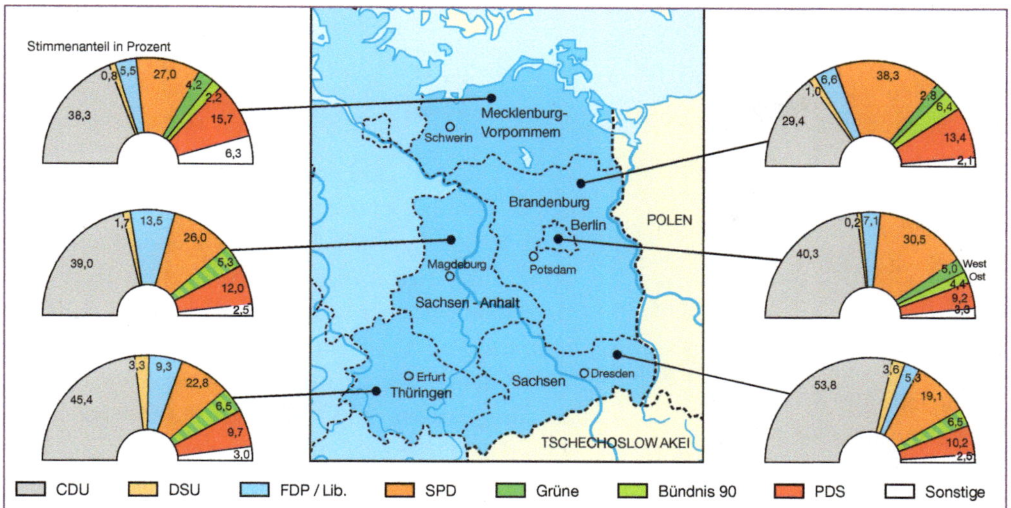

Ergebnis und Sitzverteilung der Bundestagswahl 1990

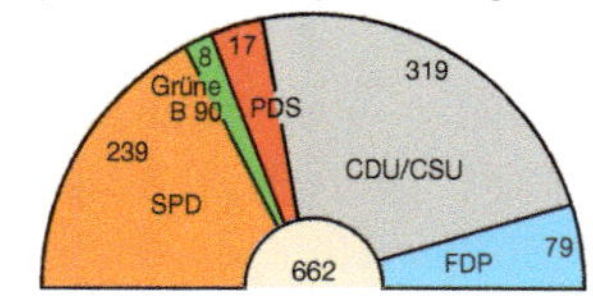

CDU	36,7 %	Bündnis 90 / Grüne*	1,2 %
SPD	33,5 %	Die Grauen	0,8 %
FDP	11,0 %	REP	2,1 %
CSU	7,1 %	NPD	0,3 %
Grüne	3,9 %	ÖDP	0,4 %
PDS*	2,4 %	Sonstige	2,4 %
DSU	0,2 %		

* Bündnis 90 / Grüne und PDS zogen in den Bundestag ein, weil sie auf dem Gebiet der ehemaligen DDR die 5-%-Hürde überschritten.

5 Wahlergebnisse der Wahlen in den neuen Bundesländern am 14. Oktober und der Bundestagswahlen am 2. Dezember 1990

Nach der Wiedervereinigung und dem Ende der DDR am 3. Oktober 1990 standen noch zwei Ereignisse aus: zuerst Landtagswahlen in den neuen Bundesländern im Oktober und dann Anfang Dezember die ersten Wahlen zu einem gesamtdeutschen Bundestag. Beide Wahlen wurden als Abstimmung darüber angesehen, wie die Wähler den bisherigen Einigungsprozess beurteilten und welcher Partei sie mehr Kompetenz bei der Lösung der kommenden Probleme zutrauten. Sowohl die Landtagswahlen – mit Ausnahme von Brandenburg – als auch die Bundestagswahl bedeuteten für die Bundesregierung eine Bestätigung ihrer Politik der schnellen Einigung und ein Vertrauensvorschuss auf die baldige Angleichung der Lebensverhältnisse.

Nützliche Hinweise

- www.deutschegeschichten.de
- http://1989.dra.de
- Andreas Rödder: Deutschland einig Vaterland – Die Geschichte der Wiedervereinigung, München 2009

Arbeitsfragen

1. *Vergleiche die Stimmenanteile von CDU und SPD in den neuen Bundesländern mit dem Wahlergebnis zum Bundestag.*
2. *Überlegt, welche Voraussetzungen das Wahlergebnis für die künftige Bundesregierung geschaffen hat.*
3. *Nimm Stellung zu der Darstellung des Einigungsprozesses in der Karikatur.*

6 Der Prozess der Wiedervereinigung Deutschlands, Karikatur von Walter Hanel, 1992

1. Zusammenwachsen – ein schwieriger Prozess

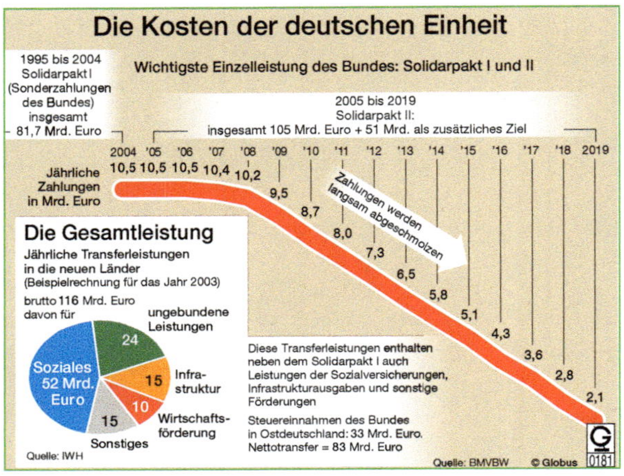

1 **Die Kosten der deutschen Einheit**

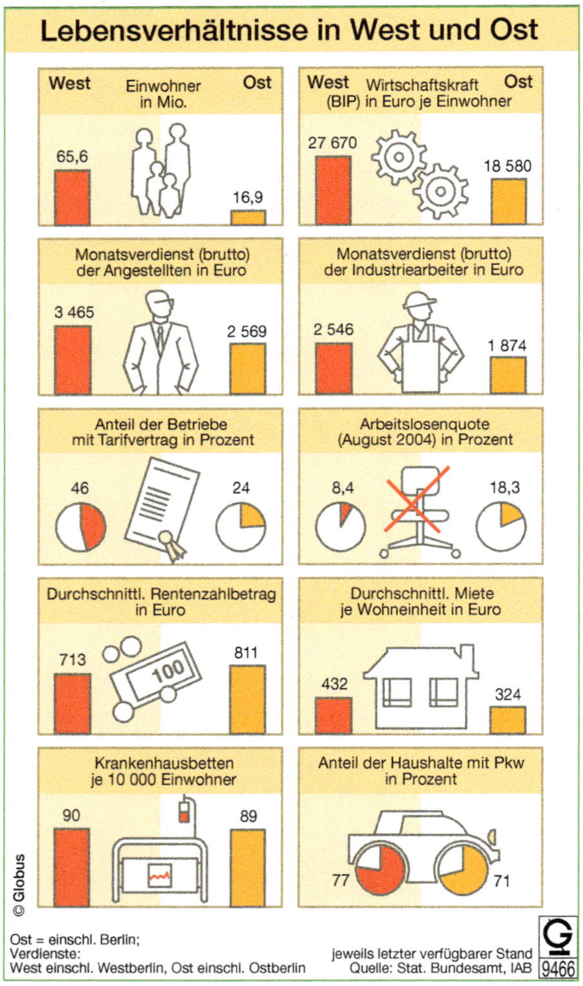

2 **Lebensverhältnisse im Vergleich 2004**

Der 3. Oktober 1990 markierte das Ende der staatlichen Teilung Deutschlands, aber auch den Anfang eines schwierigen wirtschaftlichen und gesellschaftlichen Einigungsprozesses, der bis heute andauert. Die Herstellung gleicher Lebensbedingungen ist dabei ein zentraler Punkt. 40 Jahre unterschiedliche politische Wertsysteme, Wirtschaftsformen, Rechtsvorschriften, Sozialregelungen und Bildungsinstitutionen haben unterschiedliche Lebenserfahrungen in Ost und West erzeugt, die nur langsam einer gemeinsamen Erfahrung weichen.

Durch den Zusammenbruch der DDR-Wirtschaft setzte im Sommer 1990 zuerst eine massive wirtschaftliche Rezession ein. Die Folgen fehlgeschlagener Privatisierungen und Betriebsschließungen sowie das Wegbrechen der Absatzmärkte wogen schwer: Ganze Industrieregionen verödeten, Massenarbeitslosigkeit griff um sich. Viele gut ausgebildete Menschen zogen in die westlichen Bundesländer, um dort eine ihrer Qualifikation entsprechende Arbeit zu finden. Anderen Arbeitslosen – darunter viele Frauen, Jugendliche, ältere Menschen – blieb oft nur die Hoffnung auf staatlich geförderte Arbeitsbeschaffungsmaßnahmen.

Durch staatliche Arbeitsmarktpolitik und Vorruhestandsregelungen, durch beträchtliche Finanzhilfen sowie durch das Programm „Aufbau Ost" konnten die schlimmsten Folgen der Rezession überwunden und ein Neuaufbau eingeleitet werden. Die Einkommen der Berufstätigen sowie die Renten stiegen deutlich. Die Kaufkraft der Haushalte, das Angebot an Konsumgütern und der Lebensstandard verbesserten sich. Milliardeninvestitionen trugen dazu bei, Straßen und Autobahnen zu erneuern, moderne Kommunikationsmittel zu schaffen und die Infrastruktur insgesamt zu verbessern. In Städten und Gemeinden wurden Programme zur Sanierung von Häusern und Wohnungen aufgelegt. Vielerorts entstanden auch neue, leistungsfähige Industriebetriebe und damit neue Arbeitsplätze.

Nach der ersten Begeisterung über die Einheit vollzog sich bei vielen Deutschen ein Stimmungswandel. Manches, was die Politiker versprochen und die Menschen in den neuen Bundesländern von der Wiederver-

Arbeitsfragen

1. *Verfasse auf der Grundlage der Materialien einen Bericht über die Entwicklung zwischen Ost- und Westdeutschland nach der Teilung.*
2. *Diskutiert, wie Enttäuschungen und Vorurteile entstanden sind und was dagegen unternommen werden kann.*

einigung erhofft hatten, war nicht oder nur zum Teil eingetroffen. Enttäuschung und Vorurteile machte sich breit. Hielten manche Ostdeutsche die Westdeutschen für überheblich und rücksichtslos, so warfen diese den Ostdeutschen mangelnde Eigeninitiative und Wehleidigkeit vor.

Q1 *Günter H., Berka/Werra,2009*

In der DDR habe ich im VEB-Kombinat Kali, Kalibetrieb Werra, unter Tage in der Salzgewinnung gearbeitet. Wir hatten etwa 8000 Mitarbeiter, auf meiner Anlage waren es 700 ... Auf unserem Betriebsgelände gab es ein Büro der Staatssicherheit. Wir haben, besonders unter Tage, trotzdem offen miteinander geredet. Es ging aber Angst um, wie sich die bewaffneten Betriebskampfgruppen verhalten würden. ...

Nach der Wiedervereinigung habe ich weiter als Obersteiger im Kalibetrieb Werra gearbeitet. Unsere Abbautechnik war nicht weit von westlichem Standard entfernt und durchaus auch konkurrenzfähig. Ich war davon überzeugt, dass es in Zusammenarbeit mit Kali-West so weitergehen würde. Wir bauten in den gleichen Lagerstätten ab, wobei sogar die besseren Vorkommen, was Qualität und Mengen anbelangt, in Thüringen lagen. Trotzdem wurden zwei von drei Betrieben zugemacht. Von den etwa 8000 Beschäftigten sind ungefähr noch 1000 übrig geblieben. Das hat rund 80 Prozent der hier arbeitenden Bevölkerung getroffen. Die Abwicklung war bis etwa 1993 beendet. Meine Frau, die in einem Instandhaltungsbüro tätig war, und ich arbeiteten im gleichen Betrieb. Zuerst wurden wir auf Kurzarbeit gesetzt unter relativ guten finanziellen Bedingungen. Wir waren sauer, dass so gute Betriebe geschlossen wurden. Doch meine Frau und ich haben uns nicht hingesetzt, gejammert und gewartet auf das, was kommt. Ich habe an einer qualifizierten und zertifizierten Weiterbildung teilgenommen, meine Frau im kaufmännischen Bereich. Die Maßnahmen waren zielgerichtet. Wir haben in anderen Bereichen eine gute und unserer Ausbildung angemessene Arbeit gefunden. Leider liegen wir lohn- bzw. gehaltsmäßig zwischen 25 und 30 Prozent unter Westniveau. Das ist nicht gerecht, da wir doch in einem Land leben. Für meine Familie und mich gibt es kein Zurück. Wir haben keine Sehnsucht nach den alten DDR-Verhältnissen. Unsere Funktionäre der älteren Jahrgänge sind in Frühpension gegangen. Einige Funktionäre bzw. Führungskader, die vom System der DDR fest überzeugt und in hohen Positionen aktiv waren, sind auch heute wieder in guten Stellungen. Ich stehe denen sehr skeptisch gegenüber, weil ich glaube, dass diese Wendehälse jedem System dienen würden.

3 **Demonstration von Ostberlinern 1991**

Q2 *Erich B., Berlin, Dezember 2008*

Ich sehe mit meinen 58 Jahren die Entwicklung als sehr gut. Wer heute der DDR eine Träne nachweint, hat alles vergessen, was dieses sozialistische SED-Regime mit uns angerichtet hat. Wer denkt an die Opfer? Die ewigen Nörgler haben nicht begriffen, was bis heute in Ost und West geleistet worden ist. Meine Enkel werden für diese Miesmacher kein Verständnis haben.

Q3 *Tim V., geboren am Tag des Mauerfalls, November 2007*

Klar loben heute noch einige die soziale Absicherung in der DDR, aber ich glaube nicht, dass da wirklich alle auf dem gleichen Level waren. Ich kann diese DDR-Nostalgie nicht nachvollziehen, dass nach 18 Jahren noch DDR-T-Shirts gedruckt werden und Leute darin herumlaufen. Das hält eine Trennung aufrecht, die keiner mehr wünscht. Ich finde zwar, dass die Ellenbogengesellschaft da anfängt, wo sich jemand an der Kasse vordrängelt, aber ich habe nichts gegen Wettbewerb.

Arbeitsfragen

1. *Vergleiche die Zeitzeugenberichte. Worin liegen die Unterschiede der Ansichten und Erfahrungen? In welchen Punkten stimmen sie überein?*
2. *Erkläre, wieso die Zeitzeugen zu so unterschiedlichen Ansichten kommen können.*

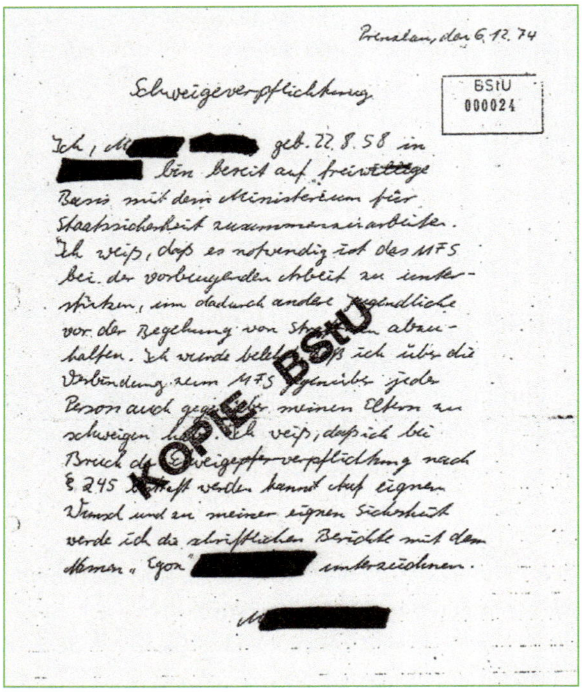

Prenzlau, den 6.12.74

BStU 000024

Schweigeverpflichtung

Ich, M[redacted] [redacted] geb. 22.8.58 in [redacted] bin bereit auf freiwillige Basis mit dem Ministerium für Staatssicherheit zusammenzuarbeiten. Ich weiß, daß es notwendig ist das MfS bei der vorbeugenden Arbeit zu unterstützen, um dadurch andere Jugendliche vor der Begehung von Straftaten abzuhalten. Ich werde belehrt, daß ich über die Verbindung zum MfS gegenüber jeder Person auch gegenüber meinen Eltern zu schweigen habe. Ich weiß, daß ich bei Bruch der Schweigeverpflichtung nach § 245 bestraft werden kann. Auf eigenen Wunsch und zu meiner eigenen Sicherheit werde ich die schriftlichen Berichte mit dem Namen „Egon" [redacted] unterzeichnen.

M[redacted]

KOPIE BStU

4 **Schweigeverpflichtung eines jugendlichen IM-Kandidaten**

Eine unheilvolle Hinterlassenschaft der SED-Diktatur resultiert aus der menschenverachtenden Tätigkeit des Ministeriums für Staatssicherheit (MfS), der Stasi. In den Archiven des MfS fand man insgesamt 174 Kilometer Stasi-Akten und rund 15 000 Säcke zerrissenes Schriftgut mit Aufzeichnungen über die Privatsphäre von über 6 Millionen Bürgern der DDR. Die Stasi hatte etwa 91 000 hauptamtliche Mitarbeiter und bei Mauerfall ca. 174 000 inoffizielle Mitarbeiter (IM), die verdeckt arbeiteten. Bei etwa 16 Millionen DDR-Bürgern kam daher ein Stasi-Mitarbeiter auf 60 Einwohner. Einzelne Abteilungen erledigten jeweils spezielle Aufgaben. Eine Abteilung befasste sich z. B. damit, die oppositionellen Gruppen in der DDR zu bespitzeln. Die IM, die sich in diese Gruppen einschlichen, berichteten ihren „Führungsoffizieren", was sie erfahren hatten. Die Stasi führte auch Festnahmen durch und hatte eigene Gefängnisse.

Wer als IM für die Stasi arbeitete, unterschrieb eine Verpflichtungserklärung, in der er die strikte Geheimhaltung seiner IM-Tätigkeit zusagte. Sehr viele der IM haben diese Verpflichtungserklärung freiwillig unterschrieben, sei es aus politischer Überzeugung oder materieller Vorteile. Andere wurden in Notlagen erpresst. Etliche, die von der Stasi angeworben werden sollten, verweigerten aber auch ihre Mitarbeit aus Gewissensgründen.

Mit dem Zusammenbruch der SED-Herrschaft endete auch das Stasi-Spitzelsystem. Das MfS wurde am 11. Januar 1990 aufgelöst. Die Frage, was mit den Stasi-Akten geschehen sollte, hat seitdem immer wieder heftige Diskussionen ausgelöst. So wie in den letzten 20 Jahren immer wieder Politiker als Stasi-Mitarbeiter enttarnt wurden, wird es vermutlich auch in Zukunft weitere Enthüllungen geben. Zur Verwaltung der Stasi-Akten wurde im Einigungsvertrag die „Behörde des Bundesbeauftragten für die Unterlagen der Staatssicherheit" (BStU) eingerichtet. Ein im Herbst 1991 verabschiedetes Gesetz regelt den Zugang zu den Akten für die Betroffenen und für die wissenschaftliche Aufarbeitung. Zehn Jahre leitete Marianne Birthler als Nachfolgerin von Joachim Gauck diese Behörde, bevor Roland Jahn im März 2011 die Leitung übernahm.

Q4 *Monika H., die seit 1981 IM war, hat sich 1989 selbst als IM offenbart und 1990 ein Gespräch mit Katja Havemann geführt, die sie jahrelang bespitzelt hatte.*

Ich will offen sagen können: Ich bin Monika H., ich habe für die Stasi gespitzelt, aus guten Gründen und bestem Gewissen heraus. Nun habe ich erkannt, dass es das Schlimmste war, was ich tun konnte. Mir hilft es, dass gerade du mit mir redest, der ich das angetan habe. Das ist der Versuch, dies gemeinsam zu bewältigen, denn es ist zugleich auch deine Erfahrung. – Jedoch wenn einer unter Bewältigung versteht, dass dann alles wieder gut ist, dann ist das falsch. Mich bestraft ja nun keiner, ich kann mich nur selbst bestrafen. Das kann mitunter quälender sein, als wenn du bestraft wirst. Dieses Schuldgefühl, ich weiß nicht, wie man das loswerden kann.

Arbeitsfragen

1. *Erläutere die Rolle, die die Stasi im alltäglichen Leben der DDR-Bürger spielte.*
2. *Informiere dich über der Arbeit der BStU und den Umgang mit den Stasi-Akten.*
3. *Setze dich damit auseinander, wie Monika H. ihre Vergangenheit „bewältigt".*

	Bev. 1993	Bev. 2001	2001 West	2001 Ost	16–29 Jahre	30–44 Jahre	45–59 Jahre	über 60 Jahre
Besser	14	25	18	54	32	29	25	17
Schlechter	27	20	21	17	12	23	25	20
Kein Unterschied	59	54	61	29	56	48	50	63

5 **Umfragen zur wirtschaftlichen Lage 1993 und 2001**
Frage: Wenn Sie ihre heutige wirtschaftliche Lage mit der vor der deutschen Einheit vergleichen: Geht es Ihnen wirtschaftlich besser oder schlechter oder sehen Sie keinen Unterschied?

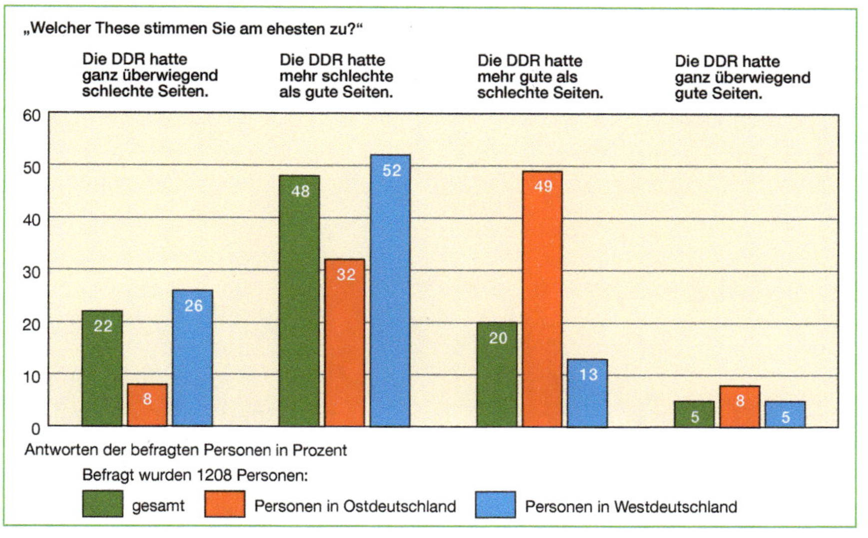

6 **Einschätzung der DDR 2009**

Obwohl in Umfragen viele Menschen in den neuen Bundesländern ihre große persönliche Zufriedenheit mit den materiellen Lebensbedingungen nach der Wiedervereinigung bekunden, verringerte sich mit der Zeit ihre Zustimmung zum gesellschaftlichen, wirtschaftlichen und politischen System der Bundesrepublik. Auch im Westen gibt es zunehmend mehr Menschen, die der alten BRD nachtrauern. Im Osten fühlt sich vor allem die ältere Generation stärker mit der früheren DDR verbunden. Diese „Ostalgie" ist nicht nur auf das 40 Jahre andauernde Leben in der DDR zurückzuführen, sondern auch auf Erfahrungen während des Einigungsprozesses und enttäuschten Erwartungen. So bewerten heute manche ehemalige DDR-Bürger die Vereinigung als einen einseitigen Vorgang, bei dem ihnen das westdeutsche System übergestülpt worden sei.

Ostdeutsche

	1992	1997	2000
Eher als Deutsche(r)	31	28	41
Eher als Ostdeutsche(er)	63	67	53
Unentschieden	6	5	6

Westdeutsche

	1992	1997	2000
Eher als Deutsche(r)	57	60	70
Eher als Westdeutsche(er)	34	34	24
Unentschieden	9	6	6

7 **Umfragen zur Identifikation 1992, 1997 und 2000**
Frage: Fühlen Sie sich im Allgemeinen eher als Deutsche(r), oder mehr als Ostdeutsche(r)/Westdeutsche(r)?

Arbeitsfragen

1. *Interpretiere die Umfrageergebnisse: Welche Veränderungen sind im Laufe der Zeit festzustellen? Welcher Wandel ergibt sich in der Einschätzung der DDR?*
2. *Diskutiert, ob es sich bei der „Ostalgie" um harmlose Nostalgie oder politisch gefährliche Verharmlosung handelt.*

Nützliche Hinweise

- Zum Ministerium für Staatssicherheit: www.hdg.de/lemo
- www.bstu.bund.de
- bpb, Jens Gieseke: Die DDR-Staatssicherheit, Bonn 2000

2. Die „Berliner Republik“

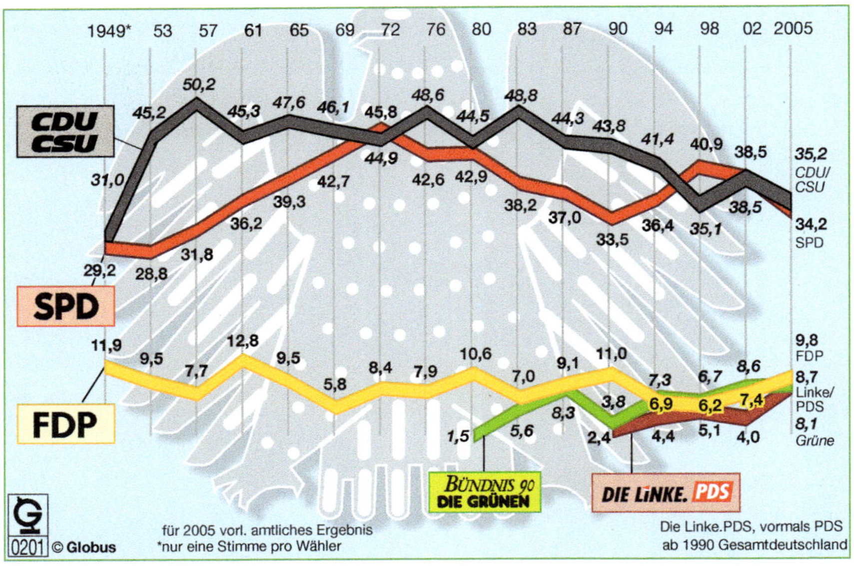

1998 endete die Ära Kohl. Erstmals in der Geschichte der Bundesrepublik entstand eine neue Regierung nicht durch Koalitionswechsel, sondern durch die Abwahl der Regierungskoalition. Nach 16 Jahren Regierungszeit Kohl übernahm der Sozialdemokrat Gerhard Schröder das Kanzleramt und bildete zusammen mit Bündnis 90/Die Grünen eine rot-grüne Regierung.

Es wurde eine Legislaturperiode der Abschiede und des Neubeginns. Zum letzten Mal konstituierte sich im Oktober ein Bundestag in Bonn und wählte mit Wolfgang Thierse erstmals einen Deutschen aus der ehemaligen DDR zum Bundestagspräsidenten. Durch den Umzug von Bundespräsidialamt, Bundestag, Bundeskanzleramt und eines Großteils der Ministerien wurde aus der seit 1949 bestehenden „Bonner Republik“ die „Berliner Republik“. Auch bei den Bundestagsabgeordneten hatte ein Generationswechsel stattgefunden.

In seiner Regierungserklärung kündigte Bundeskanzler Schröder wichtige wirtschaftliche und soziale Reformen zur Modernisierung Deutschlands an. Zwar wurden wichtige Beschlüsse gefasst, z. B. zum Staatsbürgerrecht, zum Ausstieg aus der Atomenergie und zum Sozialversicherungssystem („Hartz“-Gesetze). Alle Maßnahmen zur Reduzierung der Arbeitslosigkeit und der Staatsverschuldung brachten aber nicht die erhofften Ergebnisse. Koalitionsinterne Widerstände und die Mehrheit der CDU/CSU-regierten Länder im Bundesrat behinderten grundlegende Reformen.

Im Jahr 2005 fanden vorzeitig Bundestagswahlen statt, die zur Bildung einer Großen Koalition aus CDU/CSU und SPD führten. Die aus Ostdeutschland stammende CDU-Vorsitzende Angela Merkel wurde als erste Frau zur Bundeskanzlerin gewählt. Wie schon bei der rot-grünen Regierung Schröder standen auch bei der Großen Koalition Maßnahmen im Vordergrund, um Wirtschaft und Gesellschaft in Deutschland auf die veränderten Bedingungen einer globalisierten Welt einzustellen. Eine zusätzliche Herausforderung stellte die weltweite Finanz- und Wirtschaftskrise 2008/09 dar.

Einen grundlegenden Einschnitt in der Außenpolitik der Bundesrepublik hat es 1999 gegeben: Seitdem sind erstmals Bundeswehrsoldaten an dem NATO-Einsatz zur Aufrechterhaltung des Friedens im Kosovo beteiligt, seit 2001 unterstützen deutsche Truppen den staatlichen Wiederaufbau in Afghanistan. Diese Kampfeinsätze der Bundeswehr bedeuteten vor allem für die an der Regierung Schröder beteiligten Grünen eine starke Belastungsprobe. Eine Beteiligung am Irakkrieg 2003 lehnte die Regierung Schröder ab - trotz der seitdem bestehenden deutschen Bereitschaft, im Rahmen von UNO, NATO und EU auch mit militärischen Mitteln größere Verantwortung in der internationalen Politik zu übernehmen.

Arbeitsfragen

1. *Analysiere die Wahlergebnisse zum Bundestag von 1949 bis 2005. Was sagen sie über die Entwicklung des Parteiensystems und den Möglichkeiten von Regierungskoalitionen aus?*
2. *Fasse die Schwerpunkte der Politik der Regierung seit 1998 zusammen.*

1 **Helmut Kohl, Angela Merkel und Gerhard Schröder**

Q1 *Erich G.F., Mitglied des Deutschen Bundestages seit 1990, Berlin, 2008*

Unterschiedlicher können Menschen kaum sein. Helmut Kohl und Angela Merkel, nicht nur Frau statt Mann, nicht nur weibliche Erscheinung gegen männliche Dominanz, sondern vor allem unterschiedlich in Herkommen, Stil und Denken. Während Kohl von seiner Jugend am Ende des Krieges geprägt war und aus der katholischen Soziallehre seine Grundansichten und Werte bezog, war Angela Merkel, evangelische Pfarrerstochter und Physikerin, als DDR-Bürgerin erst in der Übergangszeit nach der Wende politisch aktiv geworden. Helmut Kohls Vorteil war, dass er immer der Jüngste war und von allem mehr kannte als die meisten in seiner Partei. Sein menschliches Netzwerk war seine Führungsgrundlage. Angela Merkel hat viel mehr Distanz zu den Handelnden, sie betrachtet nüchtern und analysiert sachlich. Entscheidungen wie Kompromisse Merkels sind sachlich fundiert und argumentativ abgesichert, wie man das von einer Naturwissenschaftlerin erwartet. In einem sind sich beide einig: Europa ist für Deutschland lebensnotwendig. Während bei Helmut Kohl bei der Darstellung Deutschlands und Europas auch schon mal eine Träne der Rührung floss, ist Merkel mit gleicher Leidenschaft, aber voller Nüchternheit bei der Steuerung Europas zum gegenseitigen Vorteil unterwegs. Und noch ein Gegensatz faszinierte mich: Helmut Kohl wurde verlacht, als er als innenpolitisches Thema den Schutz der Regenwälder ansprach. Später hat niemand mehr gelacht, als klar war, was das Abholzen der Wälder am Amazonas bedeutet. Angela Merkel aber ist die Technikerin der Umsetzung von Zielen, die dem internationalen Klimaschutz dienen. Kohl verfolgte das Prinzip der Nachhaltigkeit aus purer sozialethischer Überzeugung, Merkel aus der naturwissenschaftlichen Einsicht, dass jedes System überlastet werden kann.

Q2 *Cathrin V. über den Führungsstil Gerhard Schröders, Köln, 2001*

Durch seine Kindheit in einer finanziell schlecht gestellten Arbeiterfamilien war Schröder ein „Mann des Volkes". Sowohl Partei wie Bevölkerung konnten sich mit dieser eher ungewöhnlichen Aufstiegsgeschichte identifizieren und sympathisierten mit dem volkstümlich auftretenden Schröder. Die Begabung, instinktsicher die Sorgen und Bedürfnisse der Deutschen zu erkennen und zu einem politisch vagen, aber emotional brisanten Gesamtpaket reaktionsschnell zu bündeln, gehörte zu den wichtigsten Führungsfähigkeiten Schröders. Schröder bewies in der Eigenart seines Handelns stets Beständigkeit: machthungrig, entschlussfreudig, kämpferisch und – manchmal unfreiwillig – strategisch, handelte er beweglich und pragmatisch, oft ohne längerfristige Programmatik. Mit einer lockeren, ironisch-provokanten Art brachte er sich ins Gespräch und positionierte damit seine Ansichten an erster Stelle. Schröder verfügte über ein blendendes Selbstverkaufstalent. Dabei lag es dem Bundeskanzler meist nicht, diplomatische Worte zu wählen. Populistisch spitzte er Sachverhalte so zu, dass seine Wortwahl zum Teil provozierte.

Arbeitsfragen

1. *Fasse die wichtigsten Merkmale der drei Persönlichkeiten in Stichworten zusammen und vergleiche sie.*
2. *Diskutiert, wie sich die Persönlichkeiten in der Politik der jeweiligen Person äußerten.*

Hinweise zur Zeitzeugenbefragung

Zeugen der Vergangenheit können oft ein anschaulicheres Bild ihrer Erlebnisse zeichnen, als es schriftliche Quellen vermögen. Der Umgang mit Zeitzeugenberichten erfordert allgemeine historische Kenntnisse über das Thema, zu dem eine Befragung durchgeführt werden soll.

Wichtig ist eine gute Vorbereitung. Die folgenden Anregungen für den Entwurf eines Fragebogens können eine Hilfestellung geben:

1. Zur Person des/der Befragten
   - Alter, Geschlecht, Beruf
2. Fragen zu den Themen
   - persönliche damalige Situation (Alter, Aufenthaltsort, Familie)
   - Überlebensfragen, z. B. Nahrung, Wohnung, Arbeit, Schule
   - eigene Gefühle in der damaligen Situation
   - persönliche Einschätzung der damaligen Lage
   - Folgen der Lage für die eigene Person und Familie
3. Erinnerungen
   - eigene Erlebnisse
   - Kenntnisse aus „zweiter“ Hand
   - Bewertung der damaligen politischen Situation
4. Einstellungen heute
   - Gefühle heute (positiv/negativ)
   - „Lehren“ aus den Erlebnissen und Erfahrungen
   - Wünsche für die Zukunft